Georg Dreyling
Frank A. Schäfer

Insiderrecht und Ad-hoc-Publizität

RWS-Skript 314

Vizepräsident BAWe Georg Dreyling,
Frankfurt/Main
und
RA Dr. Frank A. Schäfer, LL.M.,
Düsseldorf

Insiderrecht und Ad-hoc-Publizität

Praxis und Entwicklungstendenzen

RWS

RWS Verlag Kommunikationsforum · Köln

Die Deutsche Bibliothek - CIP-Einheitsaufnahme

Dreyling, Georg:
Insiderrecht und Ad-hoc-Publizität / von Georg Dreyling ;
Frank A. Schäfer. - Köln: RWS -Verl. Kommunikations-
forum, 2001
(RWS-Skript ; 314)
ISBN 3-8145-0314-7

Postfach 27 01 25, 50508 Köln
e-mail: info@rws-verlag.de, Internet: http://www.rws-verlag.de

Umschlaggestaltung: Jan P. Lichtenford, Mettmann

Druck und Verarbeitung: Hundt Druck GmbH, Köln

Inhaltsverzeichnis

Literaturverzeichnis

van Aerssen
Erwerb eigener Aktien und Wertpapierhandelsgesetz, WM 2000, 391

Assmann
Das neue deutsche Insiderrecht, ZGR 1994, 494

ders.
Das künftige deutsche Insiderrecht, AG 1994, 196

ders.
Insiderrecht und Kreditwirtschaft, WM 1996, 1337

ders.
Rechtsanwendungsprobleme des Insiderrechts, AG 1997, 50

Assmann/Schneider (Hrsg.)
Wertpapierhandelsgesetz (Kommentar), 2. Auflage, 1999 (zit.: Bearbeiter, in: Assmann/Schneider)

Baetge (Hrsg.)
Insiderrecht und Ad-hoc-Publizität, 1995 (zit.: Bearbeiter, in: Baetge)

Benner-Heinacher
Kollidiert die Auskunftspflicht des Vorstands mit dem Insidergesetz?, DB 1995, 765

Bosse
Melde- und Informationspflichten nach dem Aktiengesetz und Wertpapierhandelsgesetz im Zusammenhang mit dem Rückkauf eigener Aktien, ZIP 1999, 2047

Burgard
Ad hoc-Publizität bei gestreckten Sachverhalten und mehrstufigen Entscheidungsprozessen, ZHR 162 (1998), 51

Cahn
Entscheidungen des Bundesaufsichtsamtes für den Wertpapierhandel nach § 15 Abs. 1 S. 2 WpHG, WM 1998, 272

ders.
Grenzen des Markt- und Anlegerschutzes durch das WpHG, ZHR 162 (1998), 1

Caspari
Die geplante Insiderregelung in der Praxis, ZGR 1994, 530

ders.
in: Baetge (Hrsg.), Insiderrecht und Ad-hoc-Publizität, 1995, Die Problematik der erheblichen Kursbeeinflussung einer publizitätspflichtigen Tatsache, S. 65

Claussen
Das neue Insiderrecht, DB 1994, 27

ders.
Insiderhandelsverbot und Ad hoc-Publizität, 1996

ders.
Wie ändert das KonTraG das Aktiengesetz, DB 1998, 177

Deutscher Anwaltverein (Handelsrechtsausschuß)
Anwendung des § 15 WpHG bei mehrstufigen Entscheidungsprozessen, AG 1997, 559

Dreyling
Zur Frage der Kurserheblichkeit im Rahmen der Ad Hoc Publizität und im Insiderrecht des WpHG, in: Banking 2000, 2000, S. 136

Einsele
Wertpapierrecht als Schuldrecht, 1995

Ekkenga
Anlegerschutz, Rechnungslegung und Kapitalmarkt, 1998

ders.
Die Ad-hoc-Publizität im System der Marktordnungen, ZGR 1999, 165

Engel
Das neue deutsche Insiderrecht, JA 1996, 510

Feddersen
Aktienoptionsprogramme aus kapitalmarktrechtlicher und steuerlicher Sicht, ZHR 161 (1997), 269

Förschle/Helmschrott
WPK -Mitteilung 1999, 189

Fürhoff
Kapitalmarktrechtliche Ad hoc-Publizität zur Vermeidung von Insiderkriminalität, Diss. Frankfurt/M., 2000

Fürhoff/Wölk
Aktuelle Fragen zur Ad hoc-Publizität, WM 1997, 449

Gehrt
Die neue Ad-hoc-Publizität nach § 15 WpHG, 1997

Götz
Die unbefugte Weitergabe von Insidertatsachen, DB 1995, 149

Götze
Ad-hoc-Publizitätspflicht bei Zulassung einer Due Dilligence durch AG Vorstand?, BB 1998, 2326

Groß
Kapitalmarktrecht, 2000

Großfeld
Zum Anspruch des Aktionärs auf Auskunft über einzelne Geschäfte der Gesellschaft, EWiR 1996, 51

Grundmann
Europäisches Schuldvertragsrecht, ZGR Sonderheft 15, 1999

Gruson/Wigmann
Die Ad-hoc-Publizitätspflicht nach amerikanischem Recht und die Auslegung von § 15 WpHG, AG 1995, 173

Habetha
Verwaltungsrechtliche Rasterfahndung mit strafrechtlichen Konsequenzen? – Zur Einschränkung des Bankgeheimnisses durch § 16 WpHG, WM 1996, 2113

Hadding/Hopt/Schimansky (Hrsg.)
Das Zweite Finanzmarktförderungsgesetz in der praktischen Umsetzung, 1996 (zit.: Bearbeiter, in: Hadding/Hopt/Schimansky)

Happ
Zum Regierungsentwurf eines Wertpapierhandelsgesetzes, JZ 1994, 240

Happ/Semler
Ad hoc-Publizität im Spannungsfeld von Gesellschaftsrecht und Anlegerschutz, ZGR 1998, 116

Habermann
Mitteilungs- und Bekanntmachungspflichten im Zusammenhang mit Konzernumstrukturierungsmaßnahmen im Versicherungsbereich, VersR 1998, 801

Harrer/Erwe
Der neue Markt der Frankfurter Wertpapierbörse im Vergleich zu NASDAQ und EASDAQ, RIW 1998, 661

Heidmeier
Die Ad-hoc-Publizität gem. § 44 a BörsG im System der Berichtspflichten für börsennotierte Aktiengesellschaften, AG 1992, 110

Heinze
Europäisches Kapitalmarktrecht, 1999

Hellner/Steuer
Bankrecht und Bankpraxis, Loseblatt (zit.: Bearbeiter, in: Hellner/Steuer)

Hirte
in: Hadding/Hopt/Schimansky (Hrsg.), Das Zweite Finanzmarktförderungsgesetz in der praktischen Umsetzung, 1996, Die Ad-hoc-Publizität im System der Aktien- und Börsenrechts, S. 47

ders.
Zum Auskunftsrecht des Aktionärs – „Allianz“, EWiR 1996, 673

Hopt
Europäisches und deutsches Insiderrecht, ZGR 1991, 17

ders.
WM 1994, Sonderheft Festgabe Hellner, Zum neuen Wertpapierhandelsgesetz, S. 29

ders.
Grundsatz- und Praxisprobleme nach dem Wertpapierhandelsgesetz, ZHR 159 (1995), 135

ders.
Familien- und Aktienpools unter dem WpHG, ZGR 1997, 1

Immenga
Das neue Insiderrecht im WpHG, ZBB 1995, 197

Irmen
in: Hellner/Steuer, Bankrecht und Bankpraxis, Loseblatt, Bd. 4, Insiderrecht, Rz. 7/670

Kersting
Der Neue Markt der Deutsche Börse AG, AG 1997, 222

Kiem/Kotthoff
Ad-hoc-Publizität bei mehrstufigen Entscheidungsprozessen, DB 1995, 199

von Klitzing
Die Ad-hoc-Publizität, 1999

Kondring
Zur Anwendung deutschen Insiderstrafrechts auf Sachverhalte mit Auslandsberührung, WM 1998, 1369

Kübler, F.
Institutioneller Gläubigerschutz oder Kapitalmarkttransparenz?, ZHR 159 (1995), 550

Kümpel
Zum Begriff der Insidertatsache, WM 1994, 2137

ders.
Wertpapierhandelsgesetz, 1996

ders.
Insiderrecht und Ad hoc-Publizität aus Bankensicht, WM 1996, 653

ders.
Aktuelle Fragen der Ad hoc-Publizität, AG 1997, 66

ders.
Bank- und Kapitalmarktrecht, 2. Auflage, 2000

Kümpel/Ott
Handbuch des Kapitalmarktrechts, Loseblatt

Küting
Die Ad-hoc-Publizitätspflicht gem. § 15 WpHG, BuW 2000, 456

Lenenbach/Lohrmann
„Jahrhundertentscheidung„ zum amerikanischen Insiderrecht, RIW 1998, 115

Lösche
Die Erheblichkeit der Kursbeeinflussung in den Insiderhandelsverboten des WpHG, WM 1998, 1849

Lösche/Eichner/Stute
Die Berechnung von Erheblichkeitsgrenzen in den Insiderhandelsverboten des WpHG, AG 1999, 308

Mennicke
Sanktionen gegen Insiderhandel: eine rechtsvergleichende Untersuchung unter Berücksichtigung des US-amerikanischen und britischen Rechts, 1996

Möllers
Anlegerschutz durch Aktien- und Kapitalmarktrecht, ZGR 1997, 334

Noack
Moderne Kommunikationsformen vor den Toren des Unternehmensrechts, ZGR 1998, 592

Nowak
Ad hoc-Pubiliztät bei M&A-Transaktionen, DB 1999, 601

Pananis
Zur Abgrenzung von Insidertatsache und ad-hoc-publizitätspflichtigem Sachverhalt bei mehrstufigen Entscheidungsprozessen, WM 1997, 460

Pellens
Ad-hoc-Publizitätspflicht des Managements börsennotierter Unternehmen nach § 44a BörsG, AG 1991, 62

Pellens/Fülbier
Publizitätspflichten nach dem Wertpapierhandelsgesetz, DB 1994, 1381

dies.
in: Baetge (Hrsg.), Insiderrecht und Ad-hoc-Publizität, 1995, Gestaltung der Ad-hoc-Publizität unter Einbeziehung internationaler Vorgehensweisen, S. 23

Peltzer
Die neue Insiderregelung im Entwurf des 2. Finanzmarktförderungsgesetzes, ZIP 1994, 746

Pfitzer
Bestimmungen über die Unternehmenspublizität im Rahmen des WpHG, BB 1995, 1947

Plückelmann
Der neue Markt der Deutsche Börse AG, 2000

Pötzsch
Der Diskussionsentwurf des 3. Finanzmarktförderungsgesetzes, AG 1997, 193

ders.
Das 3. Finanzmarktförderungsgesetz, WM 1998, 949

Pötzsch/Möller
Das künftige Übernahmerecht, WM 2000, Sonderbeilage Nr. 2

Potthoff/Stuhlfauth
Der Neue Markt, WM 1997, Sonderbeilage Nr. 3

Ransiek
Zur prozessualen Durchsetzung des Insiderstrafrechts, DZWir 1995, 53

Rellermayer
Das 2. Finanzmarktförderungsgesetz in der praktischen Umsetzung, WM 1995, 1981

Sauermilch
Publizitätspflichten aus US-Sicht – Cross-Border-Situationen, Kreditwesen 1996, 300

Schäfer
Zulässigkeit und Grenzen der Kurspflege, WM 1999, 1345

Schäfer (Hrsg.)
Wertpapierhandelsgesetz/Börsengesetz/Verkaufsprospektgesetz, 1999 (zit.: Bearbeiter, in: Schäfer, WpHG/BörG/VerkProspG)

Schander/Lucas
Die Ad-hoc-Publizität im Rahmen von Übernahmevorhaben, DB 1997, 2109

Schanz
Börseneinführung, 2000

Schimansky/Bunte/Lwowski (Hrsg.)
Bankrechtshandbuch, Bd. III., 1997

Schlittgen
Die Ad-hoc-Publizität nach § 15 WpHG, 1999

Schleifer/Kliemt
Einschränkung betriebsverfassungsrechtlicher Unterrichtungspflichten durch Insiderrecht?, DB 1995, 2214

Schlüter
Wertpapierhandelsrecht, 2000

Schneider, D.
Wider Insiderhandelsverbot und die Informationseffizienz des Kapitalmarkts, DB 1993, 1429

Schockenhoff/Wagner
Ad-hoc-Publizität beim Aktienrückkauf, AG 1999, 548

Schödermeier/Wallach
Die Insiderrichtlinie der Europäischen Gemeinschaft, EuZW 1990, 122

Schwark
Das neue Kapitalmarktrecht, NJW 1987, 2041

ders.
BörsG, 2. Aufl., 1994

ders.
Zur Pflicht der emissionsbegleitenden Bank zur Aktualisierung bereits veröffentlichter Prospekte und zur Unternehmensberichtshaftung, WuB I G 8 Prospekthaftung 4.98

Spindler
Internet und Corporate Governance – ein neuer virtueller (T)Raum?, ZGR 2000, 420

Steinhauer
Insiderhandelsverbot und Ad-hoc-Publizität, 1999

Süßmann
Die befugte Weitergabe von Insidertatsachen, AG 1999, 162

ders.
Insiderproblematik bei der Betreuerfunktion, Börsen-Zeitung vom 10. März 2000

Tippach
Das Insider-Handelsverbot, 1995

Vaupel
Zum Tatbestandsmerkmal der erheblichen Kursbeeinflussung bei der Ad hoc Publizität, WM 1999, 521

Volk
Die Strafbarkeit von Absichten im Insiderhandelsverbot, BB 1999, 66

Vonnemann
Organisations- und Informationspflichten der Unternehmensleitung einer AG oder GmbH im Zusammenhang mit dem Jahr 2000-Problem, DB 1999, 1049

Wastl
Der Handel mit größeren Aktienpaketen börsennotierter Unternehmen, NZG 2000, 505

Weber, U.
Das neue deutsche Insiderhandelsrecht, BB 1995, 157

Weber, M.
Scalping – Erfindung und Folgen eines Insiderdelikts, NJW 2000, 562

Weisgerber/Jütten
Das Zweite Finanzmarktförderungsgesetz : Erläuterungen, Gesetzestexte, Materialien, Leitfaden zum Insiderrecht, 1995

Wirth
Keine Auskunftspflicht der Rechtsanwälte, Wirtschaftsprüfer und Steuerberater gegenüber der Wertpapieraufsicht, BB 1996, 1725

Wittich
Erfahrungen mit der Ad hoc-Publizität in Deutschland, AG 1997, 1

Wölk
Die Ad hoc-Publizität – Erfahrungen aus der Sicht des Bundesaufsichtsamtes für den Wertpapierhandel, AG 1997, 73

A. Das Insiderrecht des Wertpapierhandelsgesetzes

I. Einleitung

1. Vorbemerkungen

Während die Aufforderung des Gesetzgebers im Ad-hoc-Recht heißt, bei Vorliegen einer Tatsache nach § 15 WpHG, die immer auch eine Insidertatsache ist, etwas zu tun, verbietet das Gesetz bei Eintreten einer Insidertatsache bestimmte Aktivitäten. Insofern kann man die Aktionen bei der Ad-hoc-Publizität und im Insiderrecht als solche mit konträrer Ausrichtung bezeichnen. Ausgangspunkt ist die Insidertatsache, die im Ad-hoc-Recht (bei Hinzutreten weiterer Umstände) eine Handlung gebietet, im Insiderrecht aber verbietet. **1**

Die Information des Marktes über die Ad-hoc-Tatsache einerseits als Handlungsgebot, das Verbot der Weiterverbreitung und des Ausnutzens der Insidertatsache andererseits sind Vertrauenstatbestände, die dem privaten wie auch dem professionellen Anleger ein Mindestmaß an Chancengleichheit im Markt gewährleisten. **2**

Die Ausnutzung einer negativen Insidertatsache, etwa der bevorstehenden Insolvenz, grenzt an Betrug. Wer heute der Gegenseite unter Verschweigen der Negativtatsache seine Aktien noch zu einem hohen Preis verkauft, verursacht einen erheblichen Vermögensschaden, denn wenn die Tatsache der Insolvenz demnächst öffentlich bekannt wird, wird der Kurs dieser Aktien ganz erheblich fallen. Nicht so dramatisch, aber doch insgesamt ärgerlich sind entgangene Kursgewinne im Falle von positiven Insidertatsachen, die man nicht gewußt und somit seine Wertpapiere zu früh verkauft hat. Aus diesen Beispielen wird ersichtlich, daß das Insiderrecht einen Beitrag zu fairen Marktverhältnissen und somit zum Schutz der Marktfunktionen leisten will. Der Ausgleich von Einzelansprüchen aus eingetretenen Verlusten oder entgangenen Kursgewinnen ist mangels individueller Schadensermittlung nicht Gegenstand der §§ 12 ff WpHG. Nach herrschender Meinung sind die insiderrechtlichen Vorschriften keine Schutzgesetze i. S. v. § 823 Abs. 2 BGB. **3**

Kümpel, Bank- und Kapitalmarktrecht, Nr. 16.61 ff.

Unter ökonomischen Gesichtspunkten, so wird bisweilen argumentiert, sei Insiderverhalten, also das Ausnutzen von Insiderkenntnissen am Markt sogar von Nutzen. Da Börsenkurse die Summe der bestmöglichen Informationen enthielten, gäbe es ein Manko, wenn Insiderwissen nicht in die Bör- **4** senpreisfindung über entsprechende Orders einfließen könne. Das Insiderrecht sei gewissermaßen der „institutionalisierte Neidkomplex", der ökonomisch gesehen die optimale Börsenpreisentwicklung unsachgemäß beeinträchtige. Wie dem auch sei – eine vertiefte Auseinandersetzung mit diesen Gesichtspunkten kann unterbleiben, denn der deutsche Gesetzgeber hat, allen sonstigen bedeutenden Wertpapierhandelsländern folgend, das Ausnutzen von Insiderwissen unter Strafe gestellt.

5 Allgemein ist zum Insiderrecht zu berücksichtigen, daß in den letzten Jahren hierzu vielfältige Literatur erschienen ist, es aber nur sehr vereinzelte Gerichtsentscheidungen gibt. Aus Sicht des Bundesaufsichtsamtes für den Wertpapierhandel (BAWe) als der für die Umsetzung dieses Rechts zuständigen Verwaltungsbehörde ist dies zu bedauern, sind doch solche Entscheidungen wegweisend im Dschungel der unbestimmten Rechtsbegriffe des Wertpapierhandelsgesetzes. Andererseits ist unter verwaltungspraktischen Aspekten anzumerken, daß die bisher verfolgten Insideraktivitäten wenig von den in Literatur und Wissenschaft angesprochenen vielfältigen Rechtsproblemen aufwiesen.

6 Die vorliegende Ausarbeitung soll ein Leitfaden aus der Sicht des Verfassers für Praktiker sein. Auf vertiefte Auseinandersetzungen mit Meinungen aus Literatur und Wissenschaft wurde deshalb verzichtet. Soweit Rechtsprobleme bisher in der wissenschaftlichen Literatur erörtert wurden, sind sie in der täglichen Anwendungspraxis häufig nur am Rande relevant. Dies soll nicht den Wert solcher Erörterungen herabsetzen, sondern nur deutlich machen, daß die Sachverhalte von der Anwendungsseite bisher im wesentlichen einfach strukturiert waren. Derjenige, der durch seinen Beruf, sei es rechtsberatend, sei es durch seine Tätigkeit bei Wertpapierdienstleistungsunternehmen wie Banken und Maklern oder bei börsennotierten Emittenten jeglicher Art in die Nähe von Insiderinformationen gerät, soll hier einen Ratgeber finden, der ihm hilft, die Sach- und Rechtslage einzuordnen und präventiv Insiderrisiken entgegenzuwirken.

2. Historie

7 Das Insiderrecht in seiner jetzigen Form hat seinen Ursprung in der „Richtlinie des Rates der Europäischen Gemeinschaften vom 13. November 1989 (89/592/EWG) zur Koordinierung der Vorschriften betreffend Insidergeschäfte" (Insider-Richtlinie, ABl Nr. L 334/30). Die Vorschriften über das Insiderrecht und die Verfolgungsmöglichkeiten nach dem Wertpapierhandelsgesetz (WpHG) haben die vor dem Inkrafttreten des Zweiten Finanzmarktförderungsgesetzes (2. FFG) in Deutschland existierenden „Freiwilligen Regeln für die Verfolgung von Insiderverstößen" abgelöst, da die Richtlinie in den Artikeln 8 und 13 vorschrieb, daß es eine staatliche Stelle zur Verfolgung von Insiderdelikten geben müsse und daß Sanktionen vorzusehen seien, die „einen hinreichenden Anreiz zur Einhaltung dieser Vorschriften darstellen".

8 Im Vorfeld der Insider-Richtlinie gab es auf deutscher Seite erhebliche Widerstände gegen ein staatliches Insiderrecht, weil man zu Recht argwöhnte, daß solche Vorschriften ohne Einführung einer Marktaufsicht im deutschen Wertpapierhandel nicht erfolgreich sein würden. So sprach man sich auf der politischen Ebene sowie bei Banken und Börsen vehement gegen staatliche Regelungen aus; sie seien letztlich der „Tod des Finanzplatzes Deutschland". Nichts verdeutlicht mehr die Veränderung der Bewußtseinslage als die zum Thema „Insider" in der Zeitschrift für das Gesamte Kreditwesen 1988, Heft 11, S. 462 ff erschienenen Veröffentlichungen, deren gemeinsames Ziel es war, die Insider-Richtlinie für den Finanzplatz Deutschland zu verhindern. In dem in das Thema einführenden Leitartikel hieß es zur staatlichen Regelung: „... die, wie vermerkt, von der EG-Kommission angestrebt wird, wobei man sich auf die Engländer und Franzosen beruft, bei denen es solche Vorschriften gibt. Es ist, betrachtet man die Entwicklung aller EG-Behörden, leicht vorstellbar, wie ein solches Vorhaben aussehen würde: Es entstünde ein Insider-Amt, in dem Dutzende von EG-Beamten tätig werden, die Hunderte von Richtlinien und Paragraphen produzieren, was viele Millionen ECU kosten und den Wertpapierhandel in Europa behindern würde".

9 Die hier mit dem Ziel der Verhinderung von Marktaufsicht an den deutschen Wertpapiermärkten geäußerten Befürchtungen haben sich in keiner Weise bewahrheitet. Natürlich kostet Insideraufsicht Geld. Gegenwärtig sind es etwa 20 Mitarbeiter des Bundesaufsichtsamtes für den Wertpapierhandel in Frankfurt/M., die mittelbar oder unmittelbar mit der Verfolgung von Insidern zu tun haben. Es wird auch nicht verkannt, daß bei den Emittenten im Bereich Compliance, sei es durch gesetzliche Verpflichtung im Rahmen der Verhaltensregeln bei Wertpapierdienstleistungsunternehmen (§ 33 WpHG), sei es auf freiwilliger Basis bei sonstigen Emittenten erhebliche Aufwendungen erbracht werden, um präventiv dem Insiderhandel vorzubeugen. Trotz dieser finanziellen Belastungen hat der Wertpapierhandel, insbesondere auch in Deutschland, im letzten Jahrzehnt einen un-

vergleichlichen Aufschwung genommen, eine Tatsache, die hinsichtlich ihrer internationalen Komponente ohne eine internationalen Standards genügenden Aufsicht wohl kaum vorstellbar ist.

II. Insiderstory

10 In der nachfolgenden Abhandlung werden die gesetzlichen Tatbestandsmerkmale des Insiderrechts erörtert, die Untersuchungsmethoden des BAWe vorgestellt sowie besondere Problemkreise im Zusammenhang mit dem Insiderrecht dargestellt. Als Einführung in das Thema dient eine typische „Insiderstory", die die sich im Insiderrecht ständig stellenden Sachverhalte enthält.

Insiderstory:

11 In den letzten Wochen vom 1. bis zum 30. März war laut Börsenberichterstattung die Stimmung an den Wertpapiermärkten eher flau bis zurückhaltend, generelle Tendenz „leichter". Nur bei den im amtlichen Handel notierten Aktien der „Automobil-AG" waren gegen den allgemeinen Trend starke Umsätze und erhebliche Kursgewinne zu verzeichnen. Gerüchteweise hörte man, daß bei der Automobil-AG an einem revolutionierenden Antriebssystem gearbeitet werde und man kurz vor der Serienreife stehe. Am 1. April veröffentlichte die Automobil-AG in einer Ad-hoc-Meldung, daß sie den benzinlosen Motor erfunden habe, für den nunmehr die Serienreife feststehe. Die über zwei Jahre andauernden Entwicklungsarbeiten seien in strikter Geheimhaltung erfolgreich beendet worden.

12 Das BAWe mutmaßt, daß es im Vorfeld der Ad-hoc-Veröffentlichung zu Insiderhandel in den Aktien der Automobil-AG gekommen sei und nimmt seine Untersuchungen auf.

Aus diesen Untersuchungen ergibt sich, daß der Vorstand vor zwei Jahren einen entsprechenden Entwicklungsbeschluß gefaßt hat; wegen der Tragweite des Projektes sei der Aufsichtsrat unterrichtet worden. Man habe ein Entwicklungsteam gegründet, dem Ingenieure, EDV-Leute, Mitarbeiter der Marketingabteilung und der Leiter der Produktionsabteilung angehört hätten. Ein Patentanwalt sei eingeschaltet gewesen. Man habe auch mit den Großaktionären gesprochen, um deren Bereitschaft, sich an einer erforderlichen Kapitalerhöhung zu beteiligen, zu erkunden. Zwölf Tage vor der Ad-hoc-Meldung habe der Vorstandsvorsitzende mit von ihm eingeladenen Analysten gesprochen, um deren Einschätzung in bezug auf den künftigen Shareholder Value des Unternehmens in Erfahrung zu bringen.

Die Sekretärinnen, die die hausinternen Vorlagen sowie die Korrespondenz geschrieben hätten, seien auf die Wichtigkeit und die hohe Vertraulichkeit des Sachverhaltes hingewiesen worden.

13 Nach den abschließenden Feststellungen des BAWe kam es zu folgenden Handlungen:

a) Das Vorstandsmitglied V. hat 100 Aktien zehn Tage vor der Ad-hoc-Mitteilung gekauft, ebenso seine Sekretärin S., die die Aufsichtsratsvorlage zu der Erfindung geschrieben hatte.

b) Der Werksfahrer W., der eine das Thema betreffende Unterhaltung zweier Vorstandsmitglieder im Fonds des Wagens am 16. März mithörte, erzählte seinem Kollegen K. davon, der seinerseits 1000 Calls an der deutschen Wertpapierbörse in X. auf die Aktien der Automobil-AG erwarb.

c) Der Vorstand sprach mit dem Leiter der Kreditabteilung der Hausbank über einen Großkredit zur Projektfinanzierung sowie mit dem Referenten des zuständigen Finanzamtes über Abschreibungsmöglichkeiten. Ein Mitarbeiter MK. der Kreditabteilung, der an dem Gespräch teilgenommen hatte, kaufte 50 Aktien. Die Ehefrau des Finanzbeamten, die die Sache von ihrem Mann gehört hatte, erzählte sie ihrer Nachbarin N. weiter. Diese gab eine Kauforder, die aber wegen technischer Probleme nicht zur Ausführung gelangte.

d) Mit dem Vorstand der Brems-AG, die an der Automobil-AG zu 35 % beteiligt ist, wie auch dem Großaktionär G. wurden Gespräche geführt, um deren Bereitschaft zu erkunden, an einer eventuellen Kapitalerhöhung teilzunehmen. Der Leiter des Vorstandssekretariats VL. der Brems-AG, der an dem Gespräch teilgenommen hat, kaufte für Rechnung der Brems-AG mit Billigung deren Vorstandsmitglieds B., der die Mittel hierfür bewilligte, einen größeren Posten.

e) Der Analyst A., der an der von dem Vorstandsvorsitzenden VV. einberufenen Analystenkonferenz teilgenommen hatte, empfahl der Bank, in deren Researchabteilung er arbeitete, einen Kauf der Aktien, ohne allerdings die Tatsache der Erfindung zu erwähnen. Die Bank B. kaufte einen größeren Posten.

f) Seinem Freund F., der seit längerem bereits 1 000 Aktien besaß und der den A. fragte, ob er die Aktien vielleicht verkaufen solle, riet er, ohne die Insidertatsache zu erwähnen, nichts zu tun. F. folgte diesem Rat.

g) Der AU., Mitglied im Aufsichtsrat der Automobil-AG, Schweizer Staatsbürger, erzählte, noch bevor der Vorstand den Beschluß faßte, den benzinlosen Motor entwickeln zu lassen, in Bern seinem deutschen Geschäftsfreund T. von der hausinternen Diskussion auf Arbeitsebene um dieses Projekt. Dieser gab seiner Bank in Zürich einen Kaufauftrag und erwarb an der Nyse 1 000 der dort ebenfalls gelisteten Aktien.

   Wie wäre die Angelegenheit zu beurteilen, wenn die Serienreife des benzinlosen Motors festgestanden hätte?

h) Während eines Badeurlaubs auf den Inside-Islands ließ der zum Entwicklungsteam bei der Automobil-AG gehörende Ingenieur I. am Strand seine Badetasche mit Konstruktionspapieren in der Obhut einer Insulanerin, deren Bekanntschaft er soeben am Strand gemacht hat, zurück, um ein kurzes Bad zu nehmen. Da er enttäuscht war, weil der Vorstand seinen Entwicklungsbeitrag auch finanziell nicht besser gewürdigt hatte, war es ihm gleichgültig, ob jemand anders in die zurückgelassenen Papiere schauen und eventuell Kenntnis von deren Inhalt nehmen würde. Dies tat die Insulanerin, die in Deutschland mehrere Jahre Maschinenbau studiert hatte. Sie erkannte sofort den Wert der Zeichnungen und kaufte am nächsten Tag an der Inside-Island-Börse einen Posten der nur dort notierten Automobil-AG Warrants.

i) Der Makler M. verkaufte die vor einigen Jahren erworbenen Automobil-AG Aktien am 20. März weiter. Sie waren im März um 40 % gestiegen. M. hatte ebenfalls von I. von diesem Projekt gehört und wollte seinen Gewinn sicherstellen.

Das BAWe erstattete gegen alle handelnden Personen bei der zuständigen Staatsanwaltschaft Strafanzeige.

III. Wer ist Insider?

Auf einer großen Werbetafel vor der Frankfurter Wertpapierbörse war vor einiger Zeit die Ankündigung eines Emittenten zu lesen, man kenne den Weg, wie man legal zum Insider werden könne. Wahrscheinlich war gemeint, wie man legal zu Insiderwissen gelangen könnte, denn zum Insider selbst wird man auf gesetzlich vorgesehene Weise, ohne daß es dazu besonderer Geschäftsverbindungen oder ähnlicher Dinge bedarf. **14**

Bei der Insidertypologie unterscheidet das Wertpapierhandelsgesetz zwischen Primär- und Sekundärinsidern, ohne sie allerdings so zu bezeichnen. Die Klassifizierung hat ihren Hintergrund in der Nähe der handelnden Personen zu Insidertatsachen. Primärinsider schaffen diese Tatsache entweder selbst oder erfahren von ihr sozusagen aus erster Hand, während Sekundärinsider von der Tatsache von Primärinsidern oder auf sonstige Weise, also in zweiter Linie Kenntnis erhalten. **15**

Wichtig ist, daß Personen, die nach dem Gesetz als Primär- oder Sekundärinsider anzusehen sind, nicht schon durch ihren Status, etwa als Vorstandsmitglied oder als Anteilseigner oder als Wirtschaftsprüfer zu Insidern werden, sondern erst dann, wenn sie tatsächlich von der Insidertatsache Kenntnis haben. **16**

Assmann, in: Assmann/Schneider, WpHG, § 13 Nr. 13.

1. Die Primärinsider

Das Gesetz kennt drei Gruppen von Primärinsidern (§ 13 Abs. 1 WpHG). **17**

a) Insider kraft organschaftlicher Stellung (§ 13 Abs. 1 Nr. 1 WpHG)

Gesetzlich vorgesehene Organe einer Aktiengesellschaft sind der Vorstand und der Aufsichtsrat des Emittenten, für die deren Mitglieder in dieser Funktion bestellt sind. Insofern kann ein Aufsichtsratsmitglied, das über weitere Mandate beispielsweise bei börsennotierten Aktiengesellschaften verfügt, in bezug auf jeden dieser Emittenten ein Primärinsider sein. Der Vorstand hingegen kann grundsätzlich nur im Hinblick auf das Unternehmen, für das er tätig ist, Primärinsider sein. In Frage kommen nur gesetzlich vorgesehene Organe; freiwillige, etwa auf Satzungsbasis eingerichtete Beiräte begründen unter dem Gesichtspunkt der Organschaft keinen Primärinsiderstatus. **18**

19 Hinsichtlich der persönlich haftenden Gesellschafter ist die Eigenschaft als Primärinsider im Sinne dieser Vorschrift nicht an die Befugnis zur Geschäftsführung gebunden.

20 Als Emittent kommt nicht nur die Aktiengesellschaft, sondern jede Gesellschaftsform in Betracht, wenn die Gesellschaft Insiderpapiere emittiert. Als Beispiel sei eine GmbH genannt, die Genußscheine mit gewinnabhängiger Verzinsung an die Börse bringt.

21 Die Mitglieder der genannten Organe müssen von der Insidertatsache in ihrer Eigenschaft **als Mitglied** Kenntnis genommen haben. So wird beispielsweise ein Vorstandsmitglied des Unternehmens A. nicht deshalb zum Primärinsider, weil er als Beiratsmitglied des Unternehmens B. aus dessen Bereich zufällig eine Insidertatsache erfahren hat. Damit ist auch gesagt, daß diese Kenntnisnahme in Ausübung der Mitgliedschaft erfolgen muß; eine Kenntnisnahme etwa auf privater Basis reicht nicht aus.

22 Bei fehlerhaft bestellten Organen werden deren „Mitglieder“ allerdings nur zu Sekundärinsidern, da wegen des Analogieverbotes und des Fehlens einer dem § 14 Abs. 3 StGB entsprechenden Vorschrift der § 14 Abs. 1 Nr. 1–3 nicht anwendbar sind.

Assmann, in: Assmann/Schneider, WpHG, § 13 Nr. 8.

23 Verbundene Unternehmen sind rechtsformunabhängig solche gemäß § 15 AktG.

Begr. RegE 2. FFG, BT-Drucks. 12/6679, S. 46.

24 Die Organeigenschaft setzt sich in den verbundenen Unternehmen „von oben nach unten“ fort. Danach ist ein Organmitglied einer herrschenden Gesellschaft Primärinsider nach § 13 Abs. 1 Nr. 1 WpHG aller abhängigen Gesellschaften nach § 18 AktG.

Claussen, S. 35 Nr. 57.

b) Insider kraft Anteilsbesitzes (§ 13 Abs. 1 Nr. 2 WpHG)

25 Zum Primärinsider wird auch, wer aufgrund seiner Beteiligung an einem Emittenten Kenntnis von einer Insidertatsache erlangt. Maßgeblich ist hier nur die unmittelbare Beteiligung.

Assmann, in: Assmann/Schneider, WpHG, § 13 Nr. 16.

Art der Beteiligung und deren Höhe sind nicht näher konkretisiert. Insofern ist davon auszugehen, daß nicht nur typischerweise der Besitz von Aktien in Frage kommt, sondern etwa auch beispielsweise eine Beteiligung in der Form einer stillen Beteiligung. Hinsichtlich der Höhe reicht die kleinste darstellbare Beteiligungseinheit wie z. B. eine Aktie aus. Erforderlich ist, daß nachgewiesen werden kann, daß die Beteiligung für die Erlangung der Insiderkenntnis ursächlich war. **26**

Begr. RegE 2. FFG, BT-Drucks. 12/6679, S. 46.

Üblicherweise ist mit der Frage der Beteiligung derjenige als Beteiligter gemeint, der an dem Emittenten in erheblicher Weise beteiligt ist, etwa ein Großaktionär, den man z. B. bei einer beabsichtigten Kapitalerhöhung ins Vertrauen zieht, um zu erkunden, ob er sich an dieser Kapitalmaßnahme beteiligen wird. Aber auch ein Kleinaktionär könnte in Betracht kommen, wenn etwa im Rahmen der Öffentlichkeitsarbeit Aktionäre zur Werksbesichtigung eingeladen werden und der Vorstand bei dieser Gelegenheit eine Insidertatsache offenbart. Entsprechendes gilt bei Familiengesellschaften, bei denen Anteile häufig in Familienpools gehalten werden mit der Folge, daß im Zweifel alle Mitglieder des Pools Primärinsider sind. Hier ist deshalb die Weitergabe erlaubt, weil eine Abstimmung über die Strategie der Pool-Mitglieder möglich sein muß. **27**

Hopt, ZHR 159 (1995), 146.

c) Insider kraft Tätigkeit (§ 13 Abs. 1 Nr. 3 WpHG)

Die vielfältigste Gruppe von Primärinsidern ist diejenige, bei der jemand durch seine Tätigkeit **bestimmungsgemäß** Kenntnis von einer Insidertatsache erlangt. Das Gesetz nennt neben der Tätigkeit noch den Beruf und die Aufgabe, wobei die Erwähnung dieser Sachverhalte wohl eher als Konkretisierung des Wortes Tätigkeit zu verstehen ist, denn sowohl Beruf wie Aufgabe sind im weiteren Sinne Tätigkeiten. **28**

Damit nun nicht jedermann, der auf welche Weise auch immer im Rahmen seiner Tätigkeit von einer Insidertatsache Kenntnis erhält, zum Primärinsider wird, sieht das Gesetz eine bestimmungsgemäße Kenntnisnahme vor. Bestimmungsgemäß bedeutet zweierlei: Einerseits wird die Kenntnisnahme durch Zufall oder bei Gelegenheit der Tätigkeit ausgeschlossen, **29**

Begr. RegE 2. FFG, BT-Drucks. 12/6679, S. 46,

zum anderen die widerrechtliche Kenntniserlangung.

Assmann, in: Assmann/Schneider, WpHG, § 13 Nr. 18.

30 „Bestimmungsgemäß" beschreibt den ursächlichen Zusammenhang zwischen Tätigkeit und legaler Kenntniserlangung. Über den Inhalt des Begriffs „bestimmungsgemäß" gibt es eine intensive Diskussion.

31 Um bestimmungsgemäß Kenntnis zu erlangen bedarf es nach herrschender Meinung,

Assmann, in: Assmann/Schneider, WpHG, § 13 Nr. 19 m.w.N.,

keinerlei formalen rechtsgeschäftlichen Verhältnisses zwischen dem Emittenten und dem für ihn tätig Werdenden. Es reicht aus, wenn jemand mit Willen des Emittenten für diesen tätig wird.

32 Die Insider-Richtlinie enthält das einschränkende Kriterium der bestimmungsgemäßen Kenntniserlangung nicht. Da EG-Richtlinien nur den Mindeststandard definieren, ist es zweifelhaft, ob das einschränkende Kriterium EG-konform ist. Ein Rechtsanwalt beispielsweise, der einen eine Insidertatsache betreffenden Vertrag für den Emittenten entwirft, erhält auf diese Weise bestimmungsgemäß Kenntnis von dieser Tatsache. Da er sich aufgrund dieser Tätigkeit im Unternehmen des Emittenten aufhält, erfährt er bei Gesprächen in der Rechtsabteilung von einer weiteren Insidertatsache, die nicht für ihn „bestimmt" war. Er hat diese weitere Tatsache sozusagen bei Gelegenheit seiner Tätigkeit erfahren. Bei enger Auslegung des Kriteriums „bestimmungsgemäß" ist er hinsichtlich der weiteren Tatsache lediglich zum Sekundärinsider geworden, bei richtlinienkonformer Auslegung wurde er jedoch zum Primärinsider.

33 Da das Merkmal „bestimmungsgemäß" eine Einschränkung der Richtlinie enthält, erscheint es geboten, diesen Begriff zumindest weit auszulegen, etwa in der Weise, daß jemand, der nach Nummer 3 für den Emittenten tätig wird, Einblicke in grundsätzlich vertrauliche Sachverhalte im Bereich des Emittenten erhält, hinsichtlich dieser weiteren Sachverhalte, so sie Insidertatsachen sind, ebenfalls zumindest dann zum Primärinsider werden kann,

kritisch: Claussen, S. 65,

wenn gegenüber dem tätig Werdenden aufgrund seines Berufes ein besonderes Vertrauensverhältnis aufgrund der für ihn geltenden Verschwiegenheitspflicht besteht.

Die Filterfunktion des Merkmals „bestimmungsgemäß“ gewinnt ein um so stärkeres Gewicht, je geringer sich der Vertrauenstatbestand in bezug auf den für den Emittenten Tätigen darstellt bis hin zu dem Umstand, daß sie diejenigen ausgrenzt, für die die Information über die Insidertatsache ganz eindeutig nicht bestimmt war. **34**

Assmann, **35**

Assmann, in: Assmann/Schneider, WpHG, § 13 Nr. 19b,

zieht aus der Diskussion zum Begriff „bestimmungsgemäß“ den Schluß, daß diejenigen Personen nach Nummer 3 Primärinsider sein können, „deren Beruf, Tätigkeit oder Aufgabe es **üblicherweise und vorhersehbar** mit sich bringt, Kenntnis von Insidertatsachen zu erhalten“, eine Beschreibung, die treffend weite Bereiche der hier in Frage kommenden Lebenssachverhalte abdeckt.

Einzelsachverhalte:

Die Vielfalt der Berufe, Tätigkeiten oder Aufgaben, die Personen in die Lage versetzen, von Insidertatsachen bestimmungsgemäß Kenntnis nehmen zu können, ruft geradezu nach der Darstellung von Beispielsfällen. **36**

Ein besonders umstrittener Sachverhalt ist die Rolle der **Finanzanalysten**. Diese verstehen sich, insbesondere insoweit sie in der DVFA (Deutsche Vereinigung für Finanzanalyse und Anlageberatung GmbH) zusammengeschlossen sind, keinesfalls als Primärinsider. Die kritische Situation ist das Vorstandsgespräch mit Analysten mit dem Zweck einer Einschätzung des Unternehmens. In einem solchen Gespräch, so legen die Analysten dar, erwarten und wollen sie keine Mitteilung von Insidertatsachen. Sollte jedoch der Vorstand wider Erwarten eine Insidertatsache mitteilen, so geht das BAWe davon aus, daß die Analysten in diesem Augenblick zu Primärinsidern werden. Sie seien dort aufgrund ihres Berufes versammelt und erhielten die Nachricht deshalb bestimmungsgemäß. Als Primärinsider dürfen sie jedoch die Information nicht weitergeben oder keine Empfehlungen wie „kaufen, halten oder verkaufen“ abgeben, wodurch sie in ihrer Tätigkeit als Analyst in bezug auf den in Rede stehenden Wert blockiert **37** sind. Die Analysten hingegen sehen sich als Sekundärinsider, denn die Preisgabe einer Insidertatsache sei weder vorhersehbar noch üblich. Da es dem Vorstand auch verboten sei, Insidertatsachen bei derartigen Gesprächen zu offenbaren, könnten sie die Tatsache nicht „bestimmungsgemäß" erfahren haben. Als Sekundärinsider dürften die Analysten die Information weitergeben und sie zur Grundlage von Empfehlungen nutzen.

38 Nach der vom Verfasser vertretenen weiten Auslegung des Begriffes „bestimmungsgemäß" würden die Analysten zu Primärinsidern, da sie aufgrund ihres Berufes in der Sphäre des Emittenten unter Zugrundelegung einer breiten Vertrauensbasis tätig sind, eine Vertrauensbasis, die auch solche Tatsachen für die Nutzung seitens der Analysten blockiert, die ungewollt oder unvorhersehbar ihnen gegenüber geäußert wurden. Das andere Ergebnis, nämlich daß Analysten als Sekundärinsider eine Insidertatsache erfahren und diese, unterstellt es waren nur drei Analysten an dem Gespräch beteiligt, etwa für ihre Bank in eine Anlageempfehlung umsetzen, ist genau der Sachverhalt, den das Gesetz vermeiden will. Ob man nun mit Palmströmscher Logik („was nicht sein kann, das nicht sein darf") oder durch ein Gerichtsurteil zu einer Lösung dieses Konfliktes kommt, bleibt abzuwarten. Sicher dürfte aber sein, daß eine gerichtliche Einstufung von Analysten als Sekundärinsider unmittelbaren gesetzlichen Handlungsbedarf auslösen wird.

39 Um Vorstandsmitglieder börsennotierter Emittenten vor einem nicht sachgerechten Umgang mit Insiderinformationen in bezug auf Analysten zu sensibilisieren, hat das BAWe die Vorstände angeschrieben und auf die Rechtslage aus seiner Sicht hingewiesen. Das Schreiben kann unter der Internetadresse des BAWe (www.bawe.de) abgerufen werden.

40 Hinsichtlich der **Journalisten** gilt seitens des BAWe dieselbe rechtliche Einschätzung wie in bezug auf die Analysten. Das BAWe ist allerdings der Auffassung, daß hier eine Abwägung zwischen der Verschwiegenheitspflicht von Primärinsidern und dem höherwertigen Rechtsgut der Pressefreiheit vorzunehmen ist mit dem Ergebnis, daß Journalisten grundsätzlich über die Insidertatsache pressemäßig berichten, jedoch keinesfalls Geschäfte tätigen oder Empfehlungen geben dürfen.

41 Wie oben unter Rz. 18 dargestellt, zählen **Mitglieder von fakultativen Beiräten** des Emittenten nicht zu den Primärinsidern kraft organschaftlichen Status. Soweit die Mitglieder eines solchen Beirates allerdings über Insidertatsachen informiert werden, bestehen keine Bedenken, sie wegen ihrer Tätigkeit oder Aufgabe als Primärinsider anzusehen. Entsprechendes gilt für die Mitglieder des **Betriebsrates**.

42 Typischerweise sind auch sämtliche **Angestellte des Emittenten,** soweit sie befugtermaßen (siehe unten Rz. 128) von der Insidertatsache unterrichtet wurden, Primärinsider nach Nummer 3. Entsprechendes gilt für **freie Mitarbeiter, Teilzeit- und Aushilfskräfte**.

43 Außerhalb der Sphäre des Emittenten sind es üblicherweise Wirtschaftsprüfer, Unternehmensberater, Rechtsanwälte, Notare, Kreditinstitute oder Steuerberater sowie deren Mitarbeiter, die, vom Emittenten beauftragt oder in Geschäftsbeziehung zu ihm stehend üblicherweise und vorhersehbar bei der Durchführung ihrer Tätigkeiten für den Emittenten mit Insidertatsachen in Berührung kommen.

d) Sekundärinsider (§ 14 Abs. 2 WpHG)

44 Als Insider wird nicht nur angesehen, auf wen die Merkmale des § 13 Abs. 1 Nr. 1–3 WpHG zutreffen, sondern auch jemand, der nicht Primärinsider ist, ein Dritter, der Kenntnis von der Insidertatsache hat. Das Gesetz differenziert nicht danach, in welcher Weise dieser Dritte die Kenntnis erhalten hat. Hierfür bestehen grundsätzlich drei Möglichkeiten, nämlich die bewußte und gewollte Mitteilung der Insidertatsache an den Dritten, die zufallsbedingte und die widerrechtliche Kenntniserlangung.

Beispielsfälle:

45 Ein Vorstandsmitglied, das seine Ehefrau oder einen Geschäftsfreund über die Insidertatsache informiert, macht beide zu Sekundärinsidern.

Der Taxifahrer oder der Liftboy, der ein Gespräch von Vorstandsmitgliedern über die Insidertatsache mithört, wird zum Sekundärinsider, ebenso die Raumpflegerin, die im Papierkorb Unterlagen über die Insidertatsache findet. Entsprechendes gilt auch für den Arzt oder den Psychotherapeuten, denen gegenüber ein Vorstandsmitglied möglicherweise in Hypnose über die Insidertatsache spricht. Eine Einordnung dieser Personen unter § 13 Abs. 1 Nr. 3 WpHG kommt auch deshalb nicht in Betracht, weil es sich hierbei nicht um eine bestimmungsgemäße Kenntnisnahme handelt.

46 Eine widerrechtliche Kenntnisnahme von der Insidertatsache ist insbesondere dann gegeben, wenn dem Vorstandsmitglied die Aktentasche mit den

Unterlagen über die Insidertatsache gestohlen oder wenn ein Telefongespräch belauscht oder die Tatsache etwa durch Werkspionage dem Sekundärinsider bekannt wird. Wichtig ist, daß auch derjenige, der sich die Kenntnis widerrechtlich aneignet, die Insidertatsache als solche erkennen muß.

e) Juristische Person als Insider?

47 Die Insiderrichtlinie sieht in Artikel 2 Abs. 2 vor, daß, sofern es sich bei den in Absatz 1 (entspricht § 13 Nr. 1–3 WpHG) genannten Personen um juristische Personen handelt, das Verbot des Ausnutzens von Insidertatsachen für die natürlichen Personen, die an dem Beschluß beteiligt sind, gilt, nämlich das Geschäft für Rechnung der betreffenden juristischen Person zu tätigen. Damit geht die Richtlinie in wenig differenzierter Weise davon aus, daß auch juristische Personen Insider sein können.

48 Für deutsche Rechtsverhältnisse ist insoweit anzumerken, daß Organschaftsmitglieder nur natürliche Personen sein können, womit ein Insider i. S. v. § 13 Nr. 1 WpHG als juristische Person ausscheidet. Auch im Hinblick auf § 13 Nr. 3 WpHG dürfte diese Frage bedeutungslos sein. Ein Wirtschaftsprüfer der Consultant AG, der bei dem Emittenten prüft, erhält Kenntnis von einer Insidertatsache im Zweifel bestimmungsgemäß durch seine berufliche Tätigkeit. Es prüft nicht „die Gesellschaft“, sondern der Wirtschaftsprüfer für die Gesellschaft, indem er nach seinen berufsrechtlichen Grundsätzen Sachverhalten nachgeht. Soweit ihm dabei Insidertatsachen zu Kenntnis gegeben werden, geschieht dies nicht, weil man der WP-Gesellschaft etwas mitteilen will, sondern ihm persönlich zwecks Bewertung eines Unternehmenssachverhalts.

49 Hinsichtlich § 13 Nr. 2WpHG, dem Beteiligungserwerb an einem Emittenten, der durch die Beteiligungs-AG durchgeführt wird, ist nach dem Gesetz davon auszugehen, daß die AG Insider werden kann, denn nur sie beteiligt sich und nicht die für sie handelnden natürlichen Personen. Da man nach Nummer 2 nur aufgrund der Beteiligung zum Insider werden kann, könnte eine Strafbarkeitslücke für solche Personen gegeben sein, die für die Beteiligungs-AG die Beteiligung erworben haben und aus den ihnen in dieser Funktion zufließenden Insiderkenntnissen Nutzen ziehen wollen. Diese vermeintliche Lücke wird jedoch durch § 14 StGB geschlossen, wonach sich strafbar macht, wer u. a. als Mitglied eines vertretungsberechtigten Organs handelt.

Erstes Zwischenergebnis der Insiderstory:

Um eine Strafbarkeit zu begründen, ist zunächst festzustellen, ob die handelnden Personen Primär- oder Sekundärinsider sind. **50**

a) Das Vorstandsmitglied V. ist als Angehöriger des Vorstandes Primärinsider gemäß § 13 Abs. 1 Nr. 1 WpHG, die Sekretärin hat aufgrund ihrer Tätigkeit bestimmungsgemäß von der Insidertatsache Kenntnis genommen.

b) Der Werksfahrer W. ist kein Primärinsider, sondern ein „Dritter" i. S. v. § 14 Abs. 2 WpHG, der die Insidertatsache von zwei Vorstandsmitgliedern zufällig erfährt. Er wird dadurch zum Sekundärinsider, ebenso wie sein Kollege K.

c) Der Leiter der Kreditabteilung sowie der Referent des Finanzamtes erhalten aufgrund ihres Berufes Kenntnis von der Insidertatsache und sind insofern Primärinsider, ebenso der Mitbearbeiter in der Kreditabteilung MK. Die Ehefrau E. des Finanzbeamten wird Sekundärinsiderin, ebenso die Nachbarin N.

d) Der Großaktionär G. ist kraft Beteiligung Primärinsider. Der Leiter des Vorstandssekretariats LV. hat wegen seiner Tätigkeit bestimmungsgemäß von der Insidertatsache Kenntnis genommen und ist somit zum Primärinsider geworden. Die Brems-AG als juristische Person ist ebenfalls Primärinsider.

e) Der Analyst A. ist nach herrschender Meinung Primärinsider, da er in Ausübung seines Berufes bestimmungsgemäß von der Insidertatsache Kenntnis genommen hat. Die Bank B. wird nicht zum Insider, da sie die Insidertatsache nicht kennt.

f) Der Freund F. des Analysten wird ebenfalls nicht zum Insider, da auch er keine Kenntnis von der Insidertatsache erlangt.

g) Der AU. ist grundsätzlich Primärinsider, T. hingegen Sekundärinsider.

h) Der Ingenieur I. ist als Mitglied des Entwicklungsteams durch seine Tätigkeit in bezug auf den Emittenten Primärinsider, die Insulanerin ist Sekundärinsider.

i) Der Makler M. ist Sekundärinsider, da er von I. als Primärinsider über die Tatsache informiert wurde.

IV. Was sind Insidertatsachen?

51 Wie aus dem vorangegangenen Kapitel deutlich wurde, kann Insider nur derjenige werden, der Kenntnis von einer Insidertatsache hat. Ohne Insidertatsache kann kein Insider entstehen. Das folgende Kapitel beschäftigt sich mit dem Begriff der Insidertatsache. Eine Insidertatsache unterscheidet sich von den „normalen" Tatsachen dadurch, daß sie eine Tatsache und keine nebulöse Idee ist, daß sie nicht öffentlich bekannt ist, daß sie sich auf einen oder mehrere Emittenten oder auf Insiderpapiere bezieht und daß sie geeignet ist, im Falle ihres öffentlichen Bekanntwerdens den Kurs der Insiderpapiere wesentlich zu beeinflussen.

1. Die Tatsache

52 Tatsachen sind normalerweise das Einfachste im Leben, es sei denn, man nähert sich ihnen juristisch.

53 Das deutsche Insiderrecht spricht von der Insidertatsache, die Insider-Richtlinie verwendet den Begriff der Insiderinformation. Die „Insidertatsache" ist eher ein statischer Begriff über etwas Vorhandenes, während die „Insiderinformation" mehr dynamischen Charakters im Sinne von Übermittlung der Kenntnis über dieses Vorhandene ist. Für die Rechtsanwendung wäre es möglicherweise von Vorteil gewesen, den Begriff „Insiderinformation" zu übernehmen, da er besser den Umstand der Kenntnis eines Sachverhaltes und deren Weitergabe ausdrückt.

54 Landläufig werden Tatsachen abgegrenzt gegenüber Plänen, Ideen, Meinungen oder Ansichten. Keinesfalls seien Gerüchte, Meinungen oder Werturteile als Tatsachen anzusehen.

> Claussen, S. 15 Nr. 24;
> Begr. RegE 2. FFG, BT-Drucks. 12/6679, S 46.

55 Eine solche, sich im tatsächlichen Bereich bewegende Abgrenzung ist wenig sinnvoll. Literatur und Rechtsprechung,

> Hess. VGH AG 1998, 436,

sehen Tatsachen im Sinne des Insiderrechts als der äußeren Wahrnehmung zugängliche Geschehnisse oder Zustände an. Als solche sind sie auch dem Beweis zugänglich.

Wittich, AG 1997, 2.

56 Mit dieser Definition kann jeglicher Lebenssachverhalt, den man als Sache oder als Prozeßablauf wahrnehmen kann, zu einer Tatsache werden. Tatsachen sind damit beispielsweise

- die Existenz des benzinlosen Motors;
- der Brand der Fabrikhalle;
- der Plan des Vorstandes, den Wettbewerber A. zu übernehmen;
- das Gerücht über eine bevorstehende feindliche Übernahme einer Gesellschaft;
- die Rechtsauffassung des BGH-Senats zu einer dort anhängigen Klage;
- die Meinung des Vorstandsvorsitzenden, daß ein wichtiger Teil des Unternehmens ausgegliedert werden soll;
- eine mit Sicherheit zu erwartende Dividendenerhöhung oder die Ausgliederung eines bedeutenden Unternehmensteils, wozu nach Satzung der Beschluß von Vorstand und Aufsichtsrat vorliegen muß;
- die Prognose, daß sich der Gewinn in diesem Geschäftsjahr verdoppeln wird.

57 Einen Motor oder einen Brand kann man ohne weiteres wahrnehmen. Bei geistigen Vorgängen wie dem Plan, dem Gerücht, der Rechtsauffassung oder der Meinung bedarf es einer Entäußerung vor Zeugen oder der schriftlichen Dokumentation, um diese Sachverhalte wahrnehmbar und somit zu Tatsachen zu machen.

58 Eine drohende Insolvenz ist nicht etwa die Tatsache des mit hoher Wahrscheinlichkeit in Kürze eintretenden Konkurses, sondern sie ist für sich gesehen die Bewertung der gegenwärtig katastrophalen Wirtschaftslage des Emittenten.

59 Bei Sachverhalten, die hinsichtlich ihres endgültigen Eintritts in der Zukunft liegen, wird von der herrschenden Meinung regelmäßig die hohe

Eintrittswahrscheinlichkeit sozusagen als vorweggenommene Tatsache angesehen.

Kümpel, WpHG, S 55, 56;
Assmann, AG 1997, 51.

60 Wenn am 10. des Monats feststeht, daß der Vorstand eine Dividendenerhöhung beschlossen und der Aufsichtsrat informell seine Zustimmung signalisiert hat, so wird daraus geschlossen, daß die eigentliche Tatsache, die in zwei Wochen von der Hauptversammlung zu beschließende Dividendenerhöhung, mit an Sicherheit grenzender Wahrscheinlichkeit verwirklicht wird. Die zukünftige Tatsache wird als gegenwärtige Tatsache angesehen. Eine ähnliche Lage ergibt sich bei der Ausgliederung des Unternehmensteils. Auch hier ist problematisch, wann die Tatsache eingetreten ist. Da aufgrund der Satzungsbestimmungen allein der Vorstand mit seinem Beschluß die Tatsache nicht verwirklichen konnte, sondern erst die Zustimmung des Aufsichtsrates den Eintritt der Tatsache ermöglichte, spricht man hier insbesondere im Hinblick auf ad-hoc-fähige Insidertatsachen von mehrstufigen Entscheidungsprozessen mit dem Ergebnis, daß die Insidertatsache erst dann entsteht, wenn alle notwendigerweise Beteiligten mitgewirkt haben. Auch in solchen Fällen argumentiert die herrschende Meinung,

Kümpel, WpHG, S. 55, und andere,

mit der Eintrittswahrscheinlichkeit.

61 Des Kunstgriffes der Eintrittswahrscheinlichkeit bedarf es nicht, wenn man auf den Text der Richtlinie zurückgreift, wo nicht von der Insidertatsache, sondern von der Insiderinformation die Rede ist. In dem Beispielsfall der Dividendenerhöhung ist die (Insider-)Information über den Vorstandsbeschluß das Insiderwissen. Es kommt dann nicht mehr darauf an, ob die Dividende wirklich erhöht wird. Entsprechendes gilt bei allen mehrstufigen Entscheidungsprozessen. Unter der Voraussetzung, daß jede Stufe der Entscheidungsprozesse für sich betrachtet kurserheblich ist, handelt es sich bei jeder Entscheidungsstufe um die Realisierung einer selbständigen Insidertatsache.

Assmann, in: Assmann/Schneider, WpHG, § 13 Nr. 36a.

62 Es kommt dann nicht mehr darauf an, ob der „Schlußbaustein" der letzten Entscheidung in der Kette positiv ist und „grünes Licht" für die hier beispielhaft erwähnte Dividendenerhöhung oder die Ausgliederung gibt. Die Wahrscheinlichkeit des Eintritts der (Abschluß-)Tatsache ist kein Aspekt der Tatsache selber, sondern der Kurserheblichkeit.

Auch Prognosen sind Tatsachen, allerdings nicht hinsichtlich des prognostizierten Sachverhalts, dessen Eintritt ja ungewiß ist, sondern hinsichtlich der Tatsache, daß eine Prognose abgegeben wurde. **63**

Keine Tatsachen sind Gerüchte über die Existenz des benzinlosen Motors oder über den Brand der Fabrikhalle, wenn es keinen Motor gibt oder der Brand nicht stattgefunden hat. Die Verbreitung von „Tatsachen" über Dinge oder Sachverhalte, die es nicht gibt oder die sich nicht zugetragen haben, ist die Verbreitung von „falschen Tatsachen" und somit Kursmanipulation i. S. v. § 88 BörsG. **64**

2. Tatsache zur erheblichen Kursbeeinflussung

Eine Tatsache ist zur erheblichen Kursbeeinflussung geeignet, wenn **65**

- sie sicher, d. h. beweisbar eingetreten ist oder
- sie mit hoher Wahrscheinlichkeit eintreten wird und
- ihr Eintritt oder wahrscheinlicher Eintritt der über einschlägige Kenntnisse verfügenden Öffentlichkeit, insbesondere der „Bereichsöffentlichkeit" i. S. v. § 15 Abs. 3 WpHG, eine Signalwirkung zur Disposition von Wertpapieren gibt.

„Geeignet" bedeutet, daß es zu dem Vorhandensein der Tatsache wirtschaftliche Auswirkungen auf den Emittenten oder dessen Wertpapiere durch die Tatsache geben muß. Ob diese Auswirkungen bei Bekanntwerden tatsächlich zu einer deutlichen Kursveränderung führen, ob die Kursveränderung etwa bei einer positiven Insidertatsache sich in Kursgewinnen oder gar in Kursverlusten niederschlägt, weil die Tatsache nicht positiv genug war, ist unerheblich. **66**

Kümpel, WpHG, S. 61.

Aus der Aussage des Gesetzes, daß die hier in Rede stehende Tatsache geeignet sein muß, nicht aber geeignet gewesen sein muß, bei öffentlichem Bekanntwerden eine erhebliche Kursveränderung herbeizuführen, folgt zweifelsfrei, daß eine ex-ante-Betrachtung des Inhalts anzustellen ist, daß das Bekanntwerden der Tatsache im Börsenhandel zu deutlichen Kursver- **67** änderungen führen wird. Da in der Realität Börsenpreise das Produkt aus Psychologie und Information sind, kann die ex-ante-Abwägung schnell in den Bereich des Irrationalen gelangen. Da niemand Börsenkurse voraussagen kann, ist es für einen Insider objektiv nicht möglich, ex ante festzulegen, in welchem konkreten Umfang sich der Börsenpreis bei Veröffentlichung der Tatsache verändern wird. Aus diesem Grund sind alle Überlegungen, die mit Berechnungen über die wirtschaftlichen Auswirkungen der eingetretenen Tatsache dem Sachverhalt näherkommen oder die sich an börsenmäßigen Mechanismen wie etwa Plus- oder Minusankündigungen des Maklers (d. h. mehr als 5, 10 oder 20 % Kursabweichung zum letzten Kurs) orientieren wollen, nicht geeignet, Aufschluß zu geben: ob sich eine Aktie um 4,7 % oder um 5,6 % nach Bekanntwerden der Tatsache kursmäßig verändern wird, darüber läßt sich ex ante allenfalls spekulieren. Vor dem Hintergrund, daß es für die Geeignetheit zu einer erheblichen Kursbewegung ausreicht, wenn sich der Kurs letztlich überhaupt nicht bewegt, sind mathematische Kalkulationen bei der ex ante Abwägung schlicht unbrauchbar, denn nach herrschender Meinung handelt es sich bei dem Tatbestandsmerkmal der Kursrelevanz um einen Rechtsbegriff, der sich einer rein wirtschaftswissenschaftlichen Erfassung versagt.

Kümpel, WpHG, S. 61.

68 Wenn sich der Kurs aufgrund des Bekanntwerdens der Insidertatsache tatsächlich verändert hat, läßt sich aus diesem Umstand allenfalls ex post schließen, daß man mit seinen ex ante Überlegungen richtig gelegen hat. Die ex post Betrachtung der in welchem Maße auch immer eingetretenen Kursveränderung ist dennoch nicht ohne Wert. Sie ermöglicht empirische Aussagen dahingehend, daß der Markt auf bestimmte Tatsachen häufig in bestimmter Weise reagiert. Ex post Betrachtung ist die Bewertung von Beispielen, die der Markt wohl oft, aber längst nicht immer wiederholt. Eine tatsächliche Kursveränderung hat (nur) indiziellen Charakter, führt aber nicht zur Anwendbarkeit oder Unanwendbarkeit von § 13 WpHG. Käme es aus Rechtsgründen darauf an, daß die Kursveränderung tatsächlich eintritt, so dürfte das Insiderverbot mit dem verfassungsrechtlichen Grundsatz der Bestimmtheit für Strafrechtsnormen wohl kaum vereinbar sein.

Dreyling, in: Banking 2000, S. 136.

69 Eine erhebliche Kursveränderung ist ein relativer Begriff. Kursveränderungen sind Funktionen der Marktliquidität. In Märkten mit hoher Liquidität, z. B. bei den DAX-Werten, dürfte der Erheblichkeitsgrad schon bei einer Veränderung von ein bis zwei Prozent des Kurswertes angezeigt sein, bei Märkten mit niedriger Liquidität können fünf oder mehr Prozent die Indikationswirkung zeitigen. Wie oben dargelegt, ist das tatsächliche Ergebnis nur wahrscheinlich, aber nicht denknotwendig. Die objektive Geeignetheit besagt nur, daß eine relativ hohe Chance für eine erhebliche Kursveränderung gegeben ist. Wenn der Markt diese Kursveränderung durch andere Tendenzen ganz oder teilweise kompensiert, könnte man von einer „verdeckten", d. h. nicht sichtbaren Kursveränderung sprechen. Sichtbare Kursveränderungen sind regelmäßig Aufgreifkriterien für das BAWe im Hinblick auf mögliches Insiderhandeln, was jedoch nicht heißen soll, daß Insideruntersuchungen bei nur sehr geringen oder gar keinen Kursveränderungen ausgeschlossen wären.

70 Der Begriff der kurserheblichen Tatsache ist mit ähnlicher Bedeutung im Recht der Ad-hoc-Publizität zu finden. Die herrschende Meinung ist der Ansicht, daß das Merkmal der Kurserheblichkeit einer Tatsache in den §§ 13 Abs. 1, 15 Abs. 1 WpHG inhaltsgleich auszulegen ist. Dies dürfte nur bedingt gelten. In der Mehrzahl der Fälle dürfte die herrschende Meinung ohne Probleme zu richtigen Lösungen gelangen. In bestimmten Fallkonstellationen führt diese Betrachtung jedoch nicht weiter, denn im Hinblick auf die Verursachung der Kurserheblichkeit unterscheidet sich die Ad-hoc-Tatsache deutlich von der Insidertatsache nach § 13 Abs. 1 WpHG. Erstere ist zur Kurserheblichkeit geeignet wegen ihrer Auswirkungen auf wirtschaftliche Gegebenheiten im Unternehmen des Emittenten, also eine nach „innen" gerichtete Tatsache. Der Insidertatsache hingegen ist ein solches Kriterium nicht beigefügt, so daß auch durchaus äußere Umstände, wie etwa die allgemeine Marktmeinung zu den Aktien des Emittenten bedeutsam sein können. Der Wirkungsmechanismus der Insidertatsache heißt nur: Unbekannte Tatsache, im Falle ihrer Veröffentlichung geeignet, den Kurs erheblich zu beeinflussen. Der Insidertatsache fehlt somit die „Schwere" oder das „Gewicht" des betrieblichen Ereignisses, das eine Kursveränderung bewirken kann. Die Auswirkungen der Insidertatsache können somit sowohl nach innen – und damit im wesentlichen deckungsgleich mit der Ad-hoc-Tatsache – gerichtet sein wie auch diese Tatsache durch Hinzutreten unternehmensexterner Faktoren wie etwa der Marktmeinung ihre Eigenschaft zur Kursbeeinflussung erhalten kann.

71 Erzielt ein Emittent beispielsweise eine Gewinnverbesserung von 3 %, so dürfte wegen der geringen Auswirkungen auf die Finanz-, Vermögens- oder Geschäftslage i. S. v. § 15 WpHG keine ad-hoc-pflichtige Tatsache gegeben sein. Ein Primärinsider jedoch, der weiß, daß eine 3%ige Gewinnverbesserung nicht in der derzeit negativen branchenmäßigen Bewertung durch den Markt liegt, kann davon ausgehen, daß es bei Bekanntwerden dieser Tatsache zu einer deutlichen Bewertungsveränderung für diese Aktie kommen wird; er nutzt somit eine Insidertatsache aus.

72 Problematisch ist auch die Frage der Eintrittswahrscheinlichkeit. Wenn wir uns an den oben angeführten Tatsachen-Beispielen orientieren, so kommt es bei der Absicht, einen Wettbewerber zu übernehmen, zunächst darauf an, wer diesen Plan faßt und wie konkret er ist. Werden lediglich auf der Fachebene entsprechende Erwägungen angestellt, so ist die Eintrittswahrscheinlichkeit kaum gegeben. Formuliert hingegen der Vorstand detailliert derartige Absichten, bringt sie zu Papier und faßt einen entsprechenden Beschluß, kann von einer Umsetzung ausgegangen werden.

73 Das Gerücht über eine angebliche feindliche Übernahme einer Gesellschaft hängt in seiner Kurserheblichkeit von seiner Glaubhaftigkeit ab, wobei u. a. die gesellschaftliche Stellung dessen, der das Gerücht kolportiert, ein Beurteilungskriterium sein kann.

Hess. VGH AG 1998, 436.

74 Rechtsauffassungen eines Jurastudenten sind eher unbeachtlich. Wenn man jedoch Kenntnis von der Rechtsauffassung eines BGH-Senats zu einer Klage erhält, so weiß man mit an Sicherheit grenzender Wahrscheinlichkeit, wie die Klage ausgehen wird.

75 Die Meinung eines Vorstandsvorsitzenden zur Frage der Ausgliederung eines Unternehmensteils relativiert sich, wenn es sich um einen Vorstand mit zwölf Mitgliedern handelt. Bei einem aus drei Mitgliedern bestehenden Vorstand gewinnt die Meinung deutliches Gewicht, insbesondere dann wenn bekannt ist, daß die übrigen Mitglieder ihm freie Hand lassen wollen.

76 Bei Prognosen hängt die Kurserheblichkeit von der unternehmensinternen Stellung dessen ab, der die Prognose abgibt. Die dunkle Ahnung des Pförtners, daß es dem Unternehmen bald schlechtergehen werde, wird kaum Beachtung finden, während hingegen die präzise und ins Einzelne gehende Prognose des zuständigen Finanzvorstandes ein ganz anderes Gewicht hat. Maßgeblich zur Beurteilung der Eintrittswahrscheinlichkeit sind die objektiven Umstände, wie sie sich aus Sicht des als Insider in Betracht kommenden Beobachters darstellen.

Assmann, AG 1997, 50, 51.

Wenn auf die Schwierigkeiten der ex ante Betrachtung in bezug auf die Eignung der Tatsache zur erheblichen Kurseinwirkung hingewiesen wurde, soll nicht dem Agnostizismus das Wort geredet werden. **77**

Für die Beantwortung der Frage, ob eine erhebliche Kursveränderung eintreten könnte, gibt der Gesetzgeber beispielsweise in bezug auf die Insidertatsachen im Ad-hoc-Bereich nach § 15 in der Begründung zu dieser Vorschrift einen kleinen Hinweis, indem er dort ausführt, daß für die Frage, ob eine Tatsache erheblich kursbeeinflussend sei oder nicht, der Einzelfall unter Zugrundelegung der allgemeinen Lebenserfahrung entscheidend sei. Der Emittent habe sich (gegebenenfalls – Hinzufügung des Verfassers) die notwendige Sachkunde zu verschaffen. **78**

Begr. RegE 2. FFG, BT-Drucks. 12/6679, S. 48.

Die in der Gesetzesbegründung angesprochene allgemeine Lebenserfahrung gehört üblicherweise zum Wissensfundus von Analysten. Deren Aufgabe ist u. a., aufgrund ihnen vorliegender Informationen ihre Auftraggeber dahingehend zu beraten, ob sie Wertpapiere kaufen, halten oder verkaufen sollen. Analysten dürfte es deshalb mit hoher Zuverlässigkeit gelingen, den Signalwert der Tatsache einzuordnen. Dabei ist es sicherlich denkbar und nützlich, u. a. auch wirtschaftsmathematische Verfahren zu nutzen, um die Auswirkungen der Tatsache unternehmensintern zu quantifizieren – nur dies hat allenfalls mittelbar etwas mit der tatsächlichen Kursauswirkung zu tun. Analysten würden, wenn sie vom Emittenten um Beratung in diesen Fragen gebeten werden, zu Primärinsidern, denn sie erhalten die Insiderinformation – eine Ad-hoc-Tatsache ist stets zugleich eine Insidertatsache – bestimmungsgemäß i. S. v. § 13 Abs. I Nr. 3 WpHG. Der Hinweis auf die allgemeine Lebenserfahrung korrespondiert mit dem Terminus der Geeignetheit, indem sie den zu beurteilenden Sachverhalt aus der subjektiven Sicht des Emittenten heraushebt, um ihn den objektivierten Maßstäben des Wertpapiermarktes als der Summe seiner Teilnehmer zuzuführen. Der Umstand, daß die zu veröffentlichende Tatsache **geeignet** sein muß, den Kursverlauf erheblich zu beeinflussen, ist der Schlüssel für eine rational-objektive Betrachtung des Sachverhalts. Bei der Beurteilung der Frage, ob eine kurserhebliche Tatsache gegeben ist, ist eine Überlegung des Inhalts anzustellen, was der sogenannte rational handelnde professionelle Investor als Adressat der Ad-hoc-Publizität täte, wenn er von der noch geheimen Tatsache erführe. **79**

Fürhoff, Kapitalmarktrechtliche Ad-hoc-Publizität zur Vermeidung von Insiderkriminalität, Diss., 2000;
kritisch: Claussen, S. 21 Nr. 33.

80 Wenn seine Überlegung mit dem Schluß endet, die Information werde wegen Auswirkungen auf die Geschäftslage beispielsweise ein Kaufsignal und somit ein Handlungs- oder Handelsanreiz sein, dann ist sie objektiv geeignet, den Börsenkurs erheblich zu beeinflussen. Die tatsächliche Wirkung in Form der erheblichen Kursbewegung kann dadurch eintreten, daß die Information nicht nur einen Investor erreichen wird und zum Handeln veranlaßt, sondern eine Vielzahl von Investoren ein solches Kauf- oder Verkaufssignal registrieren und umsetzen können. Insofern ist nach den gängigen Marktmechanismen regelmäßig mit einer Kursbewegung zu rechnen – aber es kommt nach herrschender Meinung keinesfalls auf sie an. Die „fällige" Kursbewegung kann etwa durch einen allgemeinen Markttrend völlig kompensiert werden. Auch eine teilweise Kompensation ist, wie die obigen Beispiele zeigen, durchaus möglich mit dem Ergebnis, daß eine Nachricht, die nach ihrer objektiven Eignung eine Kursveränderung von etwa 10 % als wahrscheinlich hat erscheinen lassen, nur eine solche von 1 % hervorruft. Der Handlungsanreiz, d. h. die Bewertung einer Information als Chance, führt im Insiderrecht und bei der Ad-hoc-Publizität zu unterschiedlichen gesetzlichen Geboten: Im Insiderrecht zu einem Handlungsverbot, im Ad-hoc-Recht zu einem Handlungsgebot.

81 Die im Insiderrecht umstrittene Frage, ob ein Insiderhandeln auch dann gegeben sei, wenn es nur zu kleineren Kursveränderungen kommt, der Handelnde aber, z. B. als skontroführender Makler, auf diese Weise „sichere" Gewinne realisieren kann, läßt sich mit der „Theorie des Handlungsanreizes" ohne Schwierigkeiten lösen. Die Marktlage im Skontro ist die Insidertatsache, die, so sie für den skontroführenden Makler günstig ist, den Handlungsanreiz setzt. In der Natur der Sache liegt es, daß von dieser Marktlage nicht viele Investoren Kenntnis erhalten können, denn nur der Makler als Primärinsider darf die Marktlage insoweit kennen und nur er kann kraft Amtes agieren. Insofern bleibt das Eintreten der vom Gesetz scheinbar geforderten erheblichen Kursbewegung tatsächlich aus bzw. sie wird auf die Kursspanne begrenzt, bei der der Markt durch die Gegenorders ausgeglichen würde. Da es nicht auf das tatsächliche Eintreten der erheblichen Kursveränderung ankommt, reicht es zur Tatbestandsverwirklichung insoweit aus, daß der Makler als Primärinsider den Wert der Information kennt und ausnutzt. Erheblich bedeutet vor diesem Hintergrund das wirtschaftlich Mögliche, d. h. die Kursspanne.

Da das tatsächliche Eintreten von erheblichen Kursveränderungen keine Tatbestandsvoraussetzung für das Verhängen von Sanktionen im Insiderrecht ist, kommt es für die Frage des schuldhaften Verhaltens allein darauf an, ob der Täter als Insider erkennen konnte, daß der Nachrichtenwert der noch geheimen Tatsache eine Chance zu erheblicher Kursveränderung beinhaltet. Bejaht er dies, so darf er als Insider nicht handeln, als Ad-hoc-Verantwortlicher muß er hingegen handeln, indem er die Nachricht veröffentlicht. **82**

3. Nicht öffentlich bekannte Tatsachen

Interna des Emittenten, zu denen die Insidertatsachen gehören, sind üblicherweise nicht öffentlich bekannt. Als öffentlich bekannt sind sie anzusehen, wenn sie den Bereich des Emittenten auf welche Weise auch immer verlassen und es einer unbestimmten Anzahl von Personen möglich ist, von ihnen Kenntnis zu nehmen, **83**

Begr. RegE 2. FFG, BT-Drucks. 12/6679, S. 46,

wobei die Kenntnisnahmemöglichkeit der Bereichsöffentlichkeit ausreicht.

Es ist grundsätzlich nicht verboten, Insidertatsachen der Öffentlichkeit mitzuteilen. Vor dem Hintergrund von § 14 Abs. 1 Nr. 2 WpHG, der die unbefugte Mitteilung einer Insidertatsache unter Strafe stellt, ist zu fragen, wie Insidertatsachen öffentlich gemacht werden können. § 14 Abs. 1 Nr. 2 WpHG meint nur die Weitergabe von Insidertatsachen, wenn nicht ausgeschlossen ist, daß diese mißbräuchlich genutzt werden können. Eine Insidertatsache, die öffentlich geworden ist, kann nicht mehr als solche ausgenutzt werden, da eine der Voraussetzungen für das Vorhandensein der Insidertatsache ist, daß diese nicht öffentlich ist. **84**

Das Wertpapierhandelsgesetz hält mit der Verpflichtung zur Ad-hoc-Publizität in § 15 einen Weg bereit, um Emittenten bei Vorliegen einer Tatsache im Sinne dieser Vorschrift, die zugleich immer eine Insidertatsache darstellt, zu zwingen, diese Tatsache unverzüglich auf dem gesetzlich dort vorgeschriebenen Weg zu veröffentlichen. Da es sich, wie oben dargelegt, bei einer Ad-hoc-Tatsache um eine qualifizierte Insidertatsache handelt, ist zu fragen, wie eine „einfache" Insidertatsache, sei es aus Bedarf, sei es aus Notwendigkeit, veröffentlicht werden kann. **85**

Das BAWe empfiehlt, bei der Veröffentlichung einer Insidertatsache die für die Veröffentlichung der Ad-hoc-Tatsache maßgebliche Regelung der **86**

Zurverfügungstellung für die Bereichsöffentlichkeit i. S. v. § 15 Abs. 3 Nr. 2 WpHG analog anzuwenden, indem man ebenfalls ein weit verbreitetes Informationssystem nutzt. Wer die Tatsache lediglich einzelnen Journalisten zur Verfügung stellt, hat nicht die Gewähr, daß sie unverzüglich, unverändert oder ungenutzt die Öffentlichkeit erreicht. Die Verbreitung über die elektronischen Informationssysteme stellt die Öffentlichkeit im Sinne des Gesetzes her.

Kümpel, WpHG, S. 59.

87 Der Umstand, daß die Öffentlichkeit nur dann hergestellt ist, wenn eine unbeschränkte und unbestimmte Personenzahl von der Tatsache Kenntnis nehmen kann, bedingt, daß eine Vermeldung der Tatsache nach § 131 Abs. 1 AktG auf der Hauptversammlung des Emittenten nicht zur Herstellung der Öffentlichkeit geeignet ist. Entsprechendes gilt für Analystenkonferenzen.

4. Auf Emittenten oder Insiderpapiere bezogene Tatsache

88 Die Insidertatsache muß sich auf einen oder mehrere Emittenten oder auf Insiderpapiere (siehe unten) beziehen. Es ist jedoch nicht erforderlich, daß die Tatsache wie bei der Ad-hoc-Publizität des § 15 WpHG im Tätigkeitsbereich des Emittenten eingetreten sein muß. Der Emittentenbezug ist immer gegeben, wenn die Tatsache im Bereich des Emittenten eingetreten ist und ihre Auswirkungen das rechtliche oder wirtschaftliche Schicksal des Emittenten zum Gegenstand haben. Hinsichtlich der außerhalb des Unternehmens des Emittenten eintretenden Tatsachen ist die Lage nicht eindeutig.

89 Zur Illustration und zur Abgrenzung seien folgende Beispiele genannt:

- der Beschluß, die Dividende kräftig zu erhöhen, bezieht sich zweifellos auf den Emittenten;
- die Zulassungsstatistik beim Kraftfahrtbundesamt bezieht sich mit Sicherheit auch auf den Emittenten, hier die Automobil-AG;
- ob sich das Wissen um einen bevorstehenden Streikbeschluß in der brasilianischen Autozulieferungsindustrie, bei der auch die Automobil-AG produzieren läßt, auf den Emittenten bezieht, erscheint eher zweifelhaft;
- noch mehr gerät der Bezug auf den Emittenten ins Ungewisse bei der Kenntnis einer bevorstehenden Leitzinserhöhung.

Die Überlegung, um bei der Frage des Emittentenbezuges nicht im Sinne der Chaostheorie ins Uferlose zu geraten, zwischen „sich beziehen" und „Auswirkungen haben" zu unterscheiden, scheitert bei richtlinienkonformer Auslegung. Die Richtlinie sieht in Artikel 1 Nr. 1 als Insiderinformation (-tatsache) alles das an, was Emittenten „betrifft"; hinzu kommt, daß das Betroffensein seiner Wertpapiere ausreicht. Von einer Tatsache betroffen ist letztlich jeglicher Emittent und sind alle Wertpapiere, denen gegenüber man die rechtlichen oder wirtschaftlichen Auswirkungen der Tatsache nicht nur bewußt oder billigend in Kauf nimmt, sondern auch die unbeabsichtigte Auswirkung ist ausreichend, denn das „Betroffensein" ist zunächst ein objektiver Begriff, bei dem es nicht darauf ankommt, ob die Handlung auf den Emittenten abzielt. Der brasilianische Gewerkschaftsführer, der von der Streiktatsache weiß, nutzt deshalb eine Insiderinformation, wenn er noch schnell seine Automobil-AG-Aktien verkauft, obwohl sich der Streik keinesfalls auf die Automobil-AG bezieht, sondern auf die Verbesserung der Arbeitsbedingungen vor Ort; gleichwohl ist die Automobil-AG wegen ausbleibender Zulieferungen „betroffen". Ebenso nutzt der Mitarbeiter der EZB eine Insidertatsache, wenn er in Kenntnis einer bevorstehenden Zinssenkung noch Kaufaufträge für festverzinsliche Wertpapiere gibt oder er gar die Tatsache weitergibt. **90**

Hopt, ZHR 159 (1995), 135, 145.

Entsprechendes hat dann auch für das Wissen um allgemeine Konjunkturanalysen, Exportstatistiken etc. zu gelten.

Wenn Insiderpapiere betroffen sind, muß nicht gleichzeitig auch deren Emittent betroffen sein. Dies ist etwa dann der Fall, wenn jemand die Orderlage in Automobil-AG-Aktien oder die Absprache über den Wechsel eines Aktienpaketes kennt. Damit hat man Kenntnis von einer Insiderinformation, ohne daß davon der Emittent betroffen wäre. **91**

Zweites Zwischenergebnis zur Insiderstory:

- Als Insidertatsache in dieser Geschichte kommt nur die Erfindung des benzinlosen Motors in Betracht. **92**
- Nachdem feststeht, daß der Motor serienreif ist, handelt es sich um eine Tatsache und nicht mehr um eine Projektion oder Idee.
- Diese Tatsache ist ohne Zweifel zur erheblichen (positiven) Kursbeeinflussung geeignet, wenn sie öffentlich bekannt würde, da sich

die Aktien der Automobil-AG einer starken Nachfrage erfreuen werden.

- Die Tatsache bezieht sich auf den Emittenten. Seine Ertragschancen werden nachhaltig verbessert.
- Die Tatsache war vor dem 1. April nicht öffentlich bekannt, da es erst zu diesem Termin zu einer Ad-hoc-Meldung kam.

V. Was sind Insiderpapiere?

93 Gegenstand von Insidergeschäften sind nach § 12 WpHG Insiderpapiere. Da das Insiderrecht den Handel an organisierten Märkten schützen will, für dessen Funktionieren bestimmte Standards eingehalten werden müssen, so gilt hinsichtlich der hier in Rede stehenden Wertpapiere, daß es solche sein müssen, die an solchen Märkten handelbar, also fungibel sein müssen. Die Fachwelt spricht von Effekten. Da es bei außerbörslichen Geschäften durchaus individuell konstruierte Wertpapiere gibt, scheitern Insidergeschäfte insoweit stets daran, daß es sich um keine Wertpapiere im Sinne des Wertpapierhandelsgesetzes handelt und sie zusätzlich nicht an organisierten Märkten gehandelt werden. Daß Derivate, soweit sie sich auf Wertpapiere beziehen, dem Insiderrecht unterworfen werden müssen, liegt einmal an der Richtlinie (Art. 1 Abs. 2 Buchst. b–d) zum anderen aber daran, daß, wirtschaftlich gesehen, der mit dem Insidergeschäft erstrebte Erfolg sich mit dem Erwerb eines Derivates mit geringem Geldeinsatz und vervielfachten Gewinnchancen verwirklichen läßt.

1. Wertpapiere

94 In § 2 Abs. 1 WpHG legt der Gesetzgeber fest, was Wertpapiere „im Sinne dieses Gesetzes“ sind. Insofern ist es nicht mehr erforderlich, daß in § 12 auf § 2 Abs. 1 verwiesen wird, weil somit für alle Vorschriften des Wertpapierhandelsgesetzes der Inhalt des Begriffes „Wertpapier“ festgelegt wird.

95 In § 2 Abs. 1 werden als Wertpapiere, auch wenn für sie keine Urkunden ausgestellt sind, bezeichnet

- Aktien, Zertifikate, die Aktien vertreten, Schuldverschreibungen, Genußscheine, Optionsscheine und
- andere Wertpapiere, die mit Aktien oder Schuldverschreibungen vergleichbar sind,

wenn sie an einem Markt gehandelt werden können. Hinzu kommen Anteilscheine von in- und ausländischen Kapitalanlagegesellschaften.

2. Derivate

Da hinsichtlich der Derivate eine differenzierte Betrachtung hinsichtlich ihrer Eigenschaft als Insiderpapiere angebracht ist, wird in § 12 Abs. 2 WpHG nicht einfach auf Derivate und damit auf § 2 Abs. 2 WpHG verwiesen, sondern das Gesetz sieht bestimmte Derivate als Insiderpapiere an. Während in § 2 Abs. 2 WpHG mehr die wirtschaftliche Funktion von Derivaten dargestellt ist, stehen in § 12 Abs. 2 WpHG mehr die rechtlichen Möglichkeiten im Vordergrund, ohne daß dies allerdings zu Rechtsfolgen im Sinne des Insiderrechts führte. Derivate sind nur dann insiderkritisch, wenn sie sich auf Wertpapiere beziehen, die ihrerseits Insiderpapiere sind. **96**

Zu den Insiderpapieren i. S. d. § 12 Abs. 2 WpHG zählen **97**

- Rechte auf Zeichnung, Erwerb oder Veräußerung von Wertpapieren.

  Hierdurch werden insbesondere Bezugsrechte sowie Kauf- und Verkaufsoptionen erfaßt.

- Rechte auf Zahlung eines Differenzbetrages, der sich an der Wertermittlung von Wertpapieren bemißt.

  Hierzu zählen sämtliche Optionen oder Optionsscheine, die das Recht auf eine Ausgleichszahlung bei Über- oder Unterschreiten eines bestimmten Börsenpreises des Basiswertes beinhalten. Aber auch beispielsweise Indexoptionen, etwa DAX-Optionen werden von dieser Regelung erfaßt.

- Finanzterminkontrakte sowie Rechte auf Zeichnung, Erwerb oder Veräußerung von Finanzterminkontrakten, sofern derartige Kontrakte Wertpapiere zum Gegenstand haben oder sich auf einen Index beziehen, in den Wertpapiere einbezogen sind.

  Dieser Gattung unterfallen insbesondere Futures-Kontrakte auf Aktien- und Rentenindices, nicht jedoch ein sich nur auf Zinssätze beziehender Futures-Kontrakt wie beispielsweise der FIBOR.

- Sonstige Terminkontrakte, die zum Erwerb oder zur Veräußerung von Wertpapieren verpflichten.

Hierbei handelt es sich um als Festgeschäft ausgestaltete Termingeschäfte über Wertpapiere, wie etwa den an der EUREX gehandelten Bund-Future-Kontrakt.

3. Wo gehandelt?

98 Zu Insiderpapieren werden die unter 2. genannten Wertpapiere jedoch nur, wenn sie, wie in § 12 Abs. 1 WpHG vorgeschrieben,

- an einer inländischen Börse zum Handel zugelassen oder in den Freiverkehr einbezogen sind, oder
- in einem anderen Mitgliedstaat der Europäischen Union oder einem anderen Vertragsstaat des Abkommens über den Europäischen Wirtschaftsraum zum Handel an einem organisierten Markt zugelassen sind.

99 Der Zulassung zum Handel an einem organisierten Markt oder der Einbeziehung in den Freiverkehr steht gleich, wenn der Antrag auf Zulassung oder Einbeziehung gestellt oder öffentlich angekündigt ist.

100 Entsprechendes gilt für Derivate mit der Maßgabe, daß deren Zulassung und Handel an Märkten i. S. v. § 12 Abs. 1 WpHG erfolgen muß und die Wertpapiere, auf die sich die Derivate beziehen, auch an EU-/EWR-Märkten börsenmäßig gehandelt werden müssen.

101 Durch das Kriterium des börsenmäßigen Handels scheiden Wertpapiere, die nach den sonstigen Kriterien der §§ 12 ff WpHG Insiderpapiere sein könnten, wie beispielsweise Aktien, aus dem Insiderrecht aus, wenn sie etwa nur im Telefonhandel umgesetzt werden.

102 Andererseits kommt es für die Realisierung eines Insiderdeliktes nicht darauf an, daß es über den Börsenhandel verwirklicht wird, sondern entscheidend ist, daß es sich um ein Geschäft über börsennotierte Wertpapiere handelt, wenn sie auch im konkreten Fall Gegenstand eines außerbörslichen Geschäftes sind.

103 Dem Handel selbst steht die Stellung des Zulassungs- bzw. Einbeziehungsantrages sowie deren öffentliche Ankündigung gleich. Ein Antrag ist üblicherweise dann gestellt, wenn er bei der zuständigen Zulassungs- oder Einbeziehungs-Stelle eingegangen ist. Von der öffentlichen Ankündigung ist auszugehen, wenn eine unbegrenzte Personenzahl von dieser Information Kenntnis nehmen kann und diese Information keine Einschränkungen oder Bedingungen enthält.

104 Im Gegensatz zur Insiderrichtlinie, die nur den Handel an sogenannten organisierten, d. h. hoheitlich geregelten und überwachten Märkten dem Insiderrecht unterstellt, sieht der deutsche Gesetzgeber auch die Einbeziehung von Wertpapieren und Derivaten in den Freiverkehr als insiderrelevant an. Es sei dahingestellt, ob der Freiverkehr wirklich das allseits als privatrechtlich organisiert angesehene Marktsegment darstellt, woran allein schon die durch die Handelsüberwachungsstelle hoheitlich überwachte Börsenpreisbildung erhebliche Zweifel aufkommen läßt. Jedenfalls wäre es ordnungspolitisch nicht haltbar gewesen, auch einen privatrechtlichen Handel unter dem Dach der Börsen von der Geltung des Insiderrechts auszunehmen. Der Schutz des Ansehens der dort gehandelten Gesellschaften und die Abschottung gegen vielfältige Umgehungsmöglichkeiten geboten eine solche Maßnahme.

Drittes Zwischenergebnis zur Insiderstory:

105

- Insiderdelikte können nur in Insiderpapieren begangen werden. Deshalb ist zu untersuchen, ob den verschiedenen Fallvarianten Insiderpapiere zugrunde liegen.
- Das ist zweifelsohne dort in den **Fällen a, c, d, e, f, i** gegeben, wo Geschäfte in Aktien der Automobil-AG in Deutschland bzw. der EU oder dem EWR getätigt werden.
- Entsprechendes gilt für den Erwerb von Calls als Derivate in **Fall b**.
- In **Fall g** werden die zum amtlichen Handel an einer deutschen Börse zugelassenen Aktien auch an der New Yorker Börse gehandelt. Maßgeblich für die Einstufung als Insiderpapier ist nicht der Handelsplatz, sondern ob die Wertpapiere an einem organisierten EU/EWR-Markt zum Handel **zugelassen** sind. Dabei kommt es auch nicht auf die Organisationsform des jeweiligen Marktes an, denn auch für den außerbörslichen Handel gilt das Insiderrecht. Insofern ist auch in diesem Fall die Eigenschaft als Insiderpapier gegeben.

– Anders stellt sich die Lage in **Fall h** dar. Die dort erwähnten Automobil-AG Warrants sind an keinem EU/EWR-Markt zum Handel zugelassen; somit haben sie nicht die Eigenschaft von Insiderpapieren.

VI. Was ist dem Insider verboten?

106 Die Verbote des Insiderrechts differenzieren zwischen Primär- und Sekundärinsidern.

107 Gleichermaßen sind für Primär- und Sekundärinsider Geschäfte in Insiderpapieren verboten. Für Primärinsider kommen noch die unbefugte Weitergabe der Insidertatsache und das Empfehlen von Geschäften in Insiderpapieren hinzu.

108 Die unterschiedlichen Verbote reflektieren die Verantwortlichkeit für das Entstehen der Insidertatsache und den weiteren Umgang mit ihr. Sie sind aber auch Ausdruck der staatlichen Verfolgungsmöglichkeiten gegenüber Sekundärinsidern. Eine Strafbarkeit für das Reden über die Insidertatsache, wozu im Grunde auch das Empfehlen von Geschäften gehört, ist praktisch nicht verfolgbar, weil es eines ordnungspolitisch nicht vertretbaren Aufwandes bedürfte.

109 Nach Artikel 6, 4 und 3 der Insiderrichtlinie hätte zwar die Möglichkeit bestanden, eine Strafbarkeit für Sekundärinsider wegen der unbefugten Weitergabe von Insidertatsachen oder wegen des Verstoßes gegen das Empfehlungsverbot vorzusehen. Da es sich bei Artikel 6 um eine Kann-Bestimmung handelt, konnte der Staat von einer Ausweitung der Strafbarkeit insoweit absehen.

110 Die in § 14 WpHG aufgeführten Verbote sind sogenannte Verwaltungsverbote, deren Verletzung erst über § 38 zu Strafmaßnahmen führt. Als geschütztes Rechtsgut ist die Funktionsfähigkeit des organisierten Wertpapiermarktes anzusehen. In diesen wird auch der außerbörsliche Markt einbezogen, sofern dort mit Insiderwissen in Insiderpapieren Geschäfte getätigt werden. Letztlich geht es um das Vertrauen darin, daß die Märkte den Investoren Chancengleichheit bieten.

111 Individueller Anlegerschutz im Sinne von Schadensausgleichsmechanismen ist nicht Gegenstand des Insiderrechts. Mittelbar profitiert natürlich jeder einzelne Investor von der Durchsetzung der Insiderverbote, weil das

Insiderrecht mit seiner Präventiv-, aber auch mit seiner repressiven Wirkung die Chancengleichheit am Markt für jedermann verbessert.

1. Primärinsider

a) Erwerb und Veräußerung von Insiderpapieren

112 Unter Erwerb und Veräußerung sind zunächst Kauf und Verkauf zu verstehen. Wichtig ist, daß der Handelnde die Rechtsposition erhält, die es ihm erlaubt, sich den angestrebten Gewinn aus dem Geschäft zu sichern. Dafür ist ein Eigentumsübergang nicht erforderlich.

> Assmann, in: Assmann/Schneider, WpHG, § 14 Nr. 6–8;
> Kümpel, WpHG, S. 69.

113 Jemand, der beim Intra-day-trading um 9:00 Wertpapiere kauft und sie um 10:00 aufgrund einer Insiderinformation wieder verkauft, hatte die Verfügungsmacht, um den Gewinn sicherzustellen; Entsprechendes gilt beim unechten Pensionsgeschäft.

114 Erwerb und Veräußerung bedingen einen wie auch immer zu klassifizierenden rechtsgeschäftlichen Vorgang. Wer es lediglich unterläßt, aufgrund einer negativen Insiderinformation einen Verkaufsauftrag für die ihm gehörenden Wertpapiere zu geben, macht sich nicht etwa wegen Insiderhandels durch Unterlassen strafbar.

115 Vererbung oder Schenkung sind keine insiderrechtlichen Geschäftsvorgänge, selbst dann nicht, wenn man sich die Wertpapiere nur deshalb anstelle eines Grundstücks schenken läßt, weil man Insiderkenntnisse über den Emittenten besitzt.

116 Verboten sind Geschäfte für eigene Rechnung aber auch für dritte Personen, gleich ob juristischer oder natürlicher Art, ohne daß es darauf ankommt, in welchem Vertretungsverhältnis man dem Dritten die Verfügungsmöglichkeit verschafft.

117 Die Geschäfte müssen erfolgen unter Ausnutzung der Kenntnis der Insidertatsache. Ausnutzen heißt, das Wissen um die Tatsache so zielgerichtet einzusetzen, daß man denen gegenüber, die entweder dieses Wissen nicht besitzen oder nicht von ihm Gebrauch machen, in ungerechtfertigter Weise einen besonderen Vorteil für sich zu erzielen beabsichtigt. Um dies in strafrechtlich relevanter Form tun zu können, muß man die Eigenschaft der Tatsache als Insidertatsache (er-)kennen. Aus diesem Kriterium folgt, daß bei Wertpapiergeschäften, die auch ohne Kenntnis der Insidertatsache vorgenommen worden wären, es nicht zu einer Ausnutzung und damit zu keiner strafbaren Handlung kommt.

118 Typische Fallgestaltung insoweit ist die Tätigkeit skontroführender Makler oder von Marketmakern, die in Kenntnis der Marktlage als Insidertatsache dann das Insiderwissen nicht ausnutzen, wenn sie nach den Regeln ihres Berufes handeln. Aber beispielsweise auch der Disponent eines Sondervermögens, der verpflichtet ist, jeweils zur Monatsmitte einen Wertpapierbestand durch ein Hedginggeschäft über den Kauf von Derivaten abzusichern, ist zu nennen: eine Konstellation, in der man sich durch sorgfältige Dokumentation des Geschäftszweckes vor Verdächtigungen schützen sollte. Auch die Ausübung von Bezugsrechten, die ein Träger von Insiderwissen aufgrund seines vor Kenntniserlangung gehaltenen Depotbestandes erwirbt – nicht aber deren späterer Zukauf – stellt kein Ausnutzen dar.

119 Ein weiterer Sachverhalt, den der Gesetzgeber in der Begründung zu § 14 WpHG als kein Ausnutzen ansieht,

Begr. Reg.E 2 FFG, BT-Drucks. 12/6679, S. 47,

ist die Umsetzung eigener unternehmerischer Entscheidungen, die, wie etwa der Erwerb einer Beteiligung oder eines Aktienpaketes als Sachverhalte, die zumindest für nicht involvierte Dritte eine Insidertatsache darstellen. Hier ist jedoch darauf hinzuweisen, daß dies nur für Erwerbsgeschäfte für Rechnung der die Beteiligung aufbauenden Gesellschaft gilt. Kauft jedoch ein Vorstandsmitglied für den eigenen Bestand, so nutzt er die Kenntnis von der Insidertatsache aus.

120 Grundsätzlich nutzen auch Vermögensverwalter keine Insidertatsachen, wenn sie nach einem vorgegebenen Plan die Kundenwertpapiere disponieren, etwa: immer dann nachkaufen, wenn der Einstandspreis um 10 % gefallen ist. In solchen Fällen sind jedoch auch hohe Anforderungen an eine beweiskräftige Dokumentation erforderlich, um auszuschließen, daß die Idee zum Nachkaufen nicht aufgrund der Kenntnis einer Insidertatsache kam.

121 Auch wer eine vor Kenntniserlangung erteilte Kauforder nicht widerruft, obwohl er später von der Insidertatsache erfährt und sich dadurch in seinem Kaufmotiv bestätigt fühlt, nutzt ebenso wenig die Insidertatsache aus wie ein Unternehmen, das in vorgefaßter Beteiligungsabsicht eine Due-Diligence-Prüfung bei der Zielgesellschaft durchführt, in deren Rahmen man Kenntnis von positiven Insidertatsachen erlangt.

Begr. Reg.E 2.FFG, BT-Drucks. 12/6679, S. 47.

Findet man negative Tatsachen und sieht daraufhin von der Beteiligung ab, so kommt es nicht zu einem insiderrechtlich relevanten Erwerb oder Veräußerung von Wertpapieren. **122**

Assmann, in: Assmann/Schneider, WpHG, § 14 Nr. 31.

Das Ausnutzen einer Insidertatsache ist auch dann nicht gegeben, wenn zwei Kontrahenten im außerbörslichen Handel in Kenntnis der Insidertatsache handeln. Hier fehlt es an der Informationsasymmetrie. **123**

Ausführungen zum Vorsatz siehe bei § 38.

b) Unbefugte Weitergabe der Insidertatsache

Die Weitergabe nach § 14 Abs. 1 Nr. 2 WpHG kann auf zwei Möglichkeiten erfolgen: durch Mitteilen oder durch Zugänglichmachen. Ratio legis ist, die Verbreitung der Information mit der Möglichkeit der Ausnutzung für Insidergeschäfte zu verhindern. Jeder, der Kenntnis von der Insidertatsache erhält und kein Primärinsider ist, wird zum Sekundärinsider nach § 14 Abs. 2 WpHG. Aus dem Umstand, daß die unbefugte Weitergabe verboten ist, folgt, daß (nur) die befugte Weitergabe erlaubt ist. Zweck des Weitergabeverbotes ist, die Zahl der Personen mit Insiderwissen möglichst gering zu halten, um die Ausnutzung der Kenntnis der Insidertatsache auf einen überschaubaren Kreis von Personen zu beschränken und damit die Möglichkeit des Begehens von Insiderstraftaten weitestgehend zu unterbinden. Andererseits muß die straffreie Möglichkeit gegeben sein, die Insidertatsache all denjenigen zur Kenntnis zu geben, deren Mitwirkung es bedarf, um den Inhalt der Insidertatsache zu verwirklichen. **124**

In richtlinienkonformer Auslegung (vgl. Artikel 3a) ist „unbefugt“ als Tatbestandsmerkmal, **125**

Caspari, ZGR 1994, 545;
Kümpel, Bank- und Kapitalmarktrecht, Nr. 16.192,

und nicht als Rechtswidrigkeitsmerkmal einzuordnen, denn die Richtlinie grenzt das Verbot der Weitergabe auf der Tatbestandsseite ein. Dies bedeutet, daß eine befugte Weitergabe nicht etwa ein Unrechtsakt ist, der durch das Kriterium der Befugnis über eine fehlende Rechtswidrigkeit straffrei gestellt würde.

126 Beispielhaft seien einige Fallgruppen genannt, in denen die befugte Weitergabe gegeben ist:

a) gesetzlich vorgeschriebene Weitergabe an bestimmte Personen, wie etwa den Betriebsrat, den Aufsichtsrat, die Aufsichtsbehörden, den Abschlußprüfer etc.

b) gesetzlich erlaubte Weitergabe an bestimmte Personen wie an Sachverständige, Aktionäre, Mitarbeiter der Aufsichtsbehörden etc.

c) erlaubte, aber nicht gesetzlich geregelte betriebsinterne Weitergabe z. B. im Rahmen eines Dienstverhältnisses,

d) erlaubte, aber nicht gesetzlich geregelte betriebsexterne Weitergabe z. B. im Rahmen von Vertragsverhältnissen oder an Journalisten zwecks Veröffentlichung.

127 Im Sinne des Insiderrechts dürften alle diejenigen Weitergabesachverhalte als grundsätzlich „befugt“ anzusehen sein, bei denen die Chancengleichheit am Markt gewährleistet ist; eine andere Frage ist allerdings, ob man sich nicht möglicherweise nach anderen Vorschriften strafbar macht wie etwa § 404 AktG.

128 Da in den vielen Fällen die Insidertatsache im Verhältnis zur Ad-hoc-Tatsache eine „Anfangstatsache“ ist, die die Idee eines wirtschaftlichen, rechtlichen oder technischen Sachverhalts durch das Fassen eines Planes einer Konkretisierung unterwirft, die Ad-hoc-Tatsache als „Endtatsache“ das Resultat in der Form etwa eines Joint Ventures, eines anhängigen Prozesses oder der Serienreife des benzinlosen Motors vermittelt, ist es unabdingbar notwendig, alle diejenigen von der „Anfangstatsache“ in Kenntnis zu setzen, die durch ihren Arbeitseinsatz dazu beitragen sollen, um die „Endtatsache“ zu verwirklichen. Die Insiderrichtlinie gibt in Artikel 3a) hierzu den Auslegungshinweis, daß die Weitergabe der Insidertatsache dann nicht verboten, also befugt ist, soweit sie an Dritte in einem „normalen Rahmen in Ausübung ihrer Arbeit oder ihres Berufes oder in Erfüllung ihrer Aufgaben“ gegeben wird. Grundsätzlich ist das Merkmal der befugten Weitergabe als Ausnahme von dem generellen Weitergabeverbot restriktiv auszulegen. Hier hat die Maxime zu gelten: „So viel wie nötig, aber so wenig wie möglich“.

Zunächst ist zu klären, welchen Personen überhaupt die Tatsache mitgeteilt werden darf. Da Primärinsider der Schweigepflicht unterliegen, darf die Tatsache all den Personen mitgeteilt werden, die Insider kraft organschaftlicher Stellung oder kraft Anteilsbesitzes sind. Auf diese Weise ist es möglich, mit einem Großaktionär über die Konditionen einer geplanten Kapitalerhöhung zu sprechen. Hingegen einer Gruppe von Kleinaktionären, obwohl auch durch Anteilsbesitz Primärinsider, dürfen diese Konditionen nicht offenbart werden, denn typischerweise haben einige Kleinaktionäre keine Mitwirkungs- und Umsetzungskompetenz bei der Vorbereitung einer solchen Kapitalerhöhung. Hinsichtlich Vorstand und Aufsichtsrat gelten derartige Vorbehalte nicht, hier ist von der Gesamtverantwortung dieser Organe auszugehen. Ob man bei einem größeren Vorstand aus unternehmensinternen Motiven heraus nur diejenigen Mitglieder informiert, die konkret mit der Umsetzung der Insidertatsache befaßt sein sollen, ist insiderrechtlich unbeachtlich und nicht gefordert. **129**

Problematischer ist die Weitergabe der Insidertatsache bei dem Personenkreis, der kraft Tätigkeit, Beruf oder Aufgabe bei der Verwirklichung der Insidertatsache mitarbeiten soll. Diese Personen sind nicht a priori Primärinsider, sondern sie werden es, indem sie bestimmungsgemäß von der Tatsache Kenntnis erhalten. Danach gilt auch für diesen Kreis das insiderrechtliche Weitergabeverbot. Häufig tritt dieses zur berufsständisch gegebenen Verschwiegenheitspflicht etwa eines Rechtsanwalts, eines Steuerberaters etc. hinzu. Da „bestimmungsgemäß“ den ursächlichen Zusammenhang zwischen Tätigkeit und legaler Kenntniserlangung beschreibt, ist die Weitergabe der Tatsache immer auch in den Fällen befugt, in denen der Personenkreis des § 13 Abs. 1 Nr. 3 WpHG die Information benötigt, um die ihm zugedachten Aufgaben im Unternehmen des Emittenten oder für dieses Unternehmen durchzuführen. **130**

Besonders hervorzuheben ist an dieser Stelle, daß es sich um eine Tätigkeit **für** das Unternehmen handeln muß. Insofern darf auch der Vorstand Insidertatsachen an solche Analysten weitergeben, die für das Unternehmen z. B. im Rahmen einer Betriebsanalyse tätig sind, nicht aber an solche Analysten, die in eigenem oder Drittinteresse an einer Analystenkonferenz teilnehmen. **131**

Bei der näheren Prüfung der Frage, ob die Weitergabe der Tatsache an den Personenkreis des § 13 Abs. 1 Nr. 3 WpHG befugt ist, ist zuvor zu prüfen, ob sie bestimmungsgemäß ist. Einem Rechtsanwalt gegenüber, der für den Emittenten einen Prozeß führen soll, sind alle Tatsachen zu offenbaren, die **132** er für die Prozeßführung benötigt, nicht aber die Tatsache der Serienreife des benzinlosen Motors. Eine Weitergabe insoweit wäre unbefugt, selbst wenn er durch seine anwaltschaftliche Verschwiegenheitspflicht daran gehindert wäre, die Tatsache weiter zu verbreiten. Er könnte sie aber ausnutzen, indem er Aktien des Emittenten kauft.

133 Da die Primärinsidereigenschaft kraft oganschaftlicher Stellung oder kraft Anteilsbesitzes emittentenbezogen ist, bedarf es keiner weiteren Ausführungen dazu, daß ein Primärinsider, der den genannten Gruppen angehört, selbstverständlich keinen Primärinsidern eines anderen Unternehmens die Insidertatsache mitteilen darf.

134 Bei den tätigkeitsbezogenen Primärinsidern gilt Entsprechendes. Natürlich muß es aber möglich sein, daß beispielsweise ein Rechtsanwalt, der für den Emittenten ein Gutachten von insiderrechtlicher Relevanz verfassen soll, dieses seiner Sekretärin diktieren darf, ohne daß diese lediglich zur Sekundärinsiderin wird. Diese Sekretärin wird im weiteren Sinne bestimmungsgemäß (mittelbar) für den Emittenten tätig, ohne daß es hierfür etwa einer vertragsmäßigen Vereinbarung zwischen ihr und dem Emittenten bedürfte. Bei mittelbaren bestimmungsgemäßen Primärinsidern bedarf es jedoch zusätzlicher Maßnahmen, um die insiderrechtlich gebotene Verschwiegenheitsverpflichtung zu sichern. Schon aus Fürsorgegründen muß der Arbeitgeber einen Arbeitnehmer nachvollziehbar darauf hinweisen, daß es sich bei der zur Kenntnis zu gebenden Tatsache um eine Insidertatsache handelt, in bezug auf diese eine besondere, über die arbeitsrechtlichen Anforderungen hinausgehende Verschwiegenheitspflicht gilt, bei deren Verletzung nicht nur arbeits-, sondern auch strafrechtliche Maßnahmen zu gegenwärtigen sind.

135 Grundsätzlich anders verhält es sich, wenn sich der Rechtsanwalt genötigt sehen würde, durch ein unerwartet auftauchendes Problem ein Ingenieursbüro zwecks Stellungnahme zu einer technischen Frage einschalten zu müssen. Wenn zwecks Erreichung einer sachgerechten Stellungnahme die Insidertatsache gegenüber dem Ingenieursbüro offenbart werden müßte, so wäre dies nur straffrei möglich, wenn der Anwalt hierzu durch den zwischen ihm und dem Emittenten geschlossenen Dienstvertrag ausdrücklich legitimiert wäre.

136 Die Frage des Konfliktes zwischen dem individuellen Auskunftsrecht eines Aktionärs in der Hauptversammlung nach § 131 AktG und dem insiderrechtlichen Verschwiegenheitsgebot wird von der herrschenden Meinung dahingehend beantwortet, daß das Auskunftsrecht hinter dem Insiderrecht zurückzustehen habe, daß § 131 AktG keinen Rechtfertigungsgrund für eine Weitergabe von Insidertatsachen darstelle.

Assmann, in: Assmann/Schneider, WpHG, § 14 Nr. 50.

137 Der bisweilen zu hörende Rat, man solle in der Hauptversammlung die Bereichsöffentlichkeit herstellen, um den Aktionären dann die Insidertatsache mitteilen zu können, begegnet aus amtlicher Sicht keinen Bedenken. Ob es aber einen Anspruch der Aktionäre auf eine solche Maßnahme gibt, ist eine Frage des Aktienrechts und nicht des Insiderrechts.

c) Kauf- oder Verkaufsempfehlungen

138 Primärinsider dürfen anderen auf der Grundlage ihrer Kenntnis von einer Insidertatsache keine Empfehlungen zum Erwerb oder zur Veräußerung von Insiderpapieren geben.

139 Eine dritte Möglichkeit des geschäftlichen Verhaltens in bezug auf Wertpapiere besteht darin, nichts zu tun, die Papiere „liegen zu lassen". Die Empfehlung, Käufe oder Verkäufe zu unterlassen, ist nicht von der Insiderrichtlinie und auch nicht vom Insiderrecht des Wertpapierhandelsgesetzes erfaßt.

Assmann, in: Assmann/Schneider, WpHG, § 14 Nr. 72.

140 Die Nichterfassung dieses Sachverhalts erscheint als bedenklicher Verstoß gegen das Prinzip der Chancengleichheit im Wertpapierhandel, ist es doch ohne strafrechtliche Sanktion möglich, daß beispielsweise ein Aufsichtsratsmitglied, das von einem Kreditinstitut in den Aufsichtsrat der Automobil-AG entsandt wurde, nunmehr in Kenntnis der Insidertatsache der Serienreife des benzinlosen Motors sämtliche „befreundete" Fonds oder Vermögensverwalter seines Hauses anruft, in der genannten Aktie nichts zu tun. Konkludent wird damit den Informationsadressaten zu verstehen gegeben, daß wohl kaum negative Dinge in Sicht sein dürften. Auf diese Weise ist es straflos möglich, zumindest bei positiven Insidertatsachen ausgewählten Kreisen einen erheblichen Wettbewerbsvorsprung zukommen zu lassen, indem man sie vor einem unzeitigen Verkauf bewahrt.

141 Bei der Empfehlung ist es nicht erforderlich, daß dem Empfehlungsadressaten gegenüber zu erkennen gegeben wird, daß man eine Insidertatsache kennt oder sie gar erwähnt. Letzteres wäre eine verbotene Weitergabe.

Auch kommt es nicht darauf an, ob die Empfehlung entgeltlich oder unentgeltlich erfolgt. Der Empfänger der Empfehlung muß ein „anderer“ sein. Hierunter ist stets eine andere natürliche oder eine andere juristisch selbständige Person zu verstehen, z. B. jedes rechtlich selbständige Konzernunternehmen.

142 Die Empfehlung muß den Erwerb oder die Veräußerung von Insiderpapieren zum Gegenstand haben und auf der Kenntnis einer Insidertatsache beruhen. Dabei ist es nicht maßgeblich, ob es tatsächlich zu dem empfohlenen Geschäft kommt. Würde die Empfehlung auch ohne Kenntnis der Insidertatsache gegeben, ist dies insiderrechtlich nicht relevant.

143 Es ist ferner nicht verboten, Empfehlungen zu geben, die Insiderpapiere derselben Branche betreffen. Wenn beispielsweise einem Analysten bekannt ist, daß in einem Chemiewert eine starke Ergebnisverbesserung zu erwarten ist und damit auch die Wahrscheinlichkeit besteht, daß die anderen Chemiewerte davon kursmäßig profitieren werden, so ist es mit § 14 WpHG vereinbar, einen anderen Chemiewert zum Kauf zu empfehlen.

2. Sekundärinsider – Erwerb und Veräußerung von Insiderpapieren

144 Für den Sekundärinsider gilt nur das Verbot des Erwerbs und der Veräußerung von Insiderpapieren. Auf die entsprechenden Ausführungen zum Geschäftsverbot bei Primärinsidern unter Rz. 112 ff wird hingewiesen.

145 Weitergabe der Insidertatsache und darauf basierende Empfehlungen können nach Art. 6 Satz 1 der Insiderrichtlinie zwar unter Strafe gestellt werden, wovon allerdings der deutsche Gesetzgeber wohl auch aus Gründen der Verfolgbarkeit abgesehen hat.

3. Bewertung aufgrund öffentlicher Tatsachen

146 Ein Insiderdelikt scheidet nach § 13 Abs. 2 WpHG immer dann aus, wenn die Handlungsalternativen des Absatzes 1 unter Auswertung oder Nutzung öffentlich bekannter Tatsachen verwirklicht werden. Diese Vorschrift enthält somit eine Negativabgrenzung der Insidertatsache.

147 Öffentlich bekannt bedeutet in diesem Zusammenhang, wenn die Tatsache durch den Emittenten veröffentlicht wurde, Möglichkeit der Kenntnisnahme durch die Bereichsöffentlichkeit i. S. d. § 15 Abs. 3 WpHG, soweit es sich um eine ad-hoc-pflichtige Tatsache handelt. Bei einer „einfachen" Insidertatsache ist § 15 Abs. 3 WpHG entsprechend anzuwenden. Soweit die Tatsache allerdings ohne Mitwirkung des Emittenten illegal bekannt wurde, ist ein weiter Bekanntheitsgrad zu fordern, der allerdings nicht überfordert werden sollte. Die Erwähnung der Tatsache in einem überregionalen Börsenblatt, im Bundesanzeiger oder gar im Fernsehen ist auf jeden Fall eine ausreichende Öffentlichkeit.

148 Wichtig ist diese Vorschrift insbesondere für Analysten, die berufsmäßig Bewertungen von Emittenten vornehmen, oder für die Empfehlungsdienste, die auf diese Weise einen Freiraum für die Ausübung ihrer Tätigkeit erhalten.

149 Wer allerdings Kenntnis davon erlangt, daß eine, wenn auch nur auf öffentlichen Tatsachen beruhende Bewertung in Kürze beispielsweise mit einem in bezug auf einen Emittenten wichtigen Sachverhalt veröffentlicht wird, darf aufgrund dieser Kenntnis keine Geschäfte in den Wertpapieren dieses Emittenten tätigen, da es sich bei dieser Bewertung (grundsätzlich) um eine Insidertatsache handelt. Das Geschäftsverbot trifft den Ersteller der Bewertung oder Dritte, die von dem Inhalt und der bevorstehenden Veröffentlichung der Bewertung Kenntnis erhalten, gleichermaßen.

Viertes Zwischenergebnis zur Insiderstory:

150

- In den Fällen **a**, **b** in bezug auf den K., **c** in bezug auf den MK., **d**, **e** in bezug auf die B., **f**, **g** in bezug auf den T., und im Fall **i** liegt der objektive Tatbestand des Erwerbs oder der Veräußerung von Insiderpapieren vor. Ob insoweit eine Straftat gegeben ist, hängt davon ab, ob die jeweiligen Käufe unter Ausnutzung der Kenntnis der Insidertatsache erfolgten.
- In den Fällen **b** in bezug auf den W. und die genannten Vorstandsmitglieder, in Fall **c** und **d** in bezug auf den Vorstand, im Fall **g** in bezug auf den AU. und im Fall **h** in bezug auf den I. fand eine Weitergabe der Insidertatsache statt.
- In den Fällen **e** und **f** hat der A. eine Empfehlung getätigt.

151 Inwieweit sich die vorgenannten Personen eines Insiderdeliktes strafbar gemacht haben, ist unter Zugrundelegung der nachfolgenden Ausführungen zu § 38 zu klären.

VII. Strafrechtliche Aspekte

152 § 38 ist eine sogenannte Blankettnorm, die sich auf die Verbotstatbestände des § 14 bezieht.

1. Die Vorschrift des § 38 Abs. 1 WpHG

a) Vorbemerkungen

153 Danach macht sich strafbar, wer entgegen einem Verbot nach

- § 14 Abs. 1 Nr. 1 oder Abs. 2 WpHG ein Insiderpapier erwirbt oder veräußert,
- § 14 Abs. 1 Nr. 2 WpHG eine Insidertatsache mitteilt oder zugänglich macht oder
- § 14 Abs. 1 Nr. 3 WpHG den Erwerb oder die Veräußerung eines Insiderpapiers empfiehlt.

154 Die Vorschrift macht deutlich, daß ein strafrechtlich relevantes Verhalten für Sekundärinsider nur gegeben ist, wenn diese Geschäfte in Insiderpapieren tätigen. Da sich die Untersuchungstätigkeiten des BAWe nur auf die Gegebenheiten des objektiven Tatbestandes erstrecken, die Justizbehörden darüber hinaus natürlich auch den subjektiven Tatbestand ermitteln und würdigen muß, erfolgen die diesbezüglichen Ausführungen im Zusammenhang mit § 38 WpHG.

155 Da wir nun vom Verwaltungsrecht in den Bereich des Strafrechts überwechseln, wird nachfolgend die Strafbarkeit insbesondere der in der Insiderstory auftretenden Personen mit den Mitteln eines strafrechtlichen Kurzgutachtens untersucht.

156 Strafrechtlich relevant handelt, wer den Tatbestand einer Straftat verwirklicht, wer rechtswidrig und schuldhaft handelt. Auch auf Fragen von Beihilfe und Mittäterschaft wird eingegangen.

b) Subjektiver Tatbestand

157 Strafbar ist nach §§ 38, 14 Abs. 1 Nr. 1 WpHG nur, wer unter Ausnutzung seiner Kenntnis der Insidertatsache Geschäfte in Insiderpapieren tätigt.

158 Grundsätzlich ist für die Verwirklichung des inneren Tatbestandes der drei Handlungsalternativen nach § 14 Abs. 1 WpHG Vorsatz erforderlich, da das Gesetz kein fahrlässiges Handeln vorsieht (§ 15 StGB). Die billigende Inkaufnahme (dolus eventualis) ist jedoch ausreichend.

> AG Köln, Urt. v. 20. 3. 2000 – 583 DS 369/99, unveröffentlicht.

159 Ist nicht sicher, ob die Tatsache, z. B. wegen weiterer Zustimmungsvorbehalte, eintritt, so handelt als Insider, wer im Vertrauen auf die Verwirklichung kauft. Wäre dies nicht so, gäbe es eine erhebliche Strafbarkeitslücke, die jedoch über die Gesetzesauslegung geschlossen wird.

160 Der Vorsatz setzt voraus, daß der Täter weiß, daß die Tatsache nicht öffentlich bekannt ist und daß er davon ausgeht, daß sie geeignet ist, den Börsenkurs erheblich zu beeinflussen, wenn sie bekannt würde.

161 Die Ausnutzung der Kenntnis besteht darin, wenn der Täter für sich oder einen anderen seinen Wissensvorsprung in der Hoffnung und mit der Zielrichtung zunutze macht, für sich oder einen anderen einen wirtschaftlichen Vorteil zu erlangen, der als Verstoß gegen den Grundsatz der Chancengleichheit der Anleger am Wertpapiermarkt angesehen und missbilligt wird.

> Begr. RegE 2. FFG, BT-Drucks. 12/6679, S. 47.

162 Eine Insidertatsache ausnutzen kann nur jemand, der die Eigenschaft der Tatsache als Insidertatsache kennt.

> Assmann, in: Assmann/Schneider, WpHG, § 14 Nr. 25.

163 Exemplarisch für das Ausnutzen oder das Nichtausnutzen hat die Literatur eine Reihe von Sachverhalten herausgearbeitet, die sich durch ihre spezifische Interessenlage hervorheben aus dem Grundtypus des Ausnutzens, dem Tätigen eines Geschäftes in Kenntnis eines Firmengeheimnisses.

164 Eine besondere Interessenlage ist beispielsweise bei dem sogenannten Frontrunning gegeben, das sich dadurch vollzieht, daß der Täter die aktuelle oder auch absehbare Orderlage im Kunden- oder Eigenhandel einer Bank oder im Skontro eines skontroführenden Maklers kennt. Wenn diese Orderlage oder eine einzelne Großorder geeignet ist, im Falle ihres öffentlichen Bekanntwerdens den Kurs des Insiderpapiers erheblich zu verändern, so handelt es sich um ein Ausnutzen dieser Orderlage als Insidertatsache, wenn jemand in Kenntnis dieses Umstandes eigene Orders gibt, um aus der zu erwartenden Kursveränderung für sich Vorteile zu ziehen.

Kümpel, Bank- und Kapitalmarktrecht, Nr. 16.242.

165 Neben der strafbaren Insidertat stellt Frontrunning auch einen Verstoß gegen die nach den Verhaltensregeln der §§ 31 ff den Mitarbeitern von Wertpapierdienstleistungsunternehmen obliegenden berufsethischen Verpflichtungen dar.

166 Kein Ausnutzen hingegen ist gegeben, wenn Makler oder Bankenhändler das kritische Geschäft auch ohne Kenntnis der Insidertatsache vorgenommen hätten. Ein Verfahren wurde beispielsweise deshalb eingestellt, weil der Primärinsider in Kenntnis der negativen Tatsache seine Aktien veräußert hatte, er jedoch glaubhaft machen konnte, daß er dabei nicht das Insiderwissen ausgenutzt habe, sondern sein Anlageberater ihm empfohlen habe, sich von dem Papier zu trennen. Die Staatsanwaltschaft hat die zwischen Insiderwissen und Geschäft erforderliche Kausalität verneint.

167 Wenn auch solche Entscheidungen dem Insider-Fahnder weh tun, so ist doch an dieser Stelle aus Gründen der Fairneß darauf hinzuweisen, daß Sachverhalte, bei denen die Kausalität ausgeschlossen werden soll, hohe Dokumentationsanforderungen stellen, um nicht als Schutzbehauptungen verworfen zu werden. Jemand der sich als Insider jeweils zum Quartalsende gegen negative Nachrichten aus seinem Unternehmen durch den Kauf von Puts absichern will, sollte insoweit beweisfähige Unterlagen vorweisen können. Entsprechendes gilt für Sachverhalte, die auf einen beweisfähigen Gesamtplan zurückgehen, wie etwa das gestaffelte Nachkaufen von Wertpapieren bei fallenden Märkten. Auch hier ist regelmäßig die Kausalität von Insiderwissen und Geschäftstätigkeit zu verneinen, wenn der solchermaßen Planende in Kenntnis einer Insidertatsache handelt. Gleichermaßen ist mit der Frage des sukzessiven Aufbaus einer Beteiligung umzugehen.

168 Das Ausnutzen einer Insidertatsache ist auch dann nicht gegeben, wenn man den Plan faßt, ein Aktienpaket zu erwerben. Die Umsetzung dieses Planes als einer selbst geschaffenen Insidertatsache stellt kein Ausnutzen derselben dar, sofern kein zusätzlich erworbenes Insiderwissen hinzutritt. Entsprechendes gilt für Kurspflegemaßnahmen, wodurch man allerdings in die Nähe des objektiven Tatbestandes der Kursmanipulation geraten kann. Ein Bankenhändler etwa, der in Kenntnis dieser Kurspflegemaßnahmen für sich Geschäfte tätigt, begeht Frontrunning.

Kümpel, WpHG, S. 71.

Letztlich ist kein Ausnutzen der Insidertatsache gegeben, wenn jemand durch seine berufliche Tätigkeit Insiderwissen erlangt und er dieses in Umsetzung seiner beruflichen Aufgaben unter Beachtung der dafür geltenden Regelungen verwendet, wie dies regelmäßig bei Kurs- und Freimaklern oder bei Marketmakern der Fall ist. **169**

Auch die sogenannten Betreuer für liquiditätsschwächere Marktsegmente, die in Ausübung ihrer Funktionen bisweilen Insiderinformationen entweder über den Emittenten oder über die Marktlage in dessen Papieren erhalten können, sind gut beraten, die Motive für ihr Marktverhalten so gut als möglich zu dokumentieren. Hinsichtlich Insiderinformationen, die sie über den von ihnen betreuten Emittenten erhalten können, schützt vor Mißbrauch oder Verfolgung nur die konsequente Verwirklichung von Compliance. **170**

Vgl. Süßmann, „Insiderproblematik bei der Betreuerfunktion“, Börsen-Zeitung v. 13. 3. 2000.

Letztlich entfällt auch das Ausnutzen, wenn jemand in Kenntnis einer positiven Insidertatsache seine Wertpapiere verkauft. Das Gesetz geht von Kursgewinnen bei Veröffentlichung einer positiven Insidertatsache aus, so daß der inkriminierte unfaire Sondervorteil erst mit der Kursreaktion entsteht, die sich aufgrund der Kenntnis des Marktes bildet. Dabei spielt auch das mögliche Motiv des verkaufenden Insiders keine Rolle, das davon ausgeht, der Wert werde aufgrund zahlreicher Insiderkäufe im Vorfeld etwa einer Ad-hoc-Meldung steigen. **171**

Abschließend läßt sich zum Tatbestandsmerkmal des Ausnutzens anmerken, daß, je beweiskräftiger das Motiv für ein objektiv gegebenes Insiderverhalten dokumentiert wird, desto geringer die Gefahr wird, des Ausnutzens verdächtigt zu werden. **172**

c) Ausnahmen, § 20 WpHG

Sozusagen eine gesetzliche Vorschrift, die ein mögliches Insiderverhalten straffrei stellt, indem sie die währungspolitische Maßnahmen etc. aus dem Bereich des „Ausnutzens“ herausnimmt, ist § 20 WpHG. Diese Vorschrift setzt Art. 2 Abs. IV der Insider-Richtlinie fast wörtlich in deutsches Recht um. **173**

174 Zentrales Merkmal ist, daß Geschäfte von Trägern hoheitlicher Gewalt sowie von Personen, die für deren Rechnung handeln, nicht von den Vorschriften des Insiderrechts erfaßt werden.

175 Da beispielsweise bevorstehende währungspolitische Maßnahmen typische Insidertatsachen sind, ist nach § 20 WpHG kein Ausnutzen gegeben, wenn die von der Freistellung erfaßten Personen diese Geschäfte im Einklang mit den dafür geltenden öffentlich-rechtlichen Vorschriften durchführen.

176 Da die Liste der freigestellten Institutionen nicht abschließend ist, sondern auch „andere mit diesen Geschäften beauftragte Organisationen" einbezogen sein sollen, ist eine extensive Auslegung nach Sinn und Zweck der Vorschrift vorzunehmen.

Assmann, in: Assmann/Schneider, WpHG, § 20 Nr. 3.

177 Selbstverständlich unterfallen Geschäfte von Angehörigen der genannten Institutionen dem Insiderrecht, wenn diese in Kenntnis der Insidertatsache neben den amtlichen Aktionen nach den Handlungsalternativen des § 14 vorgenommen werden. Hier gilt es, darauf hinzuweisen, daß insbesondere die Weitergabe derartiger Tatsachen an Journalisten für den Weitergebenden ein erhebliches strafrechtliches Risiko darstellen kann.

2. Die Vorschrift des § 38 Abs. 2 WpHG

178 Die Vorschrift besagt, daß Insiderdelikte, so sie im Ausland begangen werden und auch dort strafrechtlich sanktioniert sind, im Inland strafrechtlich verfolgbar sind. Dem liegt der Gedanke zugrunde, daß die Funktionsfähigkeit etwa des deutschen Wertpapiermarktes als vom Insiderrecht geschütztes Rechtsgut auch vom Ausland her gefährdet werden kann.

179 Zu denken ist dabei in erster Linie an die Tatbegehung eines deutschen Staatsbürgers von einem EU- oder Drittstaat aus. Wäre eine Verfolgung wegen derartiger Delikte im Inland nicht möglich, so könnten Insiderdelikte vom Ausland aus relativ gefahrlos begangen werden, da die Auslieferung des Deutschen zwecks Aburteilung im Ausland wegen Art. 16 GG nicht in Betracht kommt.

180 Um die strafrechtliche Verfolgung bei derartigen Fällen auch im Inland zu ermöglichen, bedarf es der Regelung des § 38 Abs. 2 WpHG, da sich das Insiderverbot nach § 14 WpHG als verwaltungsrechtliche Norm auf das Inland beschränkt.

Begr. RegE 2. FFG, BT-Drucks. 12/6679, S. 57.

181 Grundsätzlich sieht auch das Strafgesetzbuch in § 7 StGB eine Bestrafung von Taten, die im Ausland begangen wurden, vor. Nach § 7 Abs. 1 StGB sind solche Taten verfolgbar, die sich gegen einen Deutschen gerichtet haben. Das Insiderrecht will jedoch nicht Einzelpersonen schützen, sondern dessen Rechtsgut ist die Funktionsfähigkeit des Marktes insgesamt.

182 Nach § 7 Abs. 2 StGB allerdings kann die Auslandstat eines Deutschen bestraft werden, wenn die Tat zur Zeit ihrer Begehung am Tatort mit Strafe bedroht ist. Dies hat zur Folge, daß i. V. m. § 38 Abs. 2 ein beispielsweise von einem Deutschen in der Schweiz begangenes Insiderdelikt nach Maßgabe des schweizerischen Insiderrechts von einem deutschen Gericht abgeurteilt werden darf. Sollte das ausländische Recht nicht so umfassend sein wie das deutsche, so können in solchen Fällen Strafbarkeitslücken bleiben. Näheres

Kondring, WM 1998, 1369 ff.

183 Eine Anwendung deutschen Insiderrechts ist wegen des im Strafrecht geltenden Analogieverbotes ausgeschlossen.

VIII. Würdigung des Verhaltens der Personen in der Insiderstory

Fall a)

184 Der Kauf von Aktien durch das Vorstandsmitglied V. und die Sekretärin S. in Kenntnis der Insidertatsache stellt den objektiven Tatbestand eines Insiderdeliktes nach § 14 Abs. 1 Nr. 1 WpHG dar, wobei mangels entgegenstehender Anhaltspunkte davon auszugehen ist, daß die Kenntnis der Insidertatsache kausal für die Tathandlung war. Soweit, wie hier, kein anderes Motiv ersichtlich ist, kann unterstellt werden, daß V. und S. steigende Kurse erwarteten und sich hieraus einen Gewinn versprachen, wodurch der Umstand des Ausnutzens gegeben ist.

Hinsichtlich Rechtswidrigkeit und Schuld gibt es keine Hinweise, die für eine Rechtfertigung der Tat oder für eine nicht gegebene Schuld sprechen. In den folgenden Fällen b bis i werden zur Frage des Ausnutzens, der Rechtswidrigkeit und der Schuld nur Anmerkungen gemacht, sofern der Sachverhalt Anlaß dazu gibt.

Fall b)

185 Der Werksfahrer W., der von der Insidertatsache durch das Gespräch der Vorstandsmitglieder erfahren hatte, wurde auf diese Weise zum Sekundärinsider, denn er erhielt von Kenntnis der Tatsache. Zum Primärinsider wäre er geworden, wenn er aufgrund seiner Tätigkeit diese Tatsache bestimmungsgemäß zur Kenntnis erhalten hätte. Davon ist nicht auszugehen, denn er benötigte diese Information nicht zur Durchführung seiner Aufgabe, des Chauffierens. Insofern hat er bei Gelegenheit seiner Tätigkeit Kenntnis erlangt, wobei es nicht darauf ankommt, ob dies zufällig oder in beabsichtigter Weise geschah.

Für den Sekundärinsider ist die Weitergabe der Insidertatsache nicht verboten. Deshalb durfte er seinen Kollegen K. von der Angelegenheit unterrichten.

Der Kollege K. wurde zum Sekundärinsider, wenn er die Tatsache als Insidertatsache erkannt hat. Unterstellt, dies war der Fall, so hat durch den Kauf der Calls, die als Derivate Insiderpapiere darstellen, den objektiven Tatbestand eines Insiderdeliktes nach §§ 14 Abs. 2, 38 Abs. 1 WpHG verwirklicht.

Fraglich ist, ob die Vorstandsmitglieder den Tatbestand der Weitergabe, etwa in der Weise des Zugänglichmachens, dadurch verwirklicht haben, daß sie über die Insidertatsache in Gegenwart des Fahrers W. gesprochen haben. Da der Fahrer nicht Adressat des Gespräches war, handelte es sich sicher nicht um ein gewolltes Weitergeben. Da sie jedoch damit rechnen mußten, daß W. Notiz von dem Gespräch nehmen könnte oder würde, käme möglicherweise ein billigendes Inkaufnehmen des Zugänglichmachens in Betracht. Hierfür gibt der Sachverhalt jedoch keine Ansatzpunkte. Es ist vielmehr davon auszugehen, daß sich die Vorstandsmitglieder allenfalls fahrlässig verhalten haben. Die fahrlässige Weitergabe von Insiderwissen ist jedoch nicht mit Strafe bedroht.

Fall c)

186 Das Gespräch des Vorstandes mit dem Leiter der Kreditabteilung der Hausbank sowie mit dem Referenten des zuständigen Finanzamtes ist keine unbefugte Weitergabe der Insidertatsache, denn zur Umsetzung des Projektes ist die Mitwirkung der Hausbank erforderlich, aber auch die der Finanzbehörde, um steuerliche Aspekte zu klären. Der Leiter der Kreditabteilung sowie der Finanzbeamte erlangten bestimmungsgemäß Kenntnis von der Insidertatsache und wurden somit zu Primärinsidern.

Der Mitarbeiter der Kreditabteilung MK., bei dem zu unterstellen ist, daß er an den Gesprächen beteiligt war, um das Kreditprojekt hausintern zu begleiten, hat ebenso bestimmungsgemäß Kenntnis von der Tatsache erhalten und durch den Kauf objektiv den Tatbestand der §§ 14 Abs. 1 Nr. 1, 38 Abs. 1 WpHG verwirklicht.

Der Finanzbeamte, der ebenfalls bestimmungsgemäß von der Insidertatsache Kenntnis erhalten hat, war Primärinsider und durfte deshalb die Tatsache auch seiner Ehefrau nicht weitererzählen (§§ 14 Abs. 1 Nr. 2, 38 Abs. 1 WpHG)

Die Ehefrau, unterstellt, sie habe die Tatsache als Insidertatsache begriffen, wurde zur Sekundärinsiderin. Als solcher war ihr die Weitergabe der Nachricht nicht verboten.

Auch die Nachbarin N., falls sie die ihr von der Ehefrau des Finanzbeamten mitgeteilte Tatsache als Insidertatsache einordnet, durfte die Wertpapiere nicht kaufen, da auch sie zur Sekundärinsiderin geworden war. Da der Kauf aber nicht glückte, die Handlung also nicht vollendet wurde, stellt sie sich als Versuch dar. Da das Insiderdelikt nach §§ 14, 38 Abs. 1 WpHG ein Vergehen darstellt (§ 12 Abs. 2 StGB), kann der Versuch nur dann bestraft werden, wenn das Gesetz den Versuch ausdrücklich unter Strafe stellt (§ 23 Abs. 1 StGB), was bei Insiderdelikten nicht der Fall ist.

Fall d)

187 Da das Weitergabeverbot zwischen Primärinsidern in bezug auf denselben Emittenten nicht gilt, die Brems-AG und der Großaktionär G. aufgrund ihrer Beteiligung an der Automobil-AG Primärinsider i. S. v. § 13 Abs. 1 Nr. 2 WpHG sind, war die Weitergabe insoweit befugt.

Wenn man unterstellt, der Leiter des Vorstandssekretariats der Brems-AG, der VL., habe durch seine Tätigkeit bestimmungsgemäß von der Insidertatsache Kenntnis erhalten, wurde er zum Primärinsider. Durch den Kauf der Aktien für die Brems-AG hat er objektiv den Tatbestand der §§ 14 Abs. 1 Nr. 1, 38 Abs. 1 WpHG verwirklicht, indem er für fremde Rechnung gekauft hat.

Da er dies mit Billigung des Vorstandsmitglieds B. durchführte, der auch die Mittel für den Kauf bewilligte, ist der B. als Mittäter des Deliktes anzusehen (§ 25 Abs. 2 StGB), da sein Tatbeitrag durch das Zurverfügungstellen der finanziellen Mittel der Tathandlung des VL. als gleichwertig anzusehen ist, so daß Beihilfegesichtspunkte ausscheiden.

Fall e)

188 Der Analyst A. wurde nach Auffassung des BAWe zum Primärinsider, da er durch Teilnahme an der Analystenkonferenz bestimmungsgemäß Kenntnis von der Insidertatsache erhalten hat. Indem er seiner Bank den Kauf von Aktien der Automobil-AG riet, verwirklichte er den objektiven Tatbestand der §§ 14 Abs. 1 Nr. 3, 38 Abs. 1 WpHG, der es verbietet, Empfehlungen in Kenntnis der Insidertatsache zu geben. Dabei kommt es nicht darauf an, daß er die Tatsache selbst nicht erwähnte. Hätte er dies getan, hatte er zusätzlich den Tatbestand der Weiterverbreitung verwirklicht.

Der Bank B., die gekauft hat, kann kein Vorwurf gemacht werden, da sie die Tatsache nicht kannte und somit nicht als Insider handeln konnte.

Fall f)

189 F kommt mangels Kenntnis der Insidertatsache nicht als Täter eines Insiderdeliktes in Frage. Auch der Rat des A., nichts zu tun, stellt kein Insiderdelikt dar, da nach § 14 Abs. 1 Nr. 3 WpHG nur die Empfehlung zum Erwerb oder zur Veräußerung strafbar ist.

Fall g)

190 In diesem Fall ist problematisch, ob AU. eine Insidertatsache unbefugt weitergegeben hat. Da AU. im Zweifel aufgrund seiner Funktion als Aufsichtsratsmitglied von dem Projekt erfahren hat, wäre er als Primärinsider anzusehen, wenn das Projekt auf Arbeitsebene bereits eine Insidertatsache wäre. Es ist zwar eine Tatsache, daß über dieses Projekt diskutiert wird, aber deren Eintrittswahrscheinlichkeit und damit die Kurserheblichkeit ist zumindest solange zu verneinen, wie der Vorstand keinen entsprechenden Projekt-Realisierungs-Beschluß gefaßt hat. Da es bislang noch keine Insidertatsache gibt, können weder AU. durch seine Indiskretion noch T. durch den Kauf an der Nyse insiderrechtlich relevant handeln.

Alternative:

Nachdem die Serienreife des benzinlosen Motors feststeht, ist auf jeden Fall eine Insidertatsache gegeben. **191**

Ob AU. als Schweizer Staatsbürger insiderrechtlich wegen unbefugter Weitergabe belangt werden kann, bestimmt sich nach §§ 14 Abs. 1 Nr. 2, 38 Abs. 2 WpHG. Hierfür ist Voraussetzung, daß das Weitergeben von Insidertatsachen auch nach schweizerischem Recht strafbar ist. Ist dies nicht der Fall, kann AU. für die Tat nicht bestraft werden.

T. wurde Sekundärinsider, indem er die Insidertatsache von einem Primärinsider mitgeteilt bekommen hat. Der Umweg über die Nyse nutzt T. nichts, da die Automobil-AG Aktien auch im Inland notiert und damit Insiderpapiere nach § 12 Abs. 1 Nr. 1 WpHG darstellen. Unterstellt, er hat die Information als Insiderinformation erkannt, so hat er den objektiven Tatbestand der §§ 14 Abs. 1 Nr. 1, 38 Abs. 1 WpHG verwirklicht.

Fall h)

Fraglich ist zunächst, ob der I. der Insulanerin die Insiderinformation zugänglich gemacht hat (§ 14 Abs. 1 Nr. 2 WpHG). Davon ist auszugehen, da er zumindest billigend in Kauf genommen hat, daß sie sich die Information aneignen könnte. **192**

Vgl. AG Köln, Urt. v. 20. 3. 2000
– 583 DS 369/99, unveröffentlicht.

Durch Kenntnisnahme dieser Insidertatsache ist die Insulanerin Sekundärinsiderin geworden, die keine Geschäfte in Insiderpapieren tätigen darf. Ein Insiderpapier liegt jedoch nicht vor, da zwar der Basiswert, nicht aber das Derivat an einem EU-/EWR-Markt börslich gehandelt wird (§ 12 Abs. 2 WpHG). Insofern ist mangels Insiderpapier kein Insiderdelikt möglich.

Fall i)

Da der M. seine Insiderpapiere in Kenntnis der Insidertatsache verkauft, könnte er eine Insidertatsache ausgenutzt haben. Das Gesetz geht von Kursgewinnen bei Veröffentlichung einer positiven Insidertatsache aus, so daß der inkriminierte unfaire Sondervorteil erst mit der Kursreaktion entsteht, die sich aufgrund der Kenntnis des Marktes bildet. Dabei spielt auch **193** das mögliche Motiv des verkaufenden Insiders keine Rolle, das davon ausgeht, der Wert werde aufgrund zahlreicher Insiderkäufe im Vorfeld etwa einer Ad-hoc-Meldung steigen. Das Verhalten des M. ist kein Insiderdelikt.

Im Zusammenhang mit der Straftat gemäß §§ 38, 14 Abs. 1 WpHG ist auf die Vorschriften der §§ 73–75 StGB zu verweisen, in deren Anwendung die von den Tatbeteiligten erlangten Vermögensvorteile eingezogen werden können.

B. Die Aufsichtsstruktur im Wertpapierhandel

Das Zweite Finanzmarktförderungsgesetz hat in Deutschland das Aufsichtssystem neu strukturiert. Ergänzt wurden die seinerzeitigen Maßnahmen durch die durch das Gesetz zur Umsetzung von EG-Richtlinien zur Harmonisierung bank- und wertpapieraufsichtsrechtlicher Vorschriften vom 22. Oktober 1997 (BGBl I, 2518) bedingten Veränderungen. **194**

Mit der Einrichtung des BAWe gibt es im deutschen Wertpapierhandel zum ersten Mal eine bundesweit tätige Aufsichtsinstitution. Da die Kompetenzen der Börsenaufsichtsbehörde sich nur auf die Börse selbst beziehen und an den Grenzen des jeweiligen Bundesstaates enden, Insiderhandel oder Ad-hoc-Publizität z. B. auch ein Regelungsgegenstand in Nicht-Börsenländern ist, war eine Bundeskompetenz erforderlich. **195**

Seit 1. Januar 1998 bedarf jeder, der gewerblich Wertpapierdienstleistungen erbringen will, zunächst der Zulassung durch das Bundesaufsichtsamt für das Kreditwesen (BAKred). Dies ist bisher schon selbstverständlich bei Kreditinstituten. Nunmehr müssen sich auch Finanzdienstleister, zu denen auch die Börsenmakler gehören, (siehe unten) durch das BAKred lizenzieren lassen. Die Aufsicht obliegt somit seit 1998 zwei Bundesoberbehörden i. S. v. Art. 87 Abs. 3 GG, dem BAKred und dem BAWe, Behörden im Geschäftsbereich des Bundesfinanzministeriums als oberster Bundesbehörde. Der Abgrenzung beider Behörden liegt der „funktionale Ansatz" zugrunde. Danach ist das BAKred für die Zulassung und die Solvenzaufsicht, das BAWe für die Marktaufsicht zuständig. **196**

Wer eine Tätigkeit als Wertpapier- oder Finanzdienstleister als Unternehmen ohne die Erlaubnis des BAKred aufnimmt, macht sich strafbar. **197**

Die Aufsicht im Wertpapierhandel setzt bei denjenigen Unternehmen an, die – vom BAKred lizenziert – als Wertpapierdienstleister, sei es als Kreditinstitut oder als Finanzdienstleister, tätig sind. **198**

Die Aufsicht über diese Unternehmen ist in drei Ebenen geteilt. Sie wird wahrgenommen durch: **199**

- das Bundesaufsichtsamt für den Wertpapierhandel – §§ 3, 4 WpHG – börslich und außerbörslich;
- die Rechts- und Marktaufsicht der Bundesländer, in denen es eine Wertpapierbörse gibt – §§ 1, 1a BörsG – nur börslich;

- die Handelsüberwachungsstelle der Börse – § 1b BörsG, nur börslich.

200 Diese Aufsichtsinstitutionen sind:

- unter verfassungsrechtlichen Gesichtspunkten nicht hierarchisch gegliedert, sondern parallel durch ihre Kompetenzen abgegrenzt, wobei allerdings die Landesaufsichtsbehörde der Handelsüberwachungsstelle fachliche Weisungen erteilen darf. Zwischen BAKred und BAWe gibt es Berührungspunkte, z. B. die Mitarbeiterleitsätze, aber keine Kompetenzüberschneidungen;

- durch gesetzlich angeordneten Informationsaustausch zwischen den Aufsichtsbehörden zur Zusammenarbeit verpflichtet. In diesen Informationsaustausch sind gemäß § 6 WpHG auch das BAKred, das Bundesaufsichtsamt für das Versicherungswesen und unter bestimmten Voraussetzungen auch die Deutsche Bundesbank einbezogen.

201 Die Handelsüberwachungsstellen (HÜSt) an den Börsen üben keine Insideraufsicht aus. Hierfür ist allein das BAWe zuständig. Falls jedoch die HÜSt im Rahmen ihrer Kompetenzen durch Untersuchungen auf Sachverhalte stößt, die ein Insiderverhalten vermuten lassen, schaltet sie das BAWe ein.

Andererseits übt das BAWe keinerlei Börsenaufsicht aus.

202 Landesaufsichtsbehörde und HÜSt sind zuständig für die Überwachung des Zustandekommens ordnungsgemäßer Börsenpreise. Das BAWe hingegen untersucht bei Verdacht auf Insiderhandel den Börsenpreis daraufhin, welche Orders ihm zugrunde lagen und wer sie erteilt hat mit dem Ziel, Insidern auf die Spur zu kommen. Es gibt keine Kompetenzüberschneidungen.

203 Rechtliche Grundlage für die Tätigkeit des BAWe sind das Wertpapierhandelsgesetz und das Verkaufsprospektgesetz. Die aufgrund dieser Gesetze ausgeübte Marktaufsicht umfaßt die:

- Bekämpfung von Insidergeschäften;
- Kontrolle der Ad-hoc-Publizität;

- Überwachung der Mitteilungs- und Veröffentlichungspflichten der Stimmrechtsanteile an im amtlichen Handel notierten Gesellschaften;
- Überwachung der Einhaltung der Verhaltensregeln;
- Überwachung der Hinterlegung von Verkaufsprospekten bei öffentlichen Angeboten von nicht zum amtlichen Handel oder zum Geregelten Markt zugelassenen Wertpapieren.

C. Verfolgung von Insiderdelikten durch das BAWe

I. Die Kompetenzen des Amtes nach § 16 WpHG

1. Vorbemerkungen

204 Schlüsselnorm für die Ermittlung von Insiderdelikten ist § 16 WpHG, der das BAWe verpflichtet, Verstößen gegen die Vorschriften des Insiderrechts entgegenzuwirken (§ 16 Abs. 1 WpHG), womit das Aufdecken, aber auch das Verhindern von Insiderdelikten gemeint sind. Die Überwachung erstreckt sich auf das börsliche und das außerbörsliche Geschäft in Insiderpapieren. Das Wort „Geschäft" scheint zunächst nur die Verbote nach § 14 Abs. 1 Nr. 1 WpHG zu meinen. Daß dies nicht so ist, verdeutlicht § 16 Abs. 2 Satz 1 WpHG, wo die Rede von Verstößen gegen § 14 WpHG ist, also auch Weitergabe- und Empfehlungsverbot erfaßt sind.

205 Da nach § 16 WpHG die Wertpapierdienstleistungsunternehmen aufgefordert werden können, Auskünfte über Geschäfte in Insiderpapieren zu geben, wäre das Untersuchungssystem unvollkommen, wenn das BAWe nicht die Institute kennen würde, über die in der kritischen Zeit die aufzuklärenden Geschäfte abgewickelt wurden. Diese Daten erhält das Amt im Rahmen der Geschäftsmeldungen nach § 9 WpHG.

2. Ablauf einer Insideruntersuchung im BAWe

206 Das Organigramm auf Seite 87 gibt einen schematisierten Überblick über den Ablauf von Insideruntersuchungen im BAWe.

207 Auffällige Kursentwicklungen, die sich insbesondere durch signifikante Ausschläge in den Kurven der Charts manifestieren, finden stets die Aufmerksamkeit des BAWe. Die Analystengruppe bemüht sich sofort darum, Erklärungen für dieses Phänomen zu finden. Häufig wird die aktuelle Entwicklung eines Wertpapiers auf insiderrechtlich nicht relevante Empfehlungen in Börsendiensten zurückzuführen sein. Wenn aber das BAWe durch sonstige Informationsquellen davon Kenntnis erlangt, daß es bei der Automobil-AG eine bedeutsame Insidertatsache gibt oder gar einige Tage später eine Ad-hoc-Meldung mit der Meldung zu verzeichnen ist, daß die AG den benzinlosen Motor erfunden habe, dann liegt der Verdacht nahe, daß die erheblichen Umsätze der letzten Tage in den Aktien der AG von Insidern mitverursacht sein könnten.

208 Kann die Kursauffälligkeit im Zusammenhang mit der „neuen“ Tatsache nach Abgleich der nach § 9 WpHG dem BAWe gemeldeten Geschäftsdaten dahingehend eingegrenzt werden, daß zahlreiche Orders etwa aus dem lokalen Umfeld des Emittenten kommen oder aus einem Kreditinstitut, bei dem ein Vorstandsmitglied Aufsichtsratsmitglied bei der Automobil AG ist, oder etwa ganz überwiegend über eine ausländische Adresse, dann konkretisiert sich der Verdacht auf Insidertrading.

209 In diesem Stadium wird das BAWe zunächst den Emittenten, also die Automobil AG, unter Hinweis auf § 16 Abs. 4 WpHG über die Entstehung der Insidertatsache befragen. Nach dieser Vorschrift sind der Emittent von Insiderpapieren und mit ihm verbundene Unternehmen, sofern sie ihren Sitz im Inland haben, verpflichtet, dem BAWe Auskünfte über die Insidertatsache zu geben und diesbezügliche Unterlagen auf Verlangen vorzulegen. Bei diesen Auskünften geht es üblicherweise darum, in Erfahrung zu bringen, in welcher Weise es zur Entstehung der Insidertatsache kam, wann sie entstanden ist und wer davon Kenntnis hatte. Die vorzulegenden Unterlagen dienen insbesondere als Beweismittel dafür, wer Kenntnis von der Insidertatsache hatte, indem er etwa als organschaftlicher Insider an den Vorstands- oder Aufsichtsratssitzungen teilgenommen hatte. Gesprächsprotokolle über Verhandlungen mit dem Großaktionär wegen der Kapitalerhöhung weisen häufig auch auf den Beraterstab des Großaktionärs hin, der an diesen Gesprächen fachkundig beteiligt war. Verträge oder Aufträge beispielsweise an ein Kfz-Designerbüro oder der Auftrag an den Patentanwalt erweitern den Kreis der Mitwissenden. Sekretärinnen, die die Protokolle oder Gutachten geschrieben haben, aber nicht von vornherein mitgemeldet wurden, lassen sich anhand der Diktatzeichen identifizieren.

210 Zu derartigen Auskünften sind auch Emittenten mit Sitz im Ausland verpflichtet, sofern ihre Wertpapiere an einer inländischen Börse zum Handel zugelassen sind. Wegen der Realisierung des Auskunftsbegehrens siehe unten unter Rz. 264 ff.

211 Letztlich müssen sich auch solche Personen äußern, die von der Insidertatsache Kenntnis haben, ohne im Bereich des Emittenten zu den Primärinsidern zu gehören. Dies wäre etwa der Fall, wenn die Automobil AG den zuständigen Wirtschaftsminister wegen der ordnungspolitischen Dimension der Insidertatsache über die Angelegenheit informiert hätte. Nach Ansicht des Verfassers erscheint eine Auslegung von § 13 Abs. 1 Nr. 3 WpHG dahingehend vertretbar, daß die Insidertatsache auch in besonderen Fällen von erheblicher ordnungspolitischer Bedeutung Politikern unter

Hinweis auf die Vertraulichkeit mitgeteilt werden darf, die dann zu bestimmungsgemäßen Primärinsidern werden und somit der Verschwiegenheitspflicht unterliegen.

Bleibt nach Auswertung dieser Auskünfte und Unterlagen die Verdachtslage bestehen, wird das BAWe von seinen Kompetenzen nach § 16 Abs. 2 WpHG Gebrauch machen. **212**

Da das BAWe aufgrund der nach § 9 WpHG gemeldeten Geschäfte weiß, welche Wertpapierdienstleister Geschäfte in Wertpapieren der Automobil AG getätigt haben, ergeht an diese Unternehmen die Aufforderung, die Auftraggeber für Käufe (bei positiven Insidertatsachen) oder die Auftraggeber für Verkäufe (bei negativen Insidertatsachen) mitzuteilen. Das Amt legt für die Mitteilung der Käufer einen bestimmten Zeitraum fest, der sich üblicherweise aus dem Entstehen der Insidertatsache einerseits und verdächtigen Kursbewegungen andererseits definiert. **213**

Die Wertpapierdienstleistungsunternehmen müssen die Identität der Auftraggeber, die Identität der aus den Geschäften berechtigten oder verpflichteten Personen sowie die Bestandsveränderungen in den Insiderpapieren mitteilen. **214**

Mit der Identität ist die einwohnermelderechtliche Identität gemeint, zu der der Wohnsitz und das Geburtsdatum gehören. Es reicht nicht der Name des Vorstandsmitglieds, beschäftigt bei der XY.-Bank, aus. Geburtsdatum und Wohnort können dem Amt wichtige Rückschlüsse etwa über die Einschaltung eines Strohmanns geben. Wenn beispielsweise ein Dreijähriger für einige zehntausend Mark kauft oder neunzigjährige Damen ihre späte Liebe zu Calls entdecken, ist das immer eine vertiefte Untersuchung wert. **215**

Ferner müssen Bestandsveränderungen in dem kritischen Insiderpapier gemeldet werden, d. h., V. hat am 25. März 2000 Stück 100 Aktien der Automobil AG gekauft. **216**

Um diese Auskünfte geben zu können, obliegt den Wertpapierdienstleistungsunternehmen eine entsprechende Aufzeichnungspflicht, die z. B. bei Tafelgeschäften unabhängig von den durch das Geldwäschegesetz vorgegebenen Beträgen gilt. **217**

Nachdem auf diese Weise nun das BAWe die Namen der Käufer in dem definierten Zeitraum übermittelt erhalten hat, findet ein maschineller Abgleich zwischen den Namen der Käufer und den Namen der Primärinsider **218** statt. Sollte in dem einen oder anderen Fall Namensgleichheit gegeben sein, wird die Untersuchung üblicherweise durch Einsicht in das Depot der Verdächtigen fortgesetzt. Diese Einsichtnahme ist erst dann vom Gesetz vorgesehen, wenn die bisherigen Untersuchungen deutliche Verdachtsmomente erbringen. Es ist vorgesehen, daß das BAWe von dem auskunftspflichtigen Wertpapierdienstleistungsunternehmen für einen Zeitraum von sechs Monaten vor dem Abschluß des kritischen Geschäftes Auskunft verlangen kann. Bei dieser Nachschau sind alle Bestandsveränderungen in Insiderpapieren im Depot des Auftraggebers offenzulegen.

219 Das BAWe hatte im Rahmen der Beratungen zu dieser Maßnahme zunächst die Einsichtnahme für mindestens ein Jahr gefordert, war aber an dem massiven Widerstand der Kreditinstitutsverbände gescheitert. Es ist sicherlich verständlich, daß Kreditinstitute ihre Kunden vor allzu intensiven aufsichtlichen Nachspürungen bewahren wollen. Die Münze hat jedoch wie immer zwei Seiten. Die amtliche Depotnachschau kann durchaus für denjenigen Verdächtigten entlastend wirken, der sich dahingehend einläßt, er kaufe immer zum Quartalsschluß Calls, es liege somit keine Ausnutzung der Insidertatsache vor, da das Geschäft ohnehin getätigt worden wäre. Bestätigt die Depotnachschau diese Einlassung, so wird das Amt, wenn nicht weitere Verdachtsmomente gegeben sind, regelmäßig von einer weiteren Untersuchung Abstand nehmen. Entspricht die Depotlage allerdings nicht der Einlassung, verschärft sich der Verdacht erheblich.

220 Die Depotnachschau kann also entlastend, aber auch belastend wirken. Sind die Erkenntnisse aus der Depotnachschau wegen des nach Ansicht des Amtes zu knappen Zeitraumes nicht signifikant, wird das Amt regelmäßig die Angelegenheit an die Staatsanwaltschaft zur weiteren Verfolgung abgeben. Im Rahmen des dann durchzuführenden Ermittlungsverfahrens ist die Staatsanwaltschaft nicht an das Wertpapierhandelsgesetz gebunden, sondern sie kann vielmehr die Beschlagnahme des Depots insgesamt zur Auswertung anordnen. Ergeben sich keine Verdachtsmomente, so wird die Staatsanwaltschaft wohl das Ermittlungsverfahren einstellen, vor dem das BAWe den Verdächtigen hätte bewahren können, wenn eine vertiefte Einblicknahme in das Depot möglich gewesen wäre.

221 Soweit zur Untersuchungstätigkeit des BAWe. Sollte es Schwierigkeiten bei der Durchführung einer solchen Untersuchung geben, so stehen dem BAWe nach § 16 Abs. 3 WpHG weitere Durchsetzungsrechte zu, indem es sich Unterlagen vorlegen lassen kann, wozu auch Tonbandaufzeichnungen über die in Rede stehenden Wertpapiertransaktionen zählen. Den Bediensteten des Amtes oder den von diesem beauftragten Personen, wie etwa Wirtschaftsprüfern, ist das Betreten der Grundstücke und der Geschäftsräume des Auskunftspflichtigen zu gestatten. Ob dies auch gilt, wenn die geschäftlichen Aktivitäten auf dritte Unternehmen ausgelagert sein sollten, erscheint im Hinblick auf die Formulierung des § 33 Abs. 2 zweifelhaft. In solchen Fällen wird das Amt regelmäßig die Staatsanwalt einschalten.

222 § 16 Abs. 6 WpHG stellt klar, daß den Auskunftsverpflichteten ein Auskunftsverweigerungsrecht bei solchen Fragen zusteht, durch die er sich oder einen Angehörigen i. S. v. § 383 Abs. 1 Nr. 1–3 ZPO belastet.

223 Grundsätzlich sind auch Rechtsanwälte, Wirtschaftsprüfer und Steuerberater nicht von der Auskunftspflicht befreit

a. A. Wirth, BB 1996, 1725.

Dieser Personenkreis kann jedoch im Rahmen des § 53 StPO unter Berufung auf das Zeugnisverweigerungsrecht die Auskunft verweigern, wenn im Rahmen des § 16 WpHG nach Daten gefragt wird, die im Rahmen eines Mandatsverhältnisses gewonnen werden. In solchen Fällen sind die Angehörigen solcher Berufsgruppen zu ersuchen, sich vor der Beantwortung der entsprechenden Fragen von ihrer Schweigepflicht befreien zu lassen. Üblicherweise wird bei Auskunftsverlangen an Berufskreise, die der Schweigepflicht unterliegen, nicht gesondert über ein bestehendes Zeugnisverweigerungsrecht belehrt, da davon auszugehen ist, daß die einschlägigen Berufsgruppen hierüber informiert sind.

224 Widerspruch und Anfechtungsklage gegen die Maßnahmen des Bundesaufsichtsamtes nach den Absätzen 2–5 haben keine aufschiebende Wirkung. Im Hinblick auf die wirtschaftliche Bedeutung und den Vertrauensschaden, den Insidervergehen verursachen können, ist eine zügige Untersuchung dieser Angelegenheiten von hoher Bedeutung. Aus diesem Grunde ist es notwendig, daß die Maßnahmen des Bundesaufsichtsamts mit ihrem Erlaß sofortige Wirkung entfalten.

225 Absatz 8 bestimmt, daß die nach Absatz 2 Satz 1 zur Auskunft Verpflichteten die Auftraggeber oder die berechtigten oder verpflichteten Personen nicht von einem Auskunftsverlangen des Bundesaufsichtsamtes oder einem daraufhin eingeleiteten Ermittlungsverfahren unterrichten dürfen.

226 Diese, dem § 11 Abs. 3 GwG entsprechende Vorschrift, beendet die Auseinandersetzung zwischen Kreditinstituten und dem Bundesaufsichtsamt.

Kreditinstitute sahen sich aus allgemeinen bankvertraglichen Treuepflichtgedanken gehalten, ihre Kunden über Auskunftsverlangen nach § 16 WpHG informieren zu müssen. Das Bundesaufsichtsamt erhob hiergegen nachhaltige Bedenken, weil potentielle Insider gewarnt, andere Kunden jedoch, die nichts zu befürchten hatten, verunsichert würden.

227 Die Aufbewahrungsfrist von sechs Jahren für die nach Absatz 2 Satz 3 anzufertigenden Aufzeichnungen entspricht der Frist in § 34 Abs. 3 und der gemäß § 257 Abs. 4 HGB im Handelsrecht üblichen Frist für die Aufbewahrung der Geschäftskorrespondenz.

3. Meldepflicht nach § 9 WpHG

228 Bei der Bekämpfung des Insiderhandels setzt das BAWe zunehmend technische Hilfsmittel ein wie etwa das im Amt entwickelte automatische Datenanalyse-System Securities Watch Application (SWAP). Dieses System dient dazu, aus den nach § 9 WpHG meldepflichtigen Wertpapier- und Derivategeschäften automatisiert auffällige Handelstransaktionen herauszufiltern.

229 Mit Hilfe von SWAP besteht die Möglichkeit, unter Berücksichtigung der wertpapierspezifischen Liquidität und Volatilität unabhängige Analyse-Kennziffern zu generieren, die den Grad der Auffälligkeit bezüglich diverser Wesensausprägungen jedes Wertpapiers an einem Tag im Vergleich zu einem Referenzzeitraum anzeigen. Das Ergebnis ist eine sortierte Liste von Kennziffer-Verknüpfungen, die auf die jeweiligen Analyse-Anforderungen abgestimmt ist. Auf diese Weise kann das BAWe gezielt und effektiv das Handelsgeschehen auf spezielle Aspekte und Vorkommnisse hin untersuchen. Die erste Ausbaustufe des Systems wurde erfolgreich getestet und in Betrieb genommen.

230 Das Meldevolumen, das Anfang 1996 knapp 400 000 Geschäfte pro Tag umfaßte, ist mittlerweile auf ca. 2,2 bis 2,6 Mio. Meldungen am Tag angestiegen.

231 Zuvor war verschiedentlich von der Meldepflicht für Geschäfte in Wertpapieren und Derivaten nach § 9 WpHG die Rede. Diese auf Art. 20 der Wertpapierdienstleistungs-Richtlinie zurückgehende Bestimmung sieht vor, daß jedes Wertpapierdienstleistungsunternehmen grundsätzlich jedes als Wertpapierdienstleistung oder als Eigengeschäft abgeschlossene Geschäft, sei es in Wertpapieren oder in Derivaten, soweit sie Wertpapierbezug aufweisen, sei es börslich oder außerbörslich, dem BAWe spätestens an dem auf den Tag des Geschäftsabschlusses folgenden Werktag, der kein Samstag ist, gemeldet werden muß. Um das Meldeverfahren nicht zu verkomplizieren, werden regionale Feiertage wie bundeseinheitliche Feiertage behandelt. Es ist jedes Geschäft unabhängig von der Stückzahl zu melden, also auch Kleinstmengen. Auch das BAWe gibt Verdachtsmomente in Kleinststückzahlen an die Staatsanwaltschaft weiter, um sich nicht dem Vorwurf der Strafvereitelung im Amt (§ 258a StGB) auszusetzen. Das Korrektiv liegt in der Möglichkeit der Staatsanwaltschaft, das Verfahren wegen geringer Schuld eventuell gegen Auflagen einzustellen (§§ 153, 153a, 172 Abs. 2 StPO).

232 Nicht unter die Meldepflicht fallen Geschäfte in Fondsanteilen in- und ausländischer Kapitalanlagegesellschaften, bei denen eine Rücknahmeverpflichtung besteht.

233 Ferner können nach § 9 Abs. 3 Nr. 5 WpHG Wertpapierdienstleistungsunternehmen, die ihre Geschäfte an einer Börse in einem anderen EU- oder EWR-Mitgliedstaat abgeschlossen haben, von der Meldepflicht befreit werden, wenn in diesen Staaten eine Meldepflicht mit gleichwertigen Anforderungen besteht. Hiervon sind allerdings außerbörsliche Geschäfte nicht betroffen. Nicht unter die Befreiungsmöglichkeit fallen auch die Geschäfte von ausländischen Börsenmitgliedern (remote members) an deutschen Börsen, denn diese Geschäfte werden stets im Inland abgeschlossen.

234 Die Beaufsichtigung des Wertpapierhandels mit dem Ziel der Verhinderung oder der Aufdeckung von Insidergeschäften oder zur Überwachung von Melde- und Informationspflichten setzt voraus, daß das Bundesaufsichtsamt ständig und in standardisierter Form diejenigen Informationen erhält, die die geschäftlichen Aktivitäten am Markt, sei es börslich oder außerbörslich, widerspiegeln. Ohne diesen stetigen Datenstrom müßte sich das Bundesaufsichtsamt auf bloße Zufallsfunde stützen, was zu einer lediglich punktuellen Aufsicht führte. In dieser Weise wäre das Bundesaufsichtsamt nicht in der Lage, seine gesetzlichen Aufgaben zu erfüllen. Es könnte nicht in eigener Erkenntnis Sachverhalten nachgehen und würde somit nicht den Kriterien genügen, die international als Gütesiegel einer effizienten Wertpapieraufsicht gelten.

Vgl. Begr. RegE 2. FFG zu § 9 I, BT-Drucks. 12/6679 S. 43 f.

235 Die Meldepflicht nach dieser Vorschrift war auch einer der Aspekte, die die Gründung einer Aufsichtsstelle auf Bundesebene erforderten, denn die Börsenaufsicht hätte sich nur die Daten des börslichen und nicht die des außerbörslichen Handels melden lassen können, abgesehen davon, daß die Meldepflicht auch solche Wertpapierdienstleistungsunternehmen trifft, die nicht zur Teilnahme am Börsenhandel zugelassen sind.

236 Neben der laufenden Kontrolle wird die Einhaltung der Meldepflicht zusätzlich im Rahmen einer jährlichen Prüfung nach § 36 überwacht. Wer vorsätzlich oder leichtfertig nicht, nicht richtig, nicht vollständig, nicht in der vorgeschriebenen Form oder nicht rechtzeitig meldet, handelt ordnungswidrig (§ 39 Abs. 1 Nr. 1a). Die Tatbestandsmerkmale mit Ausnahme von „nicht" sind im Grunde lediglich Unterfälle des Merkmals „nicht richtig". Das Bemühen des Gesetzgebers, den Tatbestand „wasserdicht" zu machen, legt ein beredtes Zeugnis für den Umstand ab, daß häufig die Durchsetzung von Gesetzesbefehlen von den Betroffenen unter Hinweis darauf, daß etwas nicht ausdrücklich geregelt sei, blockiert wird, obwohl bei verständiger Betrachtung der Angelegenheit allen klar sein müßte, was die jeweilige Vorschrift beinhaltet. Der aus dieser Lage resultierende Regelungsperfektionismus, der regelmäßig Gegenstand der Kritik ist, ließe sich mindern, wenn man die Gewähr hätte, daß Gesetze ihrem Sinn nach und bisweilen nicht nur ihrem ausdrücklichen Wortlaut nach akzeptiert würden.

4. Verfassungsrechtliche Anmerkungen

237 Die Eingriffsmöglichkeiten des Bundesaufsichtsamtes nach Vorschrift des § 16 WpHG werden unter dem Gesichtspunkt des Schutzes der informationellen Selbstbestimmung in bezug auf personenbezogene Daten diskutiert.

238 Ausgehend von der Grundsatzentscheidung des Gesetzgebers, Anfangsuntersuchungen im Wertpapierhandel bei Vorliegen von Anhaltspunkten auf Insidergeschäfte durch eine Verwaltungsbehörde und nicht durch Strafverfolgungsbehörden durchführen zu lassen, wird das Instrumentarium des § 16 WpHG als geeignet, wenn auch insgesamt als wenig wirksam, angesehen.

Ransiek, DZWir 1995, 54.

Im Hinblick darauf, daß die Staatsanwaltschaft zur Einleitung eines entsprechenden Ermittlungsverfahrens einen Anfangsverdacht benötige (§§ 152 Abs. 2, 160 Abs. 1 StPO), der sich gerade bei der Vielzahl der Wertpapiergeschäfte nur zufallsbedingt ergeben könne, das Bundesaufsichtsamt jedoch lediglich „Anhaltspunkte" für auf Insiderverhalten hindeutende Geschäfte haben müße, um Untersuchungen nach § 16 durchzuführen, „... hätte die Anknüpfung an das Strafprozeßrecht allein auch nur zu schnell ins Nichts geführt" (*Ransiek,* aaO). Insgesamt wird der § 16 WpHG als verfassungsrechtlich vertretbar angesehen; „... nach diesen Maßstäben dürfte die bloße Auskunftspflicht nach § 16 Abs. 2–4 WpHG als solche im überwiegenden Allgemeininteresse an der Funktionsfähigkeit des Kapitalmarktes und der Vermeidung von Insidergeschäften gerechtfertigt sein". **239**

Habetha, WM 1996, 2139, 2140.

Verfassungsrechtlich insbesondere deshalb problematisch, **240**

so Habetha, WM 1996, 2139, 2140,

sei jedoch die Weitergabe der erlangten Daten gemäß § 18 WpHG an die Staatsanwaltschaft, da es im Rahmen einer Massenfahndung zur Verwertung von Zufallsfunden komme. Die nach § 18 Abs. 1 WpHG offensichtlich gewollte strafrechtliche Verwertung der vom Bundesaufsichtsamt erlangten Informationen bedürfe noch der verfassungsrechtlichen Überprüfung. Ein wesentlicher Aspekt, der die im Wertpapierhandelsgsetz vorgenommene Regelung als rechtsstaatlich unbedenklich erscheinen lassen dürfte, sei die Tatsache, daß die dem Bundesaufsichtsamt nach § 16 WpHG zustehenden Befugnisse nicht das gesamte Instrumentarium an Maßnahmen abdecken, das der Staatsanwaltschaft bei Vorliegen eines Anfangsverdachtes von der Strafprozeßordnung eingeräumt wird.

Mennicke, S. 585.

Ob es aus den genannten Gesichtspunkten notwendigerweise zu einer verfassungsrechtlichen Überprüfung kommen muß, mag an dieser Stelle dahinstehen. Insgesamt ist das Wertpapierhandelsgesetz als neues Recht, das nicht nur deutscher Rechtstradition folgt, diesem Risiko ausgesetzt. Es gab für den Gesetzgeber aufgrund des umzusetzenden EG-Rechts praktisch weder rechtliche noch tatsächliche Alternativen. Bei Insiderdelikten handelt es sich ihrer Natur nach um solche, die zu ihrer Durchführung die Kaschierung durch die Anonymität des Börsenhandels nutzen. Sie können nur **241** durch Verfahren aufgedeckt werden, die sie dieser Anonymität entkleiden, indem die Vielzahl der Wertpapiergeschäfte in verdächtige und unverdächtige sortiert werden.

242 Die Diskussion der verfassungsrechtlichen Aspekte soll keinesfalls gering geachtet werden: sie gewänne jedoch an Nutzen, wenn gangbare Alternativen vor dem Hintergrund aufgezeigt würden, daß die Bekämpfung des Insiderhandels eine im internationalen Kontext unausweichliche Entscheidung war, wenn man nicht den „Finanzplatz Deutschland“ der Drittklassigkeit überantworten wollte.

Dreyling, in: Assmann/Schneider, WpHG, § 16 Nr. 8–11.

II. Die Vorschriften der §§ 16a, 17 und 18 WpHG

1. Amtsinterne Insiderprävention, § 16a WpHG

243 Das BAWe, bei dem insbesondere im Bereich der Ad-hoc-Meldungen eine Vielzahl von Insiderinformationen vorhanden sind, hat dafür Sorge zu tragen, daß Verstößen der beim Bundesaufsichtsamt Beschäftigten gegen die Verbote nach § 14 WpHG (Verbot von Insidergeschäften) entgegengewirkt wird. Mit einer diesbezüglichen Dienstanweisung, die im Ansatz sehr den Mitarbeiter-Leitsätzen ähnelt, wird das interne Kontrollverfahren des BAWe geregelt.

244 Das BAWe ist die für die Insiderverfolgung, die Überwachung der Ad-hoc-Mitteilungen kursbeeinflussender Tatsachen und der Mitteilungs- und Veröffentlichungspflicht bei Veränderungen von Stimmrechtsanteilen an börsennotierten Gesellschaften zuständige Behörde. Mitarbeiter des BAWe erhalten deshalb regelmäßig bestimmungsgemäß Kenntnis von Insidertatsachen.

245 Eine angemessene Überwachung setzt voraus, daß die Beschäftigten Mitarbeitergeschäfte bekannt geben und diese in geeigneter Weise überprüft werden.

246 Die hausinterne Regelung dient somit auch dazu, das Vertrauen in die gesetzmäßige Ausübung der Wertpapierhandelsaufsicht zu stärken und jeglichen Anschein von Insidergeschäften durch Beschäftigte des BAWe zu vermeiden.

Beschäftigte, die bei ihren Dienstgeschäften bestimmungsgemäß Kenntnis von Insidertatsachen haben oder haben können, sind gemäß § 16a Abs. 2 Satz 3 WpHG verpflichtet, Geschäfte in Insiderpapieren, die sie für eigene oder fremde Rechnung oder für einen anderen abgeschlossen haben, unverzüglich dem Dienstvorgesetzten oder der von ihm beauftragten Person schriftlich anzuzeigen. **247**

Beschäftigte, die in diesen Bereichen eingesetzt sind, tragen eine besondere Verantwortung und unterliegen deshalb besonderen zusätzlichen Verpflichtungen. Die Pflicht zur Anzeige von Geschäften in Insiderpapieren umfaßt das Offenlegen von Wertpapierkonten, Depotverbindungen und Umsätzen. **248**

Die sonstigen Beschäftigten sind gemäß § 16a Abs. 2 Satz 1 WpHG verpflichtet, auf Verlangen des Dienstvorgesetzten oder der von ihm beauftragten Person vollständig Auskunft zu erteilen und Unterlagen über Geschäfte in Insiderpapieren vorzulegen. **249**

Die Pflicht zur Erteilung von Auskünften und zur Vorlage von Unterlagen über Geschäfte in Insiderpapieren umfaßt auch hier das Offenlegen von Wertpapierkonten, Depotverbindungen und Umsätzen. **250**

Die Auskunftspflicht bezieht sich auf Geschäfte, die ein Beschäftigter für eigene oder fremde Rechnung oder für einen anderen abgeschlossen hat, z. B. als Bevollmächtigter oder Verfügungsberechtigter. Ein Verlangen auf Auskunftserteilung und Vorlage von Unterlagen erfordert nicht, daß Anhaltspunkte für einen Verstoß gegen das Insiderhandelsverbot vorliegen. **251**

2. Datenschutz, § 17 WpHG

Nach dieser Vorschrift darf das BAWe personenbezogene Daten, die ihm nach § 16 Abs. 2 Satz 3 WpHG von den zur Auskunft verpflichteten Wertpapierdienstleistungsunternehmen mitgeteilt wurden, speichern, verändern und nutzen. Dies darf jedoch nur erfolgen, um zu prüfen, ob ein Verstoß gegen die Verbote des § 14 WpHG vorliegt sowie im Rahmen der internationalen Zusammenarbeit nach § 19 WpHG. Personenbezogene Daten sind nach § 3 BundesdatenschutzGesetz solche, die Einzelangaben über persönliche und sachliche Verhältnisse einer bestimmten oder bestimmbaren natürlichen Person enthalten. Die Nutzung der so gewonnenen Daten beschränkt sich auf insiderrechtliche Untersuchungen; eine anderweitige Nutzung für sonstige Zwecke des Wertpapierhandelsgesetzes ist ausgeschlossen. **252**

253 Sofern die personenbezogenen Daten, die für Prüfungen oder zur Erfüllung eines Auskunftsersuchens einer ausländischen Stelle eines anderen Staates nach § 17 Abs. 1 WpHG nicht mehr benötigt werden, sind sie unverzüglich zu löschen. Ein Mißbrauch solcher Daten soll ausgeschlossen werden, um keinesfalls die vertrauensvolle internationale Zusammenarbeit zu stören und damit zu gefährden.

254 Allerdings werden auch sonstige personenbezogene Daten, die aus inlandsbezogenen Untersuchungen stammen, unverzüglich gelöscht, was dazu führt, daß sie bei jeder neuen Untersuchung nach § 16 WpHG erneut erhoben werden müssen.

255 Da im Bundesdatenschutzgesetz keine Pflicht zur Mitteilung an den Betroffenen über die Löschung von Daten vorgesehen ist, erfolgt auch keine diesbezügliche Unterrichtung nach dem Wertpapierhandelsgesetz.

3. Abgabe an die Staatsanwaltschaft, § 18 WpHG

256 Sofern das BAWe aufgrund seiner Untersuchungen zu dem Schluß kommt, daß der Verdacht einer Insiderstraftat gegeben ist, erstattet das Amt Anzeige bei der zuständigen Staatsanwaltschaft und übermittelt ihr die entsprechenden Akten einschließlich der personenbezogenen Daten der Personen, die als Verdächtige oder als Zeugen in Betracht kommen.

257 Als Zuständigkeitskriterium gilt der Ort des Geschäftsabschlusses, der Ort der Börse, an der das Geschäft abgeschlossen wurde oder der Wohnsitz des oder der Verdächtigen. Die Abgabe an die Staatsanwaltschaft erfolgt strikt vertraulich. Das BAWe gibt regelmäßig keine Hinweise an die Öffentlichkeit über ein laufendes Verfahren, es sei denn, die Angelegenheit sei aus anderer Quelle öffentlich geworden. Dabei kann man davon ausgehen, daß die Vertraulichkeit wohl kaum konsequent verwirklicht werden kann, denn bei einer Untersuchung nach § 16 WpHG z. B. in einem größeren Wert wird eine Vielzahl von Wertpapierdienstleistungsunternehmen angeschrieben.

258 Die Abgabe an die Staatsanwaltschaft durch das BAWe erfolgt grundsätzlich in einem sehr frühen Stadium, da diese die weiteren Untersuchungen mit den ihr zu Gebote stehenden Mitteln der Strafprozeßordnung wie Hausdurchsuchungen oder Beschlagnahme von Beweismitteln effizienter durchführen kann als das BAWe, dem lediglich verwaltungsrechtliche

Mittel zur Verfügung stehen. Diese sind zwar insoweit sämtlich sofort vollziehbar, aber mit einem häufig nicht gewünschten Ankündigungseffekt verbunden.

III. Internationale Kooperation bei der Insiderverfolgung

1. Allgemeines

259 Die Vorschrift des § 19 WpHG regelt die internationale Kooperation bei der Verfolgung von Insiderstraftaten. Sie ist lex specialis zu § 7 WpHG, der die generelle Pflicht des BAWe zur Zusammenarbeit mit ausländischen Stellen vorsieht. § 19 setzt Art. 10 der Insider-Richtlinie in deutsches Recht um. Danach gewährleisten „die zuständigen Stellen der Mitgliedstaaten einander jede zur Erfüllung ihrer Aufgaben notwendige Zusammenarbeit, wobei sie von den in Artikel 8 Abs. 2 genannten Befugnissen Gebrauch machen". Nach Artikel 8 Abs. 2 müssen die zuständigen Stellen über die für die Erfüllung ihrer Aufgabe notwendigen Kompetenzen sowie Kontroll- und Ermittlungsbefugnisse verfügen. Im Gegensatz zu früheren börsenbezogenen EU-Richtlinien greift die Insider-Richtlinie mit Artikel 10 deutlich in die nationale Souveränität der Mitgliedstaaten ein, indem sie die internationale Amtshilfe nicht in das Ermessen der EU-Mitgliedstaaten stellt, sondern sie zur unmittelbaren Pflicht erhebt.

2. Memoranda of Understanding

260 Trotz dieser Regelung, die für sich gesehen ausreichend wäre, ist es üblich, zwischen den Aufsichtsbehörden sogenannte Memoranda of Understanding abzuschließen, die die abstrakten EU-Regelungen konkretisieren und in Arbeitsanweisungen umsetzen.

261 Die praktische Zusammenarbeit zwischen den Mitgliedstaaten wird damit über die schon durch die Richtlinien begründeten Verpflichtungen hinaus durch Memoranda of Understanding konkretisiert. Hierunter sind bilaterale Absichtserklärungen über den Austausch vertraulicher Informationen zwischen den Aufsichtsbehörden zu verstehen, die eine grenzüberschreitende Zusammenarbeit erleichtern sollen. Die beteiligten Aufsichtsbehörden erklären in diesen Abkommen ihre Bereitschaft, Auskunftsersuchen bei Untersuchungen in Insiderfällen, bei Marktmanipulationen oder bei anderen Verstößen im Rahmen ihrer nationalen Gesetze nachzukommen. Insbesondere sollen durch Standardisierung von Aufsichtsersuchen und eine klare Festlegung der Übermittlungsverfahren den Aufsichtsbehörden die

Wahrnehmung ihrer gesetzlichen Aufgaben erleichtert werden. Derartige Abkommen können jedoch keine weitergehenden Rechte und Pflichten konstatieren als dies die jeweilige nationale Gesetzgebung der an einem solchen Abkommen Beteiligten zuläßt. Sie sind aber geeignet, nach Maßgabe der EU-rechtlichen Vorgaben und in Auslegung der nationalen Vorschriften die Zusammenarbeit zwischen den vertragschließenden Aufsichtsbehörden näher auszugestalten und stellen somit einen wesentlichen Beitrag zur Förderung einer gut funktionierenden internationalen Kooperation dar.

262 Im Verhältnis zu Drittstaaten sind Memoranda of Understanding die wesentliche Verfahrensgrundlage. In der Anlage ist der Text einer solchen Vereinbarung mit der CFTC, der us-amerikanischen Aufsichtsbehörde für die Derivatemärkte, abgedruckt.

263 Im EU-Bereich wird das Multilaterale Memorandum des Forum of European Securities Commissions (FESCO) vom 26. Januar 1999 zunehmend zur Verfahrensgrundlage.

3. Verfahren

264 Die Zusammenarbeit findet mit den ausländischen Stellen statt. Welchen rechtlichen Status diese „zuständigen Stellen“ haben müssen, ist nicht näher erläutert. Eine eingehendere Beschreibung scheitert auch an den unterschiedlichen internationalen Gegebenheiten der Rechts- und Organisationsstrukturen in anderen Staaten. Das BAWe sieht als zuständige Stelle diejenige an, die Überwachungsaufgaben im Sinne des Absatzes 1 aufgrund ausdrücklicher gesetzlicher Vorschriften oder durch sonstigen staatlichen Auftrag wahrnimmt.

Dreyling, in: Assmann/Schneider, WpHG, § 7 Nr. 8.

265 Sollte eine solche Stelle in einem Einzelfall nicht eindeutig bestimmbar sein, wendet sich das Amt im Zweifel an das zuständige Ministerium mit dem Ersuchen, selbst Maßnahmen einzuleiten oder die übermittelten Tatsachen an die Stelle weiterzuleiten, die unmittelbar zuständig ist.

266 Gegenstand der Zusammenarbeit ist die Übermittlung von personenbezogenen Daten, die das Amt durch Untersuchungen nach § 16 Abs. 2 bis 5 WpHG erhoben hat. Die so übermittelten Daten unterliegen der Zweckbindung dahingehend, daß sie ausschließlich zur Überwachung des Verbotes von Insidergeschäften oder im Rahmen damit zusammenhängender Verwaltungs- oder Gerichtsverfahren verwendet werden dürfen. Unberührt bleibt hiervon die Verwendung der Informationen im Zusammenhang mit Verpflichtungen dieser Stellen in strafrechtlichen Angelegenheiten, die Verstöße gegen Verbote von Insidergeschäften zum Gegenstand haben.

267 Nach Absatz 4 hat das BAWe im Hinblick auf von ausländischen Stellen empfangene Daten entsprechend zu verfahren.

268 Grundsätzlich darf nach § 7 WpHG ein Datenaustausch nur stattfinden, wenn die ausländische Stelle oder die von ihr beauftragten Personen einer der Vorschrift des § 8 WpHG entsprechenden Verschwiegenheitspflicht unterliegen und wenn in den Empfängerstaaten ein angemessener Datenschutzstandard vorhanden ist.

4. Zusammenarbeit mit der Schweiz

269 Nach Art. 38 Abs. 2 des schweizerischen Börsengesetzes dürfen ausländische Börsenaufsichtsbehörden vertrauliche Informationen, die sie auf dem Wege der Amtshilfe durch die Eidgenössische Bankenkommission (EBK) erhalten haben, nur dann an die Strafbehörden ihres Landes weiterleiten, wenn eine Rechtshilfe in Strafsachen auch nach Schweizer Recht gegeben ist. Hierfür wiederum ist Voraussetzung, daß die Tat in beiden, also auch im schweizerischen Rechtssystem strafbar sein muß. Da EU-Insiderrecht und die schweizerischen Insidervorschriften nicht deckungsgleich sind, ergeben sich Probleme mit der doppelten Strafbarkeit. Deshalb kann die Schweiz Informationen über Insidergeschäfte in verschiedenen Fällen problemlos nur dann beispielsweise an die deutschen Behörden weitergeben, wenn diese zusichern, die Informationen nicht an die Staatsanwaltschaft weiterzugeben.

(Schweizerisches Bundesgericht, Urt. v. 24. 2. 2000
– 2 A 496/1999, zit. in: Neue Zürcher Zeitung v. 3. 4. 2000).

270 Die konkrete Zusammenarbeit mit der Schweiz als einem Drittstaat wird nicht durch ein Memorandum of Understanding, sondern durch einen bilateralen Briefwechsel zwischen der EBK und dem BAWe vom September 1998 geregelt. Da das schweizerische und das deutsche Insiderrecht nicht deckungsgleich sind, sondern das deutsche Recht insoweit wesentlich weitergehend ist, war darauf Wert zu legen, daß das BAWe alle zur Verfolgung von Insiderstraftaten notwendigen Informationen über § 16 WpHG auch aus der Schweiz erhält, um Maßnahmen nach § 7 Abs. 8 des deutschen Börsengesetzes zu vermeiden. Dort ist vorgesehen, daß die Zulassung zum Börsenhandel widerrufen werden kann, wenn das BAWe der Börsengeschäftsführung und der Börsenaufsichtsbehörde mitteilt, daß die Meldepflichten nach § 9 oder der Informationsaustausch zum Zwecke der Verfolgung von Insiderstraftaten mit den in dem Drittstaat zuständigen Stellen nicht gewährleistet erscheint. In dem Briefwechsel wird von Schweizer Seite zugesichert, daß man im Einvernehmen mit dem in der Schweiz für die internationale Rechtshilfe in Strafsachen zuständigen Bundesamt für Polizeiwesen eine Entscheidung im jeweiligen Einzelfall über die Weitergabe von vertraulichen Daten an das BAWe auch in solchen Fällen entscheiden werde, wenn die für die Rechtshilfe notwendige Voraussetzung der doppelten Strafbarkeit nicht gegeben ist.

IV. Einzelfragen

1. Optionsprogramme

271 Das Bundesaufsichtsamt hat sich mit Schreiben vom 1. Oktober 1997 gegenüber den Vorständen der börsennotierten Aktiengesellschaften zum insiderrechtlichen Umgang mit Aktienoptionen als Entlohnungsmöglichkeit für leitende Mitarbeiter grundsätzlich geäußert. Dieses Schreiben ist nachstehend abgedruckt.

272 Auch in Deutschland wird zunehmend der Wunsch geäußert, Vorstandsmitglieder und leitende Angestellte als Leistungsanreiz auch mit Aktienoptionen zu entlohnen. Auf die aktien- und steuerrechtlichen Voraussetzungen soll hier nicht eingegangen werden (vgl. hierzu allgemein in der neueren Literatur *Feddersen*, ZHR 161 (1997), 269; *Lutter*, ZIP 1997, 1; *Peltzer*, AG 1996, 307; *Schneider*, ZIP 1996, 1769). Regelmäßig handelt es sich bei den Begünstigten der Aktienoptionsprogramme um Personen, die als Mitglied des Geschäftsführungsorgans, aufgrund ihres Berufs, ihrer Tätigkeit oder ihrer Aufgabe bestimmungsgemäß Kenntnis von Insidertatsachen erlangen und somit um Insider im Sinne von § 13 Abs. 1 Nr. 1 und 3 Wertpapierhandelsgesetz (WpHG). Diesem Personenkreis ist es gemäß § 14 Abs. 1 Nr. 1 WpHG verboten, unter Ausnutzung der Kenntnis von einer Insidertatsache Insiderpapiere zu erwerben oder zu veräußern.

Denkbare Anknüpfungspunkte einer insiderrechtlichen Strafbarkeit können die einzelnen Schritte bei der Einführung des Aktienoptionsprogrammes, die Zuteilung der Aktienoptionen an die Begünstigten, die Ausübung der Optionen durch die Begünstigten und die Veräußerung der Aktien durch die Begünstigten sein.

1. Bei den einzelnen Schritten zur Einführung eines Aktienoptionsprogrammes bei einer Gesellschaft kommt im Ergebnis eine Strafbarkeit wegen eines Verstoßes gegen die Insiderhandelsverbote nicht in Be-

tracht. Denkbare Anknüpfungspunkte sind der Begebungsplan und die Entscheidungen der verschiedenen Gremien der Gesellschaft sowie der eigentliche Beschaffungsvorgang für die Optionsrechte durch Ausgabe von Wandel- oder Optionsanleihen. Sollte eine der an diesem Entstehungsprozess beteiligten Personen Kenntnis von Insidertatsachen haben, ist an einen Verstoß gegen § 14 Abs. 1 Nr. 1 WpHG gleichwohl regelmäßig nicht zu denken, da es sich bei der Beschaffung der neuen Optionsrechte, die aus einer Neuausgabe stammen, zum Zeitpunkt der Zuwendung an die Führungskräfte noch nicht um Insiderpapiere handelt (ebenso *Assmann*, AG 1997, 50, 58; *Feddersen*, aaO, S. 288 f; anders, im Ergebnis aber ebenfalls die Anwendung von § 14 WpHG verneinend *Schneider*, aaO, S. 1774 f). Hierzu wäre nach § 12 Abs. 1 Satz 1 Nr. 1 WpHG erforderlich, dass sie an einer Börse zum Handel zugelassen sind oder in den Freiverkehr einbezogen sind. Der Zulassung oder der Einbeziehung steht nach § 12 Abs. 1 Satz 2 WpHG gleich, wenn der Antrag auf Zulassung oder Einbeziehung gestellt oder öffentlich angekündigt ist. Dies ist bei den betroffenen Optionsrechten jedoch regelmäßig nicht der Fall.

Zu berücksichtigen ist, dass bereits die Beschlussfassung über die für die spätere Beschaffung der Aktien notwendigen Kapitalmaßnahmen eine Pflicht zur Ad hoc-Publizität nach § 15 WpHG auslösen kann (ebenso *Feddersen*, aaO, S. 289; vgl. auch *Kümpel,* in: Assmann/ Schneider, WpHG, § 15 Rz. 66, 72), da es sich hierbei um eine Tatsache handelt, die den Kurs der bereits zugelassenen Aktien beeinflussen kann.

Sollte de lege ferenda die Möglichkeit des Erwerbs eigener Aktien durch die Gesellschaft eine größere Bedeutung erlangen, so ist auch denkbar, dass die für ein Aktienoptionsprogramm benötigten Aktien nicht durch eine Kapitalerhöhung beschafft werden, sondern durch Rückkauf am Sekundärmarkt. In diesem Fall könnte auch beim Erwerb durch die Gesellschaft bereits das Insiderhandelsverbot des § 14 WpHG grundsätzlich Anwendung finden (siehe zum Erwerb eigener Aktien auch von *Rosen/Helm*, AG 1996, 434, 440, die zur Lösung der insiderrechtlichen Problematik eine frühzeitige Veröffentlichung vorschlagen). Denkbar ist aber auch, dass die in der Begründung der Bundesregierung zum Entwurf des zweiten Finanzmarktförderungsgesetzes (BT-Drucksache 12/6679, S. 47) gemachte Einschränkung, dass die Umsetzung einer eigenen unternehmerischen Entscheidung als solche kein Ausnutzen von Insiderwissen darstellt, auf diesen Fall übertragbar ist. Insgesamt erscheint jedoch die Bedienung eines Aktienoptionsprogrammes aus dem Rückkauf eigener Aktien problematisch, da einem solchem gezielten Rückkauf zu einem zuvor festgelegten Zeitpunkt jedenfalls erhebliches Kursbeeinflussungspotential innewohnt. Die Gefahr, dass hier der Anschein einer gezielten Marktmanipulation entstehen kann, ist immanent, so dass diese Lösung in der Praxis keine große Rolle spielen dürfte (so im Ergebnis auch *Feddersen*, aaO, S. 289).

2. Auch die Zuteilung der Aktienoptionen an die begünstigten Führungskräfte ist in aller Regel insiderrechtlich nicht erfasst, da es sich bei den Optionen nicht um Insiderpapiere im Sinne des § 12 WpHG handelt (vgl. oben). Etwas anderes gilt nur für den denkbaren Fall, dass den Begünstigten bereits zugelassene Optionsrechte zugeteilt werden. In diesem Fall ist § 14 WpHG grundsätzlich anwendbar. Der Erwerb des zugelassenen Optionsrechtes durch die Führungskraft erfolgt jedoch regelmäßig nicht in Ausnutzung der Kenntnis einer Insidertatsache (§ 14 Abs. 1 Nr. 1 WpHG), selbst wenn die betroffene Person Kenntnis einer (positiven) Insidertatsache hat, sondern allein aufgrund der arbeitsvertraglich geschlossenen Vereinbarung einer Entlohnung mit den Optionsrechten. Bedenklich könnte aber sein, wenn dem Begünstigten eines Aktienoptionsprogrammes ein Wahlrecht zwischen einer festen Vergütung und dem Erhalt bereits zugelassener Optionsrechte eingeräumt wird. Entschließt sich der Begünstigte in Kenntnis positiver Insidertatsachen zum Erhalt der zugelassenen Optionsrechte, so kann diese Entscheidung als ein Ausnutzen seiner Kenntnis von der Insidertatsache gewertet werden, so dass eine Strafbarkeit wegen Verstoßes gegen § 14 Abs. 1 Nr. 1 WpHG in Betracht kommt. Hieraus ist die Empfehlung abzuleiten, zugelassene Optionsrechte nur dann Mitarbeitern zuzuwenden, wenn diese Zuwendung als Automatismus ohne Einflußmöglichkeit des Begünstigten erfolgt.
3. Die Ausübung der Aktienoption führt dazu, dass die jungen Aktien zugelassen werden bzw. dass ein Zulassungsantrag gestellt wird. Damit sind die Voraussetzungen des § 12 WpHG erfüllt, es handelt sich um Insiderpapiere. Gleichwohl ist die Ausübung der Aktienoption regelmäßig als insiderrechtlich unproblematisch zu bewerten. Entscheidendes Tatbestandsmerkmal ist auch hier das Erfordernis der „Ausnutzung" der Kenntnis einer Insidertatsache.
   Wenn der Begünstigte auf die Ausübung der Option verzichtet, kommt eine Anwendung von § 14 Abs. 1 Nr. 1 WpHG nicht in Betracht, denn durch ein Unterlassen ist weder der Tatbestand des Erwerbens noch des Veräußerns erfüllt. Ist jedoch die Ausübung der Option nach den Optionsbedingungen zulässig und die Option „im Geld", die Ausübung also für den Begünstigten wirtschaftlich rentabel, so wird er die Option ausüben. Hat er außerdem Kenntnis von positiven Insidertatsachen und übt auch in Erwartung einer Kurssteigerung nach Bekanntwerden dieser Tatsachen aus, so ist gleichwohl eher davon auszugehen, dass diese zusätzliche Motivation zur Ausübung keine „Ausnutzung" im Sinne des § 14 Abs. 1 Nr. 1 WpHG darstellt, denn an einem Ausnutzen fehlt es regelmäßig, wenn das Wertpapiergeschäft auch ohne Kenntnis der Insidertatsache getätigt worden wäre (*Assmann*, in: Assmann/Schneider, WpHG, § 14 Rz. 27). Diese wirtschaftliche Betrachtungsweise lässt sich wie folgt zusammenfassen: Ist die Option nicht „im Geld", wird der Insider die Option nicht ausüben, auch wenn er Kenntnis von (positiven) Insidertatsachen hat, da er sich am Markt günstiger eindecken kann. Ist die Option „im Geld", so wird er ausüben, weil dies wirt-

schaftlich vernünftig ist, unabhängig davon, ob er Kenntnis von positiven oder negativen Insidertatsachen hat. Relevant wird die Kenntnis der Insidertatsachen vielmehr erst beim anschließenden Verkauf der bezogenen Aktien.

Aus Sicherheitsgründen empfiehlt es sich dennoch, bei der Gestaltung eines Aktienoptionsprogrammes im Vorfeld definierte automatisierte Standards einzuführen und den Ermessensspielraum des Begünstigten weitgehend zu reduzieren. Klare Ausübungskriterien und limitierte Zeitvorgaben für die Ausübung der Optionsrechte tragen dazu bei, auch nicht den Anschein von Insiderhandel zu erwecken (ebenso *Feddersen,* aaO, S. 292), weshalb die Praxis bereits derartige Regelungen gewählt hat (nach dem Stock Option Plan der Daimler Benz AG kann das Wandlungsrecht nur drei Wochen nach dem Halbjahresbericht, dem Neun-Monats-Bericht, der Bilanzpressekonferenz und der Hauptversammlung ausgeübt werden, vgl. bei *Feddersen*, aaO, S. 292).

4. Von größter insiderrechtlicher Relevanz ist die Frage der Veräußerung der durch Ausübung der Optionen erhaltenen Aktien durch die Begünstigten. In der Literatur wird hierzu vertreten, dass in Anbetracht der Nähe von Vorstandsmitgliedern und leitenden Mitarbeitern zu sensiblen Informationen aus dem Unternehmen sich bei einer Veräußerung der Aktien eher die Frage stelle, wann kein Insidergeschäft vorliege als umgekehrt (so *Feddersen*, aaO, S. 293). Zunächst bleibt festzuhalten, dass die Veräußerung in Kenntnis einer positiven Insidertatsache unproblematisch ist, da hier kein „Ausnutzen" der Tatsache im Sinne von § 14 Abs. 1 Nr. 1 WpHG vorliegt. Unproblematisch ist ferner das Unterlassen eines Verkaufes in Kenntnis positiver wie auch negativer Insidertatsachen, da § 14 Abs. 1 Nr. 1 WpHG nur das „erwerben" oder „veräußern" sanktioniert, nicht aber das bloße Unterlassen einer Transaktion.

Veräußert jedoch ein Begünstigter eines Aktienoptionsprogrammes in Kenntnis einer negativen Insidertatsache die nach Ausübung der Option bezogenen Aktien, so ist in aller Regel der Tatbestand des § 14 Abs. 1 Nr. 1 WpHG erfüllt (so auch *Schneider*, aaO, S. 1775). Zur Vermeidung dieser unerwünschten Konsequenz bieten sich nur zwei Möglichkeiten an: Einerseits kann der Begünstigte einen weisungsfreien Dritten bei der Verwaltung und gegebenenfalls der Veräußerung der Aktien zwischenschalten, um der Gefahr strafrechtlicher Verfolgung und der im Vorfeld möglichen Rufschädigung zu entgehen. Andererseits kann das Unternehmen den Begünstigten sehr enge, standardisierte Vorgaben zur Veräußerung der Aktien machen, die dem Einzelnen nur einen sehr begrenzten Entscheidungsspielraum lassen. Zu denken ist hier insbesondere an einige kurze Zeiträume, sogenannte „Handelsfenster", unmittelbar nach der Veröffentlichung der Regelpublizität (vgl. zu diesen Lösungsansätzen auch *Feddersen*, aaO, S. 292 ff). Daneben ist eine über die gesetzlichen Mindestanforderungen hinausgehende Publizität des Unternehmens ein wirkungsvolles Mittel zur Vermeidung von Konflikten mit den Insiderstrafbestimmungen. Dies wird deutlich, wenn man bedenkt, dass auch unmittelbar nach Veröffentlichung des Halbjahresberichtes oder der Neun-Monats-Berichts ein Vorstandsmitglied schon wieder über neue, das laufende oder das zukünftige Geschäftsjahr betreffende Insiderinformationen verfügen kann, die noch nicht veröffentlicht sind.

5. Ein Vergleich mit den Regelungen in den USA, Großbritannien und Frankreich zeigt, dass auch in diesen Ländern das Insiderhandelsverbot grundsätzlich auf Begünstigte von Aktienoptionsplänen Anwendung findet. Es gibt spezielle Registrierungspflichten und insbesondere in Großbritannien und Frankreich unterliegen Begünstigte von Aktienoptionsplänen bestimmten zeitlichen Handelsbeschränkungen. Die Einzelheiten bitte ich beiliegender Aufstellung zu entnehmen.
6. In Anbetracht der Vielzahl möglicher Tatsachen, die nicht öffentlich bekannt sind und die geeignet sind, im Falle ihres öffentlichen Bekanntwerdens den Kurs eines Wertpapiers erheblich zu beeinflussen und die somit Insidertatsachen im Sinne des § 13 Abs. 1 WpHG sind, erscheint eine abschließende Aufzählung im Zusammenhang mit Aktienoptionsplänen nicht möglich (hier muss auf die einschlägige Literatur verwiesen werden, vgl. nur Deutsche Börse AG, Insiderhandelsverbote und Ad-hoc-Publizität nach dem Wertpapierhandelsgesetz). Auch gibt es wohl keine rechtliche Handhabe, bei dem Verkauf von Aktien aus Aktienoptionsprogrammen die Kenntnis bestimmter Insidertatsachen außer Betracht zu lassen, vielmehr ist, wie dargestellt, die Kenntnis aller negativer Insidertatsachen problematisch. Zu berücksichtigen ist auch, dass das ansonsten sehr sinnvolle Einrichten von Vertraulichkeitsbereichen innerhalb eines Unternehmens zur Prävention von Insiderstraftaten (unternehmensinternes Compliance-Konzept mit der Errichtung von Chinese Walls) gerade bei Aktienoptionsprogrammen für Führungskräfte keine umfassende Lösung verspricht, da Vorstände und leitende Mitarbeiter zur Erfüllung ihrer Aufgabe zwingend Zugang zu einer Vielzahl von Informationen haben müssen, die Insidertatsachen darstellen."

2. Erwerb eigener Aktien

273 Mit Schreiben vom 28. Juni 1999 an die Vorstände der börsennotierten Aktiengesellschaften hat das BAWe die beim Erwerb eigener Aktien unter Insidergesichtspunkten zu beachtenden Vorschriften konkretisiert. Es wird darauf hingewiesen, daß eine Ad-hoc-Mitteilung in der Regel erst dann veröffentlicht werden muß, wenn der Vorstand beschließt, die zuvor erteilte Hauptversammlungsermächtigung tatsächlich wahrzunehmen. Üblicherweise sieht diese Ermächtigung vor, daß neben dem Vorstand auch der Aufsichtsrat zuzustimmen hat, weshalb die Ad-hoc-Publizitätspflicht erst bei Vorliegen beider Beschlüsse eintritt. Entscheidungen des Unternehmens, die zeitlich vor dem Beschluß über den Beginn des Aktienrückkaufes liegen, sind grundsätzlich nicht Ad-hoc-publizitätspflichtig; je nach Konkretisierung des Beschlusses können derartige Entscheidungen nach Ansicht des BAWe aber Insidertatsachen darstellen.

So auch Bosse, ZIP 1999, 2047 ff.

Ohne daß eine gesetzliche Verpflichtung hierzu besteht, kann es für die Unternehmen ratsam sein, solche Tatsachen auf dem geeigneten Weg zu veröffentlichen.

3. Gewinnwarnungen

274 Die Einordnung von Gewinnwarnungen verursacht bei den Emittenten häufig Probleme dahingehend, ob es sich hierbei um eine Ad-hoc-Tatsache oder um eine „einfache" Insidertatsache handelt.

275 Gerichte sehen Tatsachen als etwas an, was geschehen und insoweit auch beweisbar ist. § 15 WpHG spricht davon, daß eine Tatsache eingetreten sein muß, d. h., sie muß konkret verwirklicht sein. Dieser Konkretisierungs- und Verwirklichungsgrad unterscheidet die Ad-hoc-Tatsache von der „einfachen" Insidertatsache des § 13 Abs. 1 WpHG. So ist beispielsweise der Plan des Vorstandes, mit einem anderen Unternehmen einen Kooperationsvertrag abzuschließen, eine Insidertatsache. Der Abschluß dieses Vertrages hingegen ist eine Ad-hoc-Tatsache.

276 Vor einiger Zeit kam es zu lebhaften Diskussionen, weil das BAWe verfügt hatte, daß nicht erst der durch den Aufsichtsrat festgestellte Jahresabschluß in seinen wesentlichen Aussagen zu veröffentlichen ist, sondern schon der durch den Vorstand aufgestellte, wenn etwa die Ergebniszahlen deutlich von denen des Vorjahres abweichen. Diese der Transparenz außerordentlich förderliche Maßnahme war möglich, weil die Auffassung des Amtes, die Aufstellung des Jahresabschlusses sei eine Tatsache i. S. d. § 15 WpHG, zwar politisch, aber letztlich nicht rechtlich überzeugend angegriffen wurde.

277 Bei der Frage, ob Gewinnwarnungen im Rahmen der Ad-hoc-Publizität zu veröffentlichen sind, spielt ebenfalls die Definition der Tatsache die entscheidende Rolle. Eine Tatsache nach § 15 WpHG liegt noch nicht vor, wenn der Vorstand des Emittenten aufgrund allgemeiner Verschlechterung etwa des Geschäftsklimas zu der Auffassung gelangt, daß man möglicherweise nicht mehr so gut wie im letzten Jahr abschneiden oder man keinesfalls das Ergebnis des Vorjahres übertreffen werde. Es handelt sich hier eher um ein letztlich undifferenziertes Bild der Ertragslage. Anders verhält sich die Lage, wenn der Vorstand wegen der schlechteren Aussichten möglicherweise unterjährig einen Zwischenstatus fertigt und dabei zu der Erkenntnis gelangt, daß das diesjährige Ergebnis zum Zeitpunkt dieser Aufstellung erheblich unter dem Ergebnis des Vorjahres liegt. In diesem Falle ist mit der Aufstellung des Zahlenwerkes eine Tatsache geschaffen worden, die je nach „Erheblichkeit" der Abweichung zum Vorjahr, ad-hoc-pflichtig sein kann.

278 Es ist den Kritikern zuzugestehen, daß auch in punkto Gewinnwarnung eine weitestgehende Transparenz wünschenswert sei. Davon aber ist deutlich zu unterscheiden, inwieweit das BAWe eine solche Transparenz unter Anwendung von § 15 WpHG erzwingen kann. Es ist keinem Emittenten verwehrt, Gewinnwarnungen als Presseerklärung zu veröffentlichen, wenn nur dunkle Wolken am Horizont aufziehen – gewöhnlich ist die Tatsache aber erst dann eingetreten, wenn der Blitz eingeschlagen hat. Gewinnwarnungen ohne konkretes Zahlenwerk sollten deshalb weniger unter ad-hoc-rechtlichen Gesichtspunkten gesehen, sondern mehr unter dem Blickwinkel der marktfreundlichen Unterrichtung durch den Emittenten betrachtet werden.

4. Scalping

279 Scalping ist ein Verhalten des Inhalts, daß jemand den Entschluß faßt, in bezug auf ein Insiderpapier Kauf- oder Verkaufsempfehlungen zu geben, er aber vor Abgabe dieser Empfehlungen z. B. bei einer positiven Empfehlung selbst dieses Papier in der Erwartung kauft, daß die durch seine Empfehlung ausgelösten Käufe des Publikums zu einem Kursanstieg führen, den der Empfehlende nutzt, um die zuvor von ihm erworbenen Papiere gewinnbringend zu veräußern.

280 Ein solches Verhalten ist nach Ansicht des BAWe und des LG Frankfurt/M. als Insiderdelikt einzustufen,

> LG Frankfurt/M., Beschl. v. 9. 11. 1999
> – 92 Js 23140.2/98, NJW 2000, 301 ff,

bei dem als Insidertatsache die alleinige Kenntnis des Handelnden um die von ihm geplante Empfehlung angesehen wird. Die Kurserheblichkeit bemißt sich nach Reichweite und Glaubwürdigkeit der Empfehlung. Eine ausreichende Reichweite ist jedenfalls immer dann gegeben, wenn die Empfehlung einer unbeschränkten Zahl von Empfängern zugänglich ist, was üblicherweise bei Fernsehsendungen der Fall ist. Die Verbreitung der Empfehlung in einem regional begrenzten Tip-Dienst wäre nur dann insiderrelevant, wenn Gegenstand der Empfehlung auch nur ein regionaler Wert mit geringer Marktbreite ist. Die Glaubwürdigkeit der Empfehlung als Bestandteil der Kurserheblichkeit hängt von der Kompetenz des Empfehlenden ab, die für unbedarftere Geister schon dadurch gegeben ist, daß Empfehlungen in der Vergangenheit erfolgreich waren.

Das Ausnutzen dieser Insidertatsache liegt in dem späteren Verkauf der Wertpapiere aus eigenem Bestand. **281**

In dem angezeigten Fall hat das Landgericht in dem als Scalping bezeichneten Verhalten ein Insiderdelikt gesehen. Die Anklage wurde jedoch nicht angenommen, weil das Gericht aus tatsächlichen Gründen der Auffassung war, daß dem Beschuldigten die Tat nicht nachgewiesen werden könne. In derartigen Fällen müsse der Nachweis geführt werden, daß der Handelnde schon bei Erwerb der Insiderpapiere den Vorsatz gefaßt haben müsse, diese später zu empfehlen, was aber im vorliegenden Fall nicht möglich sei. Für die Verwirklichung des Insiderdeliktes sei es nicht ausreichend, wenn der Vorsatz der Empfehlung nach dem Kauf der Insiderpapiere gefaßt worden sei, denn dann sei die Insidertatsache nicht ausgenutzt worden. **282**

Die Beschwerde der Staatsanwaltschaft gegen den vorgenannten Beschluß blieb erfolglos. Auch das OLG Frankfurt/M., **283**

> OLG Frankfurt/M., Beschl. v. 15. 3. 2000
> – 1 Ws 22/00,

sah aus tatsächlichen Gründen keinen hinreichenden Tatverdacht, wobei es ausdrücklich offen ließ, ob die Bewertung des Landgerichts, Scalping sei eine Straftat i. S. d. §§ 38 Abs. 1, 14 Abs. 1 Nr. 1 WpHG, zutreffend sei.

Für die Insiderverfolgung durch das BAWe bedeutet ein solches Ergebnis, so es in weiteren Verfahren bestätigt würde, Macht und Ohnmacht zugleich. Das Amt kann mit der Insiderkeule drohen, im Zweifel aber nicht zuschlagen. Jeder Finanzjournalist, der dieses Ergebnis kennt, kann die Strafverfolgung ausmanövrieren. Der innere Tatbestand dieser Deliktsform unterliegt der einseitigen Gestaltung durch den Täter, so daß man sich fragen muß, welche Maßnahmen in solchen Fällen angezeigt sind. **284**

285 Der Ruf nach dem Gesetzgeber hätte eine nachhaltige Ausweitung der Untersuchungskompetenzen des Amtes des Inhaltes zur Folge, daß Wertpapiergeschäfte von Personen, die „professionelle Empfehler" sind, einer zusätzlichen Überwachung unterliegen müßten. Eine solche Ausweitung der Kompetenzen würde erheblichen ordnungspolitischen Bedenken begegnen, da Untersuchungen gegen Journalisten schon unter dem Gesichtspunkt der Pressefreiheit regelmäßig problematisiert würden.

286 Ob freiwillige Maßnahmen auf seiten der Betroffenen, wie vom Deutschen Presserat vorgeschlagen, die gewünschte Neutralität von Journalisten, die Wertpapiere empfehlen, zeitigen werden, darf solange bezweifelt werden, wie es keine zumindest stichprobenartigen Kontrollen, verbunden mit Sanktionsmöglichkeiten, gibt. Der Konflikt zwischen Redakteuren des Handelsblattes und dem Verlag über die Offenlegung des Wertpapierbesitzes bei Journalisten, die regelmäßig Wertpapiere besprechen, ist bezeichnend für die schwierige Lage. Die insoweit angestrebte gerichtliche Klärung dieses Interessenkonflikts dürfte richtungsweisend werden.

287 Im Lichte dieser wenig erfolgversprechenden Aspekte,

> kritisch auch: Weber, NJW 2000, 562,

scheint dem Verfasser der einzige sinnvolle Ausweg zu sein, Scalping aus dem Bereich des Insiderrechtes zu verbannen und das Publikum entsprechend aufzuklären, daß es gegen manchen „Rattenfänger auf dem Finanzplatz" keinen eigentlichen Schutz außer der kritischen Distanz gibt. Ein Delikt, das hinsichtlich seiner Verfolgbarkeit in bezug auf den inneren Tatbestand allein vom Täter gestaltet werden kann, kann letztlich nur durch den Einsatz eines Lügendetektors ans Licht gebracht werden – immer vorausgesetzt, die Rechtsprechung bleibt bei ihrer Linie.

V. Insiderprävention

288 Das Wertpapierhandelsgesetz begnügt sich nicht damit, die Insiderdelikte und deren Verfolgung zu regeln, sondern es sieht auch Mechanismen vor, die insider-präventiv wirken, indem entweder Insiderinformationen schnellstmöglich öffentlich gemacht werden müssen oder indem sie in den Unternehmen so kanalisiert werden, daß sie an weiter Verbreitung gehindert werden und damit der Gefahr der Ausnutzung derartiger Informationen entgegengewirkt wird.

Die diesbezüglichen Strategien des Wertpapierhandelsgesetzes sind die Ad-hoc-Publizität und die Verwirklichung von Compliance in den Unternehmen. **289**

1. Ad-hoc-Publizität

Hinsichtlich der Ad-hoc-Publizität wird auf den diesbezüglichen Teil dieses Buches verwiesen. Die Pflicht, Ad-hoc-Tatsachen, die ja zugleich auch immer Insidertatsachen sind, unverzüglich zu veröffentlichen, macht aus Insidertatsachen öffentliche Tatsachen und bewirkt auf diese Weise, daß die Ausnutzung solcher Tatsachen durch Insiderverhalten weitestgehend eingeschränkt wird. **290**

2. Compliance

a) Allgemeines

Soweit Emittenten Wertpapierdienstleistungsunternehmen sind, hat das BAWe über § 33 WpHG – Stichwort Compliance – die Möglichkeit und zugleich auch die gesetzliche Verpflichtung, auf das unternehmensinterne Informationsmanagement Einfluß zu nehmen. In seiner Richtlinie zur Konkretisierung der Organisationspflichten von Wertpapierdienstleistungsunternehmen vom 2. Dezember 1998 hat das BAWe in Erläuterung des § 33 WpHG vorgeschrieben, daß Wertpapierdienstleistungsunternehmen verpflichtet sind, eine ihrer Struktur und Geschäftstätigkeit entsprechende Aufbau- und Ablauforganisation sowie laufende Überwachung zur ordnungsgemäßen Durchführung der Wertpapierdienstleistungen und Wertpapiernebendienstleistungen (Compliance) zu gewährleisten. Richtete sich die Richtlinie zunächst an Kreditinstitute, die Wertpapier- und Wertpapiernebendienstleistungen erbringen, so wurde der Anwendungsbereich in einer Neufassung vom 25. Oktober 1999 auch auf Finanzdienstleistungsinstitute erstreckt. **291**

Bundesanzeiger Nr. 210 v. 6. 11. 1999, S. 18453.

Der Richtlinie, die unter www.bawe.de abgerufen werden kann, liegt die Philosophie zugrunde, daß man angesichts der heterogenen Verhältnisse im Bereich der Kreditinstitute keine in Einzelheiten gehende Regelungen vorschreiben wollte. Die in der Richtlinie genannten Grundsätze der „Allgemeinen Anforderungen“ und „Besonderen Maßnahmen und Instrumente“ sowie die Wahrnehmung dieser Organisationspflichten sind im wesent- **292** lichen den beaufsichtigten Unternehmen überantwortet. Dies erlaubt eine flexible, den individuellen Eigenarten des Betroffenen angepaßte Struktur – hin bis zur Auslagerung von Compliance.

293 Hinsichtlich der sonstigen Emittenten hat das BAWe keine Rechtsmacht, mit der bestimmte Organisationsstrukturen im Management von Insiderinformationen vorgeschrieben werden könnten. Gleichwohl erscheint es im Interesse solcher Unternehmen als zweckmäßig, sich die Compliance-Richtlinie zu vergegenwärtigen, um zumindest in analoger Weise Strukturen zu realisieren, die den gefahrlosen Umgang mit Insidertatsachen ermöglichen, zumal auch die Leitsätze des „Code of Best Practice“ einen solchen Standard fordern. So heißt es im Leitsatz Nr. 4:

> „Ein umfassendes Risikomanagement und Compliancewesen sorgen für adäquate Behandlung von Risikofragen, Insider- und Interessenkonflikten“.

b) Regelungsansatz

294 Die Vorschrift des § 33 WpHG geht auf Art. 10 der Wertpapierdienstleistungs-Richtlinie zurück. Diese fordert die EU-Mitglieder auf, Aufsichtsregeln zu erlassen, die darauf hinwirken, daß „eine Wertpapierfirma so aufgebaut und organisiert ist, daß das Risiko von Interessenkonflikten zwischen der Firma und ihren Kunden oder von Interessenkonflikten zwischen verschiedenen Kunden der Firma, die den Interessen der Kunden schaden, möglichst gering ist ...“.

295 Motive für diese Regelung sind, wie den Erwägungsgründen 37 und 38 zu der Richtlinie zu entnehmen ist, der Anlegerschutz sowie die Stabilität und das reibungslose Funktionieren der Wertpapiermärkte.

296 Die Umsetzung in deutsches Recht erfolgte in § 33 WpHG, wobei im weiteren Zusammenhang noch die Vorschriften der §§ 35, 36 und 36c WpHG zu nennen sind, die die entsprechende Richtlinienkompetenz des BAWe, die aufsichtsamtliche Überprüfung und die internationale Zusammenarbeit mit den zuständigen Stellen im Ausland zwecks Durch- und Umsetzung der Compliance-Sachverhalte zum Gegenstand haben.

c) Compliance-Richtlinie

297 Die Richtlinie unterscheidet zwischen

- allgemeinen Anforderungen an die Erfüllung der Organisationspflichten,
- besonderen Maßnahmen und Instrumenten zur Erfüllung der Organisationspflichten und
- der Wahrnehmung der Organisationspflichten.

298 Die allgemeinen Anforderungen, denen jedes Wertpapierdienstleistungsunternehmen zu genügen hat, haben die Organisation und die laufende Überwachung sowie die einzusetzenden Mittel und Verfahren zum Gegenstand. Hierbei ist zunächst wichtig, daß die Unternehmen verpflichtet sind, eine ihrer Struktur und Geschäftstätigkeit angemessene Aufbau- und Ablauforganisation zu gewährleisten, was in betriebsinternen Regelungen zu dokumentieren ist. Dabei obliegt es der Entscheidung des Unternehmens, welche konkreten Vorkehrungen es tatsächlich trifft, um den gesetzlichen Anforderungen zu genügen. Das Unternehmen muß über die notwendigen Mittel und Verfahren verfügen, um bei Systemstörungen Verzögerungen bei der Auftragsausführung möglichst gering zu halten. Die Mitarbeiter müssen die Wertpapierdienstleistungen mit der erforderlichen Sachkenntnis, Sorgfalt und Gewissenhaftigkeit im Interesse der Kunden erbringen. Ferner muß es Vorkehrungen zum Umgang mit Kundenbeschwerden geben.

299 Besondere Maßnahmen sind bei solchen Wertpapierdienstleistungsunternehmen zu treffen, die in der Regel über Informationen verfügen, die sich auf compliance-relevante Tatsachen i.S. dieser Richtlinie beziehen. Beispielhaft sind hierfür Sachverhalte aufgeführt, die Interessenkonflikte oder Insiderwissen beinhalten wie etwa Mandatsträgerschaft bei Emittenten von Insiderpapieren, Teilnahme am Börsenhandel, M & A-Geschäfte, Investmentbanking usw., ferner Kenntnis von Tatsachen nach den Vorschriften der §§ 13 und 15 WpHG sowie die Kenntnis von Kundenaufträgen im Wertpapiergeschäft.

300 Unternehmen, die nicht regelmäßig über solche Informationen verfügen, wie etwa kleinere Sparkassen oder Volksbanken, müssen im Rahmen der allgemeinen Organisationspflichten geeignete Maßnahmen für den Fall vorsehen, daß sie in Einzelfällen solche Informationen erlangen, wozu insbesondere eine zeitnahe ex post-Kontrolle zählt.

301 Unternehmen mit Kenntnis von compliance-relevanten Sachverhalten haben besondere Maßnahmen und Instrumente vorzusehen, wozu die Schaffung von Vertraulichkeitsbereichen (Chinese Walls), Beobachtungs- (watch-list) und Sperrliste (restricted list) sowie Regelungen des bereichsüberschreitenden Informationsflusses (wall crossing) zählen.

302 Grundsätzlich ist in solchen Fällen auch eine Compliance-Stelle einzurichten, die der Geschäftsleitung unmittelbar zuzuordnen ist. Deren besonders zu beachtende Unabhängigkeit zeigt sich darin, daß außer dem Vorstand niemand der Compliance-Stelle Weisungen erteilen und daß deren Tätigkeit nicht durch sonstige betrübliche Tätigkeiten beeinträchtigt werden darf. Das Compliance-System ist zu dokumentieren.

303 Die Einhaltung der Compliance-Vorschriften wird neben den Regelprüfungen nach § 36 WpHG auch durch Prüfungen ohne besonderen Anlaß nach § 35 WpHG durch das BAWe überwacht.

d) Inhalt und Funktion der Beobachtungsliste (watch-list)

304 Die Beobachtungsliste ist eine nicht öffentliche, laufend aktualisierte Liste von Wertpapieren oder Derivaten, zu denen im Wertpapierdienstleistungsunternehmen Informationen über compliance-relevante Tatsachen vorliegen. Die auf dieser Liste geführten Wertpapiere unterliegen grundsätzlich keinen Handels- und/oder Beratungsbeschränkungen. Die Liste dient insbesondere dazu, in den betreffenden Werten die Eigenhandels- oder Mitarbeitergeschäfte und das Funktionieren der chinese walls zu überwachen.

e) Inhalt und Funktion der Sperrliste (restricted-list)

305 Die Sperrliste ist eine ebenfalls stets zu aktualisierende Liste meldepflichtiger Werte, die jedoch im Gegensatz zur Beobachtungsliste nicht geheim zu halten ist. Sie dient dazu, den betroffenen Mitarbeitern und Bereichen des Wertpapierdienstleistungsunternehmens etwaige Beschränkungen für Mitarbeiter- oder Eigenhandelsgeschäfte mitzuteilen. Der Grund für die Aufnahme eines Wertes in diese Liste darf nur dann genannt werden, wenn er bereits öffentlich bekannt ist.

f) Mitarbeiter-Leitsätze

306 Ein wichtiges Thema ist auch stets Compliance und Insiderrecht, insbesondere im Bereich von Frontrunning. Hier hat Compliance die Funktionen, die Mitarbeiter vor Verdächtigungen zu schützen, sie aber auch nicht in Versuchung zu führen. Compliance als Beitrag zur Vermeidung von Insidertrading ist insofern ein auf das Kreditinstitut individuell zugeschnittener Vorgang zum Erhalt der Chancengleichheit und damit der Fairneß im Markt.

In einer Bekanntmachung vom 7. Juli 2000, **307**

Bundesanzeiger Nr. 131 v. 15. 7. 2000, S. 13790,

haben BAWe und BAKred Anforderungen an Verhaltensregeln für Mitarbeiter von Kredit- und Finanzdienstleistungsinstituten in bezug auf Mitarbeitergeschäfte veröffentlicht. Die Verklammerung mit den Compliance-Grundsätzen findet sich in dem Grundsatz B I, 1 der Leitsätze.

308 Danach dürfen bei der Durchführung von Mitarbeitergeschäften die Mitarbeiter nicht bessergestellt werden als die Kunden des Instituts. Mitarbeitergeschäfte dürfen nicht gegen die Kundeninteressen oder gegen eigene Interessen des Instituts gerichtet sein. Bei Interessenkollisionen haben die Kundeninteressen und die Eigeninteressen des Instituts Vorrang. Geschäfte, die den Anschein der Unlauterkeit erwecken oder geeignet sind, die Glaubwürdigkeit des Instituts oder seiner Mitarbeiter in Frage zu stellen, sind zu unterlassen. Insbesondere dürfen Mitarbeiter im Zusammenhang mit ihrer Tätigkeit Zuwendungen oder sonstige Vorteile weder für sich noch für Dritte fordern oder annehmen, soweit dadurch Interessen des Instituts oder der Kunden beeinträchtigt werden können.

309 Wesentliche Neuerung dieser Leitsätze ist die Unterscheidung zwischen Mitarbeitern und Mitarbeitern mit besonderen Funktionen. Letztere stehen im Schwerpunkt der Regelungen und sind besonders dadurch gekennzeichnet, daß sie im Rahmen ihrer dienstlichen Aufgaben regelmäßig Informationen erhalten, die geeignet sind, die Marktverhältnisse im Wertpapierhandel zu beeinflussen.

310 Ausdrücklich untersagt ist danach u. a., eigene Geschäfte aufgrund der Kenntnis oder Erwartung einer Kunden- oder Eigengeschäftsorder abzuschließen, die Nachteile für den Kunden oder das Institut zur Folge haben können.

VI. Bilanz und Ausblick

1. Leistungsbilanz des BAWe

311 In seinen Jahresberichten stellt das BAWe regelmäßig einige Fälle aus der Insiderverfolgung dar, die die Arbeit des Amtes beleuchten. Aus dem statistischen Anhang zum Jahresbericht 1999 läßt sich die Bilanz der Aktivitäten bis Ende 1999 ablesen. Eine der Spalten ist überschrieben mit „neu aufgenommene Untersuchungen im Berichtszeitraum". In der ungewichteten Durchschnittsberechnung für die Jahre 1995 bis 1999 ergibt sich, daß das Amt jede Woche etwa eine Untersuchung neu aufnimmt. Das bedeutet immerhin, daß pro Woche am Markt eine insoweit verdächtige Insiderlage zu registrieren ist, die neben der ganz allgemeinen Überprüfung von Auffälligkeiten ca. 50 mal im Jahr zu vertieften Untersuchungen führt, im Rahmen derer auch Auskünfte nach § 16 WpHG bei den Kreditinstituten eingeholt werden. In gut 30 % der vertieft geprüften Fälle, d. h. 75 mal in den vergangenen Jahren kam es zu einer Strafanzeige bei der zuständigen Staatsanwaltschaft. Diese erließ in 13 Fällen einen Strafbefehl und stellte in weiteren 30 Fällen das Verfahren gegen Zahlung einer Geldbuße ein. Statistisch gesehen war insofern jeder zweite Fall aus Sicht des Amtes ein „Treffer".

2. Änderungsbedarf im Insiderrecht

312 Im Rahmen des Vierten Finanzmarktförderungsgesetzes (4. FFG), das im Laufe des nächsten Jahres in Kraft treten dürfte, wird auch das Insiderrecht auf zweckmäßige Veränderungen überprüft werden. Zur Debatte könnten dabei die nachfolgenden Schwerpunkte stehen:

- Herausnahme des subjektiven Tatbestandsmerkmals „unter Ausnutzung" im Rahmen eines neu zu schaffenden Ordnungswidrigkeitstatbestands unter Einfügung einer Ausnahme für den berufsmäßigen Wertpapierhandel;
- Definition von Frontrunning als Ordnungswidrigkeit.

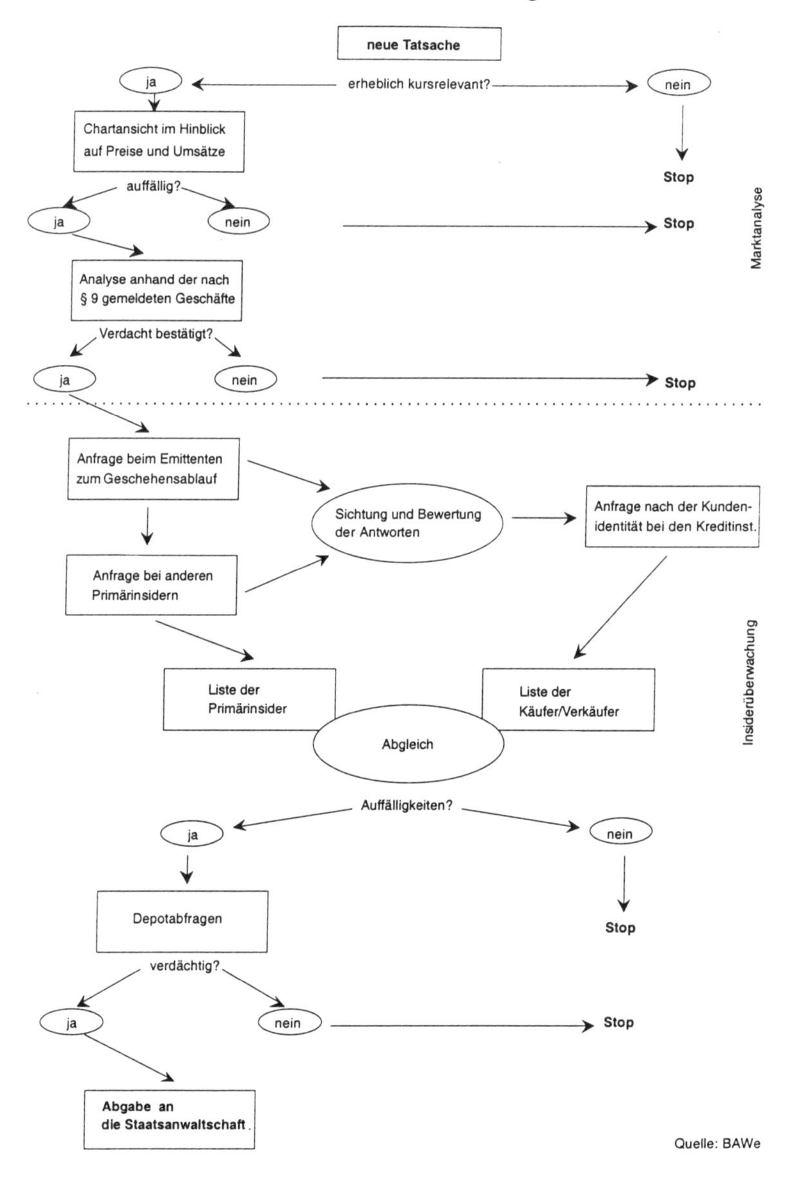
Ablauf einer Insideruntersuchung im BAWe
neue Tatsache
erheblich kursrelevant?
ja
nein
Stop
Chartansicht im Hinblick auf Preise und Umsätze
auffällig?
ja
nein
Stop
Analyse anhand der nach § 9 gemeldeten Geschäfte
Verdacht bestätigt?
ja
nein
Stop
Marktanalyse
Anfrage beim Emittenten zum Geschehensablauf
Anfrage bei anderen Primärinsidern
Sichtung und Bewertung der Antworten
Anfrage nach der Kunden-identität bei den Kreditinst.
Liste der Primärinsider
Liste der Käufer/Verkäufer
Abgleich
Insiderüberwachung
Auffälligkeiten?
ja
nein
Stop
Depotabfragen
verdächtig?
ja
nein
Stop
Abgabe an die Staatsanwaltschaft.
Quelle: BAWe

D. Die Ad-hoc-Publizität

I. Ad-hoc-Publizität im System kapitalmarktrechtlicher Publizität

1. Ratio der Ad-hoc-Publizität

Am 1. Januar 1995 trat § 15 WpHG in Kraft und § 44a BörsG außer Kraft. **313**

Art. 20 Satz 2 des Gesetzes über den Wertpapierhandel und zur Änderung börsenrechtlicher und wertpapierrechtlicher Vorschriften (2. Finanzmarktförderungsgesetz) v. 26. 7. 1994, BGBl I 1994, 1749.

§ 44a BörsG hatte folgenden Wortlaut: „(1) Der Emittent der zugelassenen Wertpapiere muß unverzüglich alle Tatsachen veröffentlichen, die in seinem Tätigkeitsbereich eingetreten und dem Publikum nicht bekannt sind, wenn sie wegen Auswirkungen auf die Vermögens- und Finanzlage oder auf den allgemeinen Geschäftsverlauf des Emittenten zu einer erheblichen Kursänderung zugelassener Aktien führen können oder, im Falle zugelassener Schuldverschreibungen, die Fähigkeit des Emittenten, seinen Verpflichtungen nachzukommen, beeinträchtigen. ...“. § 90 Abs. 1 Nr. 2, Abs. 4 BörsG a. F. sanktionierte vorsätzliche oder leichtfertige Verstöße gegen die Ad-hoc-Publizitätsvorschrift des § 44a BörsG a. F. mit einer Geldbuße bis zu DM 100 000. § 44a BörsG erwies sich als nicht praxisrelevant, da Verstöße nicht überwacht und das maximale Bußgeld gering war.

Der Gesetzgeber des Zweiten Finanzmarktförderungsgesetzes sah in der Ad-hoc-Publizität jedoch ein wichtiges Instrumentarium, die Transparenz und damit die Funktionsfähigkeit der Finanzmärkte zu verbessern. **314**

Reg. Entw., BT-Drucks. 12/6679 v. 27. 1. 1994, S. 48.

Mit dem gleichfalls mit dem Zweiten Finanzmarktförderungsgesetz eingeführten strafbewehrten Verbot des Insiderhandels erhielt die Ad-hoc-Publizität als weitere Aufgabe eine Präventivwirkung im Hinblick auf die Bekämpfung des Insiderhandels, da mit der Publizität die Qualität einer Tatsache als nicht öffentlich bekannt entfällt und dementsprechend kein Insiderhandel mehr möglich ist. **315**

Vgl. Reg. Entw., aaO;
Beschlußempfehlung und Bericht des Finanzausschusses, BT-Drucks. 12/7918 v. 15. 6. 1994, S. 96.

316 Mit der Ad-hoc-Publizität sollte das Vertrauen der Anleger in die Funktionsfähigkeit des Kapitalmarktes gestärkt werden, indem Informationsungleichgewichte, die zu „unzutreffenden Börsen- oder Marktpreisen von Wertpapieren durch fehlerhafte oder unvollständige Information des Marktes" entstehen, verhindert werden,

Beschlußempfehlung und Bericht des Finanzausschusses, aaO,

und die (langen) Zeiten zwischen der Regelpublizität überbrückt werden.

Heinze, S. 277 f;
Schlittgen, S. 32 f.

317 Damit § 15 WpHG nicht das gleiche Schicksal erleiden würde wie § 44a BörsG, wurde die Durchsetzung der Zielsetzung von § 15 WpHG dadurch unterstrichen, daß Verstöße hiergegen mit einer Geldbuße bis zu DM 3 Mio. geahndet werden können und das (damals) neu gegründete Bundesaufsichtsamt für den Wertpapierhandel mit einer Überwachung der Einhaltung der Ad-hoc-Publizität beauftragt wurde. Hiermit unterstrich der Gesetzgeber die Ernsthaftigkeit seiner Absichten, die bereits vor der Verabschiedung des Wertpapierhandelsgesetzs bestehende Pflicht zur Berichterstattung über kursrelevante Tatsachen – anders als § 44a BörsG –,

vgl. zur geringen Effektivität von § 44a BörsG
Gehrt, S. 25 ff,

ernsthaft und effektiv umzusetzen.

§ 44a BörsG soll in der Zeit von 1968–1993 insgesamt
6 Ad-hoc-Mitteilungen ausgelöst haben,
vgl. Wittich, AG 1997, 1, 2;
Happ, JZ 1994, 240, 241.

318 Das gesetzgeberische Ziel wurde zumindest zahlenmäßig erreicht, wie die Vielzahl der bei dem BAWe eingegangenen Ad-hoc-Meldungen eindrucksvoll bestätigt.

Vgl. BAWe Jahresbericht 1999, S. 27: 3219 Ad-hoc-Mitteilungen inländischer Emittenten (1998: 1805);
von am 31. 12. 1999 zum amtlichen Handel oder geregelten
Markt zugelassenen inländischen 780 Aktiengesellschaften
gaben 618 eine oder mehrere Mitteilungen ab.

319 Fraglich ist allerdings, inwieweit darin zu Zeiten der Geltung von § 44a BörsG abgegebene „Pressemitteilungen" nunmehr als „Ad-hoc-Mitteilungen" abgegeben werden. Trotzdem dürfte zu konstatieren sein, daß zumindest tendenziell die Transparenz und Informationswilligkeit von Aktiengesellschaften aufgrund von § 15 WpHG zugenommen hat und damit die Ziele des Gesetzgebers umgesetzt werden.

2. Verhältnis zu anderen Publizitätsvorschriften

a) Börsenrechtliche Publizitätsvorschriften

320 Das Börsengesetz sowie das Handelsgesetzbuch enthalten Vorschriften zur Regelpublizität insbesondere hinsichtlich der jährlichen Rechnungslegung und obligatorischen unterjährigen Zwischenberichten. Börsennotierte Gesellschaften haben nach §§ 325 Abs. 2, 267 Abs. 3 HGB den Jahresabschluß, den Lagebericht und den Bericht des Aufsichtsrates sowie den Vorschlag für die Verwendung des Ergebnisses und den Beschluß über seine Verwendung unter Angabe des Jahresüberschusses oder Jahresfehlbetrages im Bundesanzeiger bekannt zu machen. Soweit die Aktien im amtlichen Markt notiert sind, ist der Emittent nach § 44b BörsG verpflichtet, mindestens einen Zwischenbericht zu veröffentlichen.

> Vgl. Hamann, in: Schäfer, WpHG/BörG/VerkProspG, § 44b BörsG m. w. N.

321 Soweit die Wertpapiere im geregelten Markt notiert sind, besteht eine Zwischenberichtspflicht nach § 72 Abs. 3 BörsG i. V. m. der jeweiligen Börsenordnung. Das Regelwerk Neuer Markt sieht in Nummer 7.1 eine Pflicht zur Quartalsberichterstattung spätestens innerhalb von zwei Monaten nach Ende des Berichtzeitraumes vor und etwa § 61 Abs. 1 BörsO Frankfurt für den geregelten Markt eine Pflicht zur Veröffentlichung mindestens eines Zwischenberichtes.

322 Anknüpfend an eine mißverständliche Äußerung in der Regierungsbegründung zum Gesetzentwurf wurde zunächst die Auffassung vertreten, daß Tatsachen, die der börsengesetzlichen Regelpublizität unterliegen, nicht Teil der Ad-hoc-Publizität sein könnten.

> Reg. Entw. BT-Drucks. 12/6679, S. 48: „Wie die bisherige Regelung des § 44a BörsG bezieht sich § 15 WpHG nicht auf solche Tatsachen, die bereits im Rahmen der laufenden Veröffentlichung der Jahresabschlüsse und Lageberichte gemäß § 44 Abs. 1 Nr. 3, Abs. 2 BörsG i. V. m. §§ 63 ff BörsenZulVO oder der regelmäßigen Zwischenberichterstattung nach § 44b BörsG darzustellen sind";

zustimmend Bruns, in: Baetge, Insiderrecht und Ad-hoc-Publizität, S. 107, 110.

323 In Umkehrung dieser Auffassung wurde auch vertreten, daß nur Tatsachen, die grundsätzlich der Regelpublizität unterliegen, im Falle ihres Auftretens zwischen den Zeitpunkten der Regelpublizität zu veröffentlichen seien, nicht jedoch Tatsachen, die generell nicht der Regelpublizität unterliegen.

Pellens, AG 1991, 62, 65;
Heidmeier, AG 1992, 110, 112 (zu § 44a BörsG a. F.);
wohl auch Ekkenga, S. 452: „bloße 'Verlängerung', nicht jedoch inhaltliche Erweiterung der Regelpublizität".

324 Dem wird jedoch von der heute ganz herrschenden Meinung zu Recht entgegengehalten, daß die einzelfallbezogene, „aperiodische" Informationspflicht nach § 15 WpHG zwar nicht bereits in der periodischen Berichterstattung veröffentlichte Tatsachen erfaßt, jedoch für Tatsachen, die für die periodische Berichterstattung vorgesehen sind, vor deren Veröffentlichung durchaus vorher eine Pflicht zur Ad-hoc-Publizität bestehen kann, ebenso wie für Tatsachen, die grundsätzlich nicht der Regelpublizität unterfallen.

Hirte, in: Hadding/Hopt/Schimansky, Das 2. Finanzmarktförderungsgesetz in der praktischen Umsetzung, S. 47, 50 f;
Pellens/Fülbier, DB 1994, 1381, 1384;
Wölk, AG 1997, 73, 76;
Fürhoff/Wölk, WM 1997, 449, 450;
Geibel, in: Schäfer, WpHG/BörsG/VerkProspG, § 15 WpHG Rz. 8;
Cahn, ZHR 162 (1998), 1, 28 f;
ebenso jetzt Kümpel, in: Assmann/Schneider, WpHG, § 15 Rz. 21.

325 Das BAWe sowie die Deutsche Börse AG als Trägerin der Frankfurter Wertpapierbörse haben in einer gemeinsamen Veröffentlichung „Insiderhandelsverbote und Ad-hoc-Publizität nach dem WpHG" die gleiche Position eingenommen mit der Begründung, daß bereits in der Begründung des Regierungsentwurfs der Börsengesetznovelle 1986 „alle für die Beurteilung der zugelassenen Wertpapiere wichtigen Tatsachen unverzüglich nach ihrem Eintreten zu veröffentlichen sind".

BAWe/Deutsche Börse AG, 2. Aufl., S. 31;
Bekanntmachung des BAWe v. 9. 7. 1996, BAnz Nr. 133/8167 v. 19. 7. 1996;
Reg. Begr. zum 2. Finanzmarktförderungsgesetz, BR-Drucks. 793/92, S. 107.

b) Publizitätsvorschriften nach dem Wertpapierhandelsgesetz

326 Nach § 25 WpHG sind Mitteilungen nach § 21 WpHG über den Erwerb oder die Veräußerung von jeweils bestimmte Schwellenschwerte übersteigenden oder unterschreitenden Stimmrechten an einer börsennotierten Gesellschaft innerhalb von neun Kalendertagen nach Zugang der Mitteilung über den Erwerb bzw. die Veräußerung bei der börsennotierten Gesellschaft von dieser zu veröffentlichen. Soweit derartige Veränderungen aus Sicht der börsennotierten Gesellschaft § 15 WpHG unterfallen können (vgl. dazu bei Rz. 458 ff), stellt sich die Frage nach dem Verhältnis der beiden Veröffentlichungsverpflichtungen. Da sich § 25 WpHG nach § 21 Abs. 2 WpHG lediglich (zumindest derzeit noch) auf Gesellschaften bezieht, deren Aktien im amtlichen Handel notiert werden, wird § 25 WpHG insoweit als lex specialis angesehen.

> Geibel, in: Schäfer, WpHG/BörsG/VerkProspG,
> § 15 WpHG Rz. 9;
> Gehrt, S. 140;
> Caspari, in: Baetge, Insiderrecht und Ad-hoc-
> Publizität, S. 65, 71.

327 Soweit es sich jedoch nicht um im amtlichen Handel notierte Unternehmen handelt, soll eine Ad-hoc-Publizitätspflicht nach § 15 WpHG in Betracht kommen.

> Caspari, in: Baetge, Insiderrecht und Ad-hoc-
> Publizität, S. 65, 71;
> a. A. Geibel, in: Schäfer, WpHG/BörsG/VerkProspG,
> § 15 WpHG Rz. 39.

328 Soweit sich die Bestrebungen durchsetzen, die Pflicht zur Anzeige von Veränderungen von Stimmrechtsanteilen nach §§ 21 ff WpHG auch auf im geregelten und Neuen Markt notierte Unternehmen Anwendung finden zu lassen, dürfte diese Meinung zu überdenken sein, hätte sie doch zur Folge, daß wesentliche Beteiligungsveränderungen, die durchaus kursrelevant sein können, erst mit erheblicher Verzögerung (sieben Tage bis zur Mitteilung, weitere neun Tage zur Veröffentlichung) im Markt bekannt würden. Dies eröffnete Spielräume für Insiderhandel und widerspräche einer zügigen Information aller Marktteilnehmer. Es liefe daher sowohl der gesetzgeberischen Intention der Förderung der Transparenz und damit der Funktionsfähigkeit der Finanzmärkte wie auch der Bekämpfung des Insiderhandels zuwider. Wünschenswert wäre, daß im Falle einer (durchaus wünschenswerten) Erweiterung der Mitteilungspflichten nach §§ 21 ff WpHG durch den Gesetzgeber das Verhältnis zur Ad-hoc-Publizität klargestellt wird.

c) Publizitätsvorschriften nach dem Entwurf eines Übernahmegesetzes

329 Der Diskussionsentwurf eines Gesetzes zur Regelung von Unternehmensübernahmen sieht in § 10 eine Geheimhaltungspflicht vor der Veröffentlichung der Entscheidung zur Abgabe eines Übernahmeangebotes für den Bieter vor und in § 11 eine Pflicht zur Veröffentlichung der Entscheidung zur Übergabe eines Übernahmeangebotes. Erfreulich ist, daß das Verhältnis dieser Veröffentlichungsverpflichtung zur Ad-hoc-Publizität durch § 11 Abs. 6 des Entwurfs eines Gesetzes zur Regelung von Unternehmensübernahmen dahingehend regelt, daß § 15 WpHG nicht für Entscheidungen zur Abgabe eines Übernahmeangebotes gelten soll. Damit wird zumindest für einen wirtschaftlich wichtigen Teilbereich der Ad-hoc-Publizität gesetzlich Klarheit geschaffen.

3. Methodik der Auslegung der Ad-hoc-Publizitätsnormen

330 Die mit der Auslegung der einzelnen Tatbestandsmerkmale des § 15 WpHG verbundenen Schwierigkeiten haben in jüngerer Zeit eine Diskussion darüber angestoßen, ob rechtsmethodologische Überlegungen Hilfestellungen bei der Auslegung von § 15 WpHG geben können. Insbesondere *Ekkenga*,

Ekkenga, ZGR 1999, 165, 169 ff, 200 f,

vertritt die Auffassung, daß die tatbestandlichen Voraussetzungen der Ad-hoc-Publizität nicht positiv beschrieben werden können (mit Ausnahme der Ausgrenzung von Marktdaten), sondern die Ad-hoc-Publizität überwiegend negativ abzugrenzen ist. Dabei soll § 15 WpHG nicht „gesellschaftsrechtlich“, sondern ausschließlich „kapitalmarktrechtlich“ auszulegen sein. Dementsprechend soll die Notwendigkeit einer Ad-hoc-Publizität gemäß den Umständen des Einzelfalls nach dem Ziel der Markttransparenz bestimmt werden.

331 Es erscheint zweifelhaft, ob sich die Fragen der Auslegung der einzelnen Tatbestandsmerkmale von § 15 WpHG anhand derartiger Kategoriesierungen (Kapitalmarkt- versus Gesellschaftsrecht) bestimmen läßt. Die Zugehörigkeit eines aufgrund eines anerkannten Auslegungsmittels gewonnenen Argumentes zu einem Rechtsgebiet begründet als solches nicht automatisch eine Prärogative und stellt schon gar nicht ein Auslegungskriterium an sich dar. Wenn etwa Gläubigerinteressen oder die Interessen des Unternehmens einerseits und der Anleger andererseits nicht ohne weiteres im Einklang stehen, so kann nicht generell einem Argument nur deshalb der Verzug gegeben werden, weil es dem einen oder anderen Rechtsgebiet zuzuordnen ist. Vielmehr ist anhand der traditionellen Auslegungsmethodik ein Einklang von beiden herbeizuführen. Zudem darf nicht unberücksichtigt bleiben, daß es sich bei § 15 WpHG um den Tatbestand einer Strafnorm handelt, der den Anforderungen des Grundgesetzes, insbesondere des Art. 103 Abs. 2 GG, gerecht werden muß.

Vgl. Geibel, in: Schäfer, WpHG/BörsG/VerPorspG,
§ 15 WpHG Rz. 17;
Peltzer, ZIP 1994, 746, 749.

II. Die Tatbestandsmerkmale der Ad-hoc-Publizität

1. Wertpapiere

332 Erste Voraussetzung einer Pflicht zur Mitteilung von kursbeeinflussenden Tatsachen ist, daß von einem Emittenten **Wertpapiere** ausgegeben worden sein müssen. Diese werden von § 2 Abs. 1 WpHG definiert als „Aktien, Zertifikate, die Aktien vertreten, Schuldverschreibungen, Genußscheine, Optionsscheine und andere Wertpapiere, die mit Aktien oder Schuldverschreibungen vergleichbar sind, wenn sie an einem Markt gehandelt werden können". Gleichgestellt sind „Anteilscheine, die von einer Kapitalanlagegesellschaft oder einer ausländischen Investmentgesellschaft ausgegeben werden". Die gleiche Definition von Wertpapieren wie § 2 Abs. 1 WpHG enthält § 1 Abs. 11 Satz 2 KWG. Diese Wertpapiere müssen fungibel („an einem Markt gehandelt werden können"), nicht jedoch unbedingt urkundlich verbrieft sein. Fungibel sind Wertpapiere dann, wenn sie austauschbar und zirkulationsfähig sind.

Reg. Entw. Umsetzungsgesetz BR-Drucks. 963/96, S. 100;
Assmann, in: Assmann/Schneider, WpHG, § 2 Rz. 10;
Schäfer, in: Schäfer, WpHG/BörsG/VerkProspG,
§ 2 WpHG Rz. 8;
Kümpel, in: Schimansky/Bunte/Lwowski, Bankrechts Hdb.,
Bd. III, § 104 Rz. 35 ff (allerdings zum Wertpapierbegriff
des Effektengeschäftes).

333 In den Wertpapierbegriff einbezogen sind – im Grunde genommen als contradictio in adiecto – auch solche, für die keine Urkunden ausgestellt sind. Diese Definition belegt anschaulich, daß der Wertpapierbegriff des Wertpapierhandelsgesetzes kapitalmarktrechtlich und nicht effektenmäßig ausgestaltet ist, werden doch auch reine Schuldbuchforderungen,

> vgl. dazu Schäfer, in: Schäfer, WpHG/BörsG/VerkProspG, § 2 WpHG Rz. 7 ff;
> von Klitzing, S. 61 f,

erfaßt.

334 Die Wertpapiere müssen jedoch den weiteren Anforderungen des § 15 WpHG (insbesondere Börsennotierung) genügen. Sollten sich die Bestrebungen durchsetzen, auch elektronisch verbriefte Wertpapiere effekten- und börsenmäßig als Wertpapiere anzuerkennen,

> vgl. dazu Einsele, Wertpapierrecht als Schuldrecht, passim,

so werden auch diese über die Schuldbuchforderungen hinaus unproblematisch von § 15 WpHG erfaßt werden.

2. An einer inländischen Börse zum Handel zugelassen

335 Voraussetzung für eine Pflicht zur Ad-hoc-Publizität ist jedoch, daß die Wertpapiere i. S. v. § 2 Abs. 1 WpHG „zum Handel an einer inländischen Börse zugelassen sind". Hierzu zählen zunächst diejenigen Wertpapiere, die zum **amtlichen Handel** (§ 36 BörsG) oder zum **geregelten Markt** (§ 71 BörsG) zugelassen sind.

> Geibel, in: Schäfer, WpHG/BörsG/VerkProspG, § 15 WpHG Rz. 19;
> Kümpel, in: Assmann/Schneider, WpHG, § 15 Rz. 28;
> von Klitzing, S. 63.

336 Unter der Geltung von § 44a BörsG a. F. war streitig, ob der Handel von Wertpapieren im **Freiverkehr** für die Auslösung einer Pflicht zur Ad-hoc-Publizität ausreichte.

> Dafür
> Baumbach/Hopt, HGB, 29. Aufl., (14) BörsG, § 44a Rz. 2;
> ders., ZHR 150 (1995), 135, 151 Fußn. 66;
> wohl auch der Regierungsvorschlag, BT-Drucks. 12/6679, S. 94, 101;

dagegen schon früher die herrschende Lehre,
vgl. nur Schwark, NJW 1987, 2041, 2046.

337 Mit der Ersetzung von § 44a BörsG durch § 15 WpHG und der Formulierung, „die zum Handel an einer inländischen Börse zugelassen sind", entschied der Gesetzgeber eine Diskussion während des Gesetzgebungsverfahrens, ob auch der Freiverkehr als ad-hoc-publizitätspflichtiges Marktsegment einbezogen werden sollte,

zu der Diskussion vgl.
Hopt, WM 1994, 29, 32;
ders., ZHR 159 (1995), 135, 151 Fußn. 66;
ders., ZGR 1991, 17, 50,

dahingehend, daß im Freiverkehr gehandelte Wertpapiere nicht der Ad-hoc-Publizitätspflicht unterliegen.

Assmann, ZGR 1994, 494, 528 f;
Grundmann, in: Schimansky/Bunte/Lwowski, Bankrechts Hdb., Bd. III, § 112 Rz. 45;
Geibel, in: Schäfer, WpHG/BörsG/VerkProspG, § 15 WpHG Rz. 20;
Kümpel, in: Assmann/Schneider, WpHG, § 15 Rz. 31;
Steinhauer, S. 115;
Weisgerber/Jütten, S. 209.

338 Gegen diese Entscheidung des Gesetzgebers wird vorgebracht, daß sie nicht im Einklang mit der EG-Insiderrichtlinie steht, da auch der Freiverkehr unter dem Dach der Börse stattfinde, der Börsenvorstand den Handel untersagen könne und dementsprechend der Freiverkehr auf einer gesetzlichen Grundlage stehe, die den Anlegern ausreichenden Schutz biete.

Hopt, WM 1994, 29, 32;
ders., ZHR 159 (1995), 135, 151 Fußn. 66;
ebenso zur Insiderrichtlinie
Schödermeier/Wallach, EuZW 1990, 122, 124.

339 Dem wird entgegengehalten, daß es sich bei dem Freiverkehr nicht um einen „organisierten Markt handele, der von einer staatlich anerkannten Stelle reglementiert und überwacht wird".

Caspari, ZGR 1994, 530, 534;
Kümpel, in: Assmann/Schneider, WpHG, § 15 Rz. 32;
so auch die Reg. Begr. des 2. Finanzmarktförderungsgesetzes, BT-Drucks. 12/6679, S. 76.

340 Als Begründung für die Ausklammerung des Freiverkehrs aus der Pflicht zur Ad-hoc-Publizität wird angeführt, daß die Einbeziehung in den Freiverkehr häufig ohne Zustimmung des Emittenten der Wertpapiere erfolgt und Emittenten, die nicht der Verpflichtung zur Ad-hoc-Publizität unterliegen wollen, der Einbeziehung in den Freiverkehr widersprechen würden.

Was nach § 5 Satz 2 Halbs. 2 der Richtlinien für den Freiverkehr an der Frankfurter Wertpapierbörse jedoch nur Emittenten mit Sitz außerhalb der EU oder des EWR können; noch deutlicher § 5 Abs. 5 der Ordnung für den Freiverkehr der Rheinisch-Westfälischen Börse zu Düsseldorf.

341 Dies würde die internationale Wettbewerbsfähigkeit der inländischen Wertpapierbörsen beeinträchtigen.

Schlittgen, S. 64 ff;
Kümpel, in: Assmann/Schneider, WpHG, § 15 Rz. 31.

342 Diese Argumentation ist wenig überzeugend, führt doch die Einbeziehung in den Freiverkehr unstreitig dazu, daß die Wertpapiere zu Insiderpapieren nach § 12 Abs. 1 Satz 1 Nr. 1 WpHG werden und dementsprechend das strafbewehrte Verbot des Insiderhandels ohne Einwirkungsmöglichkeit des Emittenten Anwendung findet. – Dementsprechend sehen eine Reihe von Börsenordnungen/Freiverkehrsrichtlinien inzwischen als Einbeziehungsvoraussetzungen vor, daß das die Einbeziehung beantragende Unternehmen eine Erklärung des Emittenten beibringt, daß er eine Pflicht zur Ad-hoc-Publizität gemäß § 15 WpHG übernimmt.

Vgl. z. B. § 2 Abs. 2 Nr. 2 der normkonkretisierenden Richtlinie des Freiverkehrsausschusses der Rheinisch-Westfälischen Börse zu Düsseldorf.

343 Eine freiwillige Unterwerfung des Emittenten unter die Ad-hoc-Publizitätspflicht ist jedoch nicht gleichbedeutend mit der strafbewehrten Geltung von § 15 WpHG. Ein Verstoß gegen die Verpflichtung kann bei freiwilliger Anerkennung lediglich zivilrechtliche Sanktionen der Börse, insbesondere die Rückgängigmachung der Einbeziehung in den Freiverkehr, nach sich ziehen.

344 De lege lata wird daher zu Recht kritisiert, daß es inkonsequent vom Gesetzgeber ist, einerseits die im Freiverkehr gehandelten Wertpapiere durch § 12 Abs. 1 Satz 1 Nr. 1 WpHG ausdrücklich dem Insiderhandelsverbot zu unterstellen, andererseits aber die Ad-hoc-Publizität hierauf nicht zu erstrecken und dadurch erst recht Gelegenheit zum Insiderhandel zu geben.

So zutreffend
Geibel, in: Schäfer, WpHG/BörsG/VerkProspG, § 15 WpHG Rz. 21;
von Klitzing, S. 65 f;
Grundmann, Europäisches Schuldvertragsrecht, Teil II, Ziffer 4.21 Rz. 33;
Gehrt, S. 117 ff;
Schlittgen, S. 66 ff.

345 Fraglich ist die Geltung der Ad-hoc-Publizitätspflicht für das seit März 1997 existierende Segment des sogenannten „**Neuen Marktes**" der Deutsche Börse AG. Der Neue Markt ist ein Handelssegment des privatrechtlich organisierten Freiverkehrs mit der Besonderheit, daß die Zulassung zum und die Aufnahme der Notierung im Neuen Markt (in der Terminologie des Freiverkehrs: die Einbeziehung in den Handel) voraussetzt, daß die Wertpapiere zunächst zu dem öffentlich-rechtlich geregelten Geregelten Markt zugelassen worden sind, dort jedoch keine Notierungsaufnahme erfolgt.

Vgl. ausführlich
Potthoff/Stuhlfauth, WM 1997, Sonderbeilage Nr. 3;
Ledermann, in: Schäfer, WpHG/BörsG/VerProspG, vor § 71 BörsG Rz. 4a;
Kersting, AG 1997, 22 ff;
Kümpel, in: Kümpel/Ott, Hdb. des Kapitalmarktrechts Kz 060, S. 71 ff;
a. A. Förschle/Helmschrott, WPK-Mitt. 1999, 189, die unzutreffend den Neuen Markt als Teil des Geregelten Marktes betrachten.

346 Für den Geregelten Markt treffen nach § 72 Abs. 2 BörsG die jeweiligen Börsenordnungen die näheren Bestimmungen. Nach § 57 Abs. 3 der BörsO für die Frankfurter Wertpapierbörse gelten für die Zulassungsvoraussetzungen und für das Zulassungsverfahren die Regelungen zur amtlichen Notierung sinngemäß. Dementsprechend gilt § 42 Abs. 4 Satz 1 BörsG analog. Werden Wertpapiere nicht innerhalb von drei Monaten nach Veröffentlichung der Zulassungsentscheidung eingeführt, erlischt die Zulassung. Da eine Einbeziehung in das Marktsegment „Neuer Markt" des Freiverkehrs an der Frankfurter Wertpapierbörse zwar eine Zulassung zum Geregelten Markt voraussetzt, hier jedoch nicht die Einführung innerhalb von drei Monaten nach Veröffentlichung der Zulassungsentscheidung durchgeführt wird, erlischt die Zulassung zum Geregelten Markt und es verbleibt die Einbeziehung in den Neuen Markt. Nummer 2.3 Abs. 3 des Regelwerkes Neuer Markt sieht sogar ausdrücklich vor, daß mit Stellung des Antrages auf Zulassung der Aktien zum Neuen Markt der Antragsteller auf die Aufnahme der Notierung der Aktien im geregelten Markt verzichtet.

347 Aufgrund dieser wenig übersichtlichen Konstruktion ist streitig, ob § 15 WpHG für den Neuen Markt gilt. Dies wird von dem überwiegenden Teil der Literatur bejaht,

> Kümpel, in: Assmann/Schneider, WpHG, § 15 Rz. 28 a;
> Potthoff/Stuhlfauth, WM 1997, Sonderbeilage 3, S. 1, 7 f;
> Harrer/Erwe, RIW, 1998, 661, 663;
> von Klitzing, S. 66;
> Steinhauer, S. 115;
> Schanz, § 16 Rz. 8 in Fußn. 22;
> Schlüter, D Rz. 58 f;
> Pückelmann, S. 188 ff,

und diese Auffassung von dem Bundesaufsichtsamt für den Wertpapierhandel sowie der Deutsche Börse AG geteilt.

> BAWe/DB AG, Insiderhandelsverbote und Ad-hoc-Publizität nach dem WpHG, S. 30.

348 Dem wird von einer starken Meinung in der Literatur entgegengehalten, daß der Neue Markt als privatrechtlich organisiertes (Teil-)Segment des Freiverkehrs nicht § 15 WpHG unterfällt. Insoweit wird darauf verwiesen, daß §§ 71 Abs. 1, 78 Abs. 1 BörsG nach heute ganz überwiegender Auffassung ein Verbot der Doppelnotierung von Wertpapieren im amtlichen Handel und/oder Geregelten Markt einerseits und dem Freiverkehr andererseits statuieren. Die ursprüngliche Zulassung zum Geregelten Markt erlischt zumindest durch Zeitablauf, in der Regel jedoch bereits dadurch, daß das Regelwerk des Neuen Marktes in Nummer 2.3 Abs. 4 erfordert, daß der Emittent mit Zulassung zum Neuen Markt auf die Aufnahme der Notierung im Geregelten Markt verzichtet. Weiter wird darauf verwiesen, daß ein Emittent seinen Verpflichtungen nach § 15 Abs. 2 WpHG gar nicht nachkommen kann, da eine Mitteilung von Ad-hoc-Veröffentlichungen vorab an die Börsengeschäftsführung überflüssig ist, da mangels Notierung im Geregelten Markt auch keine Feststellung des Börsenpreises i. S. v. § 75 Abs. 3 i. V. m. § 43 BörsG ausgesetzt werden kann.

> Geibel, in: Schäfer, WpHG/BörsG/VerkProspG, § 15 WpHG Rz. 24;

Claussen, DB 1998, 177, 178;
van Aerssen, WM 2000, 391, 396.

Dieser Auffassung ist zuzustimmen, da es sich nach der Ausgestaltung von § 15 WpHG um eine Tatbestandsnorm für einen Ordnungswidrigkeitentatbestand handelt, dessen Grenzen nicht durch rein privatrechtliche Maßnahmen erweitert werden können. Nicht zu Unrecht sieht daher Nr. 7.2.12 des Regelwerkes Neuer Markt vor, daß dem Emittenten die Einhaltung der Publizitätspflichten von § 15 WpHG obliegt. Insoweit unterwirft sich ein Emittent von Wertpapieren, die im Neuen Markt notiert sind, auf zivilrechtlicher Grundlage einer Verpflichtung zur Ad-hoc-Publizität. Eine Verletzung dieser Pflicht ist jedoch nicht durch Bußgelder sanktioniert, sondern kann lediglich zivilrechtliche Konsequenzen wie z. B. den Widerruf der Zulassung nach sich ziehen. **349**

Vor der Zulassung der Wertpapiere findet § 15 WpHG grundsätzlich keine Anwendung, während die insiderrechtlichen Vorschriften der §§ 12 ff WpHG bereits ab dem Augenblick Geltung entfalten, in dem der Antrag auf Zulassung gestattet oder öffentlich angekündigt ist (vgl. oben Rz. 103). § 15 WpHG sollte jedoch zugunsten (nicht: zu Lasten) der Emittenten ab Geltung der Insidervorschriften Anwendung finden und als lex specialis auch den prospektrechtlichen Vorschriften der §§ 45, 46 BörsG vorgehen. **349a**

Vgl. ausführlich zum Verhältnis von § 15 WpHG zu
§§ 12 ff WpHG und §§ 45 f BörsG
Hamann, in: Schäfer, WpHG/BörG/VerkProspG,
§§ 45, 46 a.F. BörsG Rz. 80.

3. Normadressat: Emittent

Normadressat von § 15 WpHG ist ausschließlich der Emittent der zugelassenen Wertpapiere. Insoweit unterscheidet sich § 15 WpHG von § 13 Abs. 1 Nr. 1 WpHG, der sich auf den Emittenten „oder ein mit dem Emittenten verbundenes Unternehmen" bezieht. Der insoweit eindeutige Wortlaut erfaßt nur den Emittenten und nicht mit diesem verbundene Unternehmen, insbesondere nicht Konzernmuttergesellschaften, die nicht ihrerseits an einer inländischen Börse zugelassen sind, wenn die Aktien einer Konzerntochtergesellschaft börsennotiert werden. Ebensowenig werden von § 15 WpHG Emissionsbegleiter, Emissionsgaranten oder sonstige im Rahmen einer Emission eingeschaltete Personen erfaßt. **350**

Hopt, ZHR 159 (1995), 135, 151;
Kümpel, in: Assmann/Schneider, WpHG, § 15 Rz. 29;
Geibel, in: Schäfer, WpHG/BörsG/VerkProspG,
§ 15 WpHG Rz. 26.

351 Anders als in den USA gilt somit nicht eine „disclose-or-abstain rule“, derzufolge ein Insider, der in Wertpapieren eines Emittenten handeln will, zu Unterlassung des Insiderhandels oder zur (Ad-hoc-)Veröffentlichung der Insidertatsache verpflichtet ist.

Lenenbach/Lohrmann, RIW 1998, 115, 116;
Gruson/Wiegmann, AG 1995, 173, 177.

4. Eintritt neuer, nicht öffentlich bekannter Tatsachen

a) Tatsache

352 Das Tatbestandsmerkmal der **Tatsache** ist neben dem der **Eignung zur erheblichen Beeinflussung des Börsenpreises** das umstrittenste Tatbestandsmerkmal von § 15 WpHG. Eine Legaldefinition des Begriffs der Tatsache besteht nicht. Verwendet wird der Begriff der Tatsachen noch von § 13 Abs. 1 Halbs. 2 WpHG im Rahmen der Definition einer Insidertatsache.

353 In der bisherigen zivil- und strafrechtlichen Rechtsprechung wird Tatsache verstanden als ein „konkreter Vorgang oder Zustand der Vergangenheit oder Gegenwart, der sinnlich wahrnehmbar in Erscheinung getreten und infolgedessen dem Beweis zugänglich ist“.

Vgl. RGSt 56, 227, 231;
BGHZ 45, 296, 304;
Lencker, in: Schönke/Schröder, StGB, 25. Aufl.,
§ 186 Rz. 3 m. w. N.

354 Dementsprechend können zukünftige Ereignisse sowie deren Voraussage grundsätzlich nicht unter den Tatsachenbegriff fallen.

Pananis, WM 1997, 460, 461 f;
von Klitzing, S. 75.

355 Allerdings ist die Absicht, in der Zukunft eine bestimmte Handlung vorzunehmen, bereits eine gegenwärtige Tatsache. Insoweit ist jedoch nicht die geplante Handlung, sondern die Absicht als solche die gegenwärtige Tatsache, die sich als innere Tatsache in beweisbarer Form nach außen manifestiert haben muß.

> Assmann, WM 1996, 1337, 1340;
> von Klitzing, S. 75;
> unklar: Schander/Lucas, DB 1997, 2109 in Fußn. 11.

356 Streitig ist, inwieweit **innere Tatsachen** dem Tatsachenbegriff der Ad-hoc-Publizität unterfallen. Unter diesem Begriff werden z. B. Planungen, Konzepte, Strategien und andere vorbereitende Maßnahmen verstanden. Soweit es sich dabei nicht um mehrstufige Entscheidungsprozesse handelt (dazu sogleich), sollen die inneren Tatsachen nach einem Teil der Literatur nicht dem Tatsachenbegriff von § 15 WpHG unterfallen.

> Pellens/Fülbier, in: Baetge, Insiderrechte und Ad-hoc-Publizität, S. 23, 27;
> Wittich, AG 1997, 1, 2;
> Volk, BB 1999, 66, 69 (zum Tatsachenbegriff des § 13 WpHG);
> von Klitzing, S. 75 ff.

357 Dies wird im wesentlichen damit begründet, daß der Schutz der unternehmensinternen Entscheidungsfindung sowie das Geheimhaltungsinteresse des Emittenten einerseits sowie die Gefahr einer Irreführung und Verunsicherung der Anleger durch bei Planungen sicherlich häufiger auftretenden Korrekturmeldungen eine Beschränkung des Tatsachenbegriffes auf äußere Tatsachen erfordere.

358 Demgegenüber geht die wohl herrschende Meinung davon aus, daß innere Sachverhalte jedenfalls dann, wenn sie zu äußeren Erscheinungen in Beziehungen treten und mit prozessualen Mitteln beweisbar sind, nicht jedoch bloße Meinungen, subjektive Werturteile ohne Tatsachenkern oder Prognosen, dem Tatsachenbegriff des § 15 WpHG unterfallen.

> Burgard, ZHR 162 (1998), 51, 63;
> Caspari, in: Baetge, Insiderrecht und Ad-hoc-Publizität, S. 65, 68 f;
> Fürhoff/Wölk, WM 1997, 449, 450;
> Gehrt, S. 126;
> Geibel, in: Schäfer, WpHG/BörsG/VerkProspG, § 15 WpHG Rz. 27;
> Heidmeier, AG 1992, 110, 114;
> Hopt, ZHR 159 (1995), 135, 152;
> Kiem/Kotthoff, DB 1995, 199, 200;

Kümpel, AG 1997, 66, 68;
ders., in: Assmann/Schneider, WpHG, § 15 Rz. 52;
Schander/Lucas, DB 1997, 2109 f;
Steinhauer, S. 115 f;
Wölk, AG 1997, 73, 77.

359 Die herrschende Meinung verweist darauf, daß ein auch innere Sachverhalte erfassender Tatsachenbegriff im § 15 WpHG in besserer Abstimmung mit dem Begriff der Insidertatsache in § 13 WpHG steht und dementsprechend die Effektivität des Insiderhandelsverbotes erhöht.

360 **Private Meinungsäußerungen** und **Werturteile** gelten nur dann als Tatsachen, wenn sie aus überlegener Sachkunde abgegeben wurden und damit einen (tatsachenähnlichen) Richtigkeitsgehalt, der dem Beweis zugänglich ist, haben.

Happ, JZ 1994, 240, 242;
Geibel, in: Schäfer, WpHG/BörsG/VerkProspG, § 15 WpHG Rz. 28;
von Klitzing, S. 86 ff;
Gehrt, S. 120 f.

361 In der Regel sind daher Prognosen als Meinungsäußerungen oder Werturteile nur dann ad-hoc-publizitätspflichtig, wenn sie auf konkretes Zahlenmaterial gestützt werden können und es so gut wie feststeht, daß eine Einschätzung einer Unternehmensentwicklung realisiert oder auch nicht realisiert werden wird.

362 Mit Blick auf die mehrstufigen (weiter unten behandelten) Entscheidungsprozesse ist die Unterscheidung zwischen **kognitiven** und **voluntativen Tatsachen** eingeführt worden.

Vgl. Happ/Semler, ZGR 1998, 116, 125;
Handelsrechtsausschuß des Deutschen Anwaltvereins, AG 1997, 559, 569.

363 Dabei soll es sich um **kognitive** Tatsachen handeln, wenn sie von den zuständigen Organen des Unternehmens erkannt und zur Kenntnis genommen werden, und um **voluntative** Tatsachen, wenn die zuständigen Organe des Unternehmens über Pläne oder Vorlagen zu entscheiden haben. Hierdurch werden Ereignisse, die der Entscheidung durch Organe bedürfen, von solchen getrennt, die entscheidungsfrei sind. Bei den voluntativen Tatsachen, bei denen die Organe des Unternehmens, insbesondere Vorstand und Aufsichtsrat, über Anregungen und Vorschläge zu entscheiden haben, ist streitig, wann der Tatsachenbegriff des § 15 WpHG verwirklicht sein soll, wenn nicht nur ein Organ, sondern mehrere Organe ihre Zustimmung zu bestimmen Vorschlägen geben müssen. Richtigerweise handelt es sich hierbei jedoch nicht um eine Frage des Tatsachenbegriffs als solchem, weil bereits die Entscheidung des ersten von z. B. zwei zuständigen Organen bereits als solche eine Tatsache begründet. Die Frage ist hierbei vielmehr, ob bereits an die Entscheidung des einen Organs eine Ad-hoc-Publizität angeknüpft werden soll.

Vgl. Kiem/Kotthoff, DB 1995, 199 f;
Gehrt, S. 123 f;
wohl auch Assmann, WM 1996, 1337, 1340 f;
Steinhauer, S. 116;
Pananis, WM 1997, 460, 462.

Dementsprechend soll die Behandlung voluntativer Tatsachen als Umschreibung von mehrstufigen Entscheidungsprozessen bei diesen abgehandelt werden. **364**

Gleiches gilt für die Streitfrage, ob es sich nur dann um eine **Tatsache** handelt, wenn diese **rechtswirksam** geworden ist. Auch hier steht im Hintergrund die Frage, ob dann, wenn mehrere (unternehmensinterne, z. B. Vorstand und Aufsichtsrat, oder unternehmensexterne, z. B. Kartellbehörden) Entscheidungsorgane für die Rechtswirksamkeit einer Entscheidung mitwirken müssen, eine Tatsache erst entsteht, wenn die Entscheidung rechtswirksam ist, oder bereits die (Teil-)Entscheidungen, die noch nicht für eine Rechtswirksamkeit ausreichen, bereits Tatsachen darstellen. **365**

Der Streit geht zurück auf die Formulierung der Regierungsbegründung zum Zweiten Finanzmarktförderungsgesetz (BT-Drucks. 12/6679, S. 48): „Ereignisse, deren Konsequenzen noch nicht feststehen, weil deren Wirksamkeit noch durch andere Umstände aufgehoben werden kann oder noch wirksame Gegenmaßnahmen möglich sind, stellen keine Tatsachen dar, die Auswirkungen auf die Vermögens- oder Finanzlage oder den Geschäftsverlauf haben". **366**

Eine Unterscheidung zwischen rechtswirksamen und rechtsunwirksamen bzw. noch nicht rechtswirksamen Tatsachen beantwortet nicht die Frage, ob eine rechtsunwirksame Tatsache (wenn es sie überhaupt gibt) keine Tatsache i. S. d. § 15 WpHG darstellt. Hier wird wiederum mit Mitteln der Distinktion versucht, in die Definition des Begriffs der Tatsache gleich die Lösung für das eigentlich zu erörternde Problem hineinzuinterpretieren. **367**

Richtigerweise stellen rechtsunwirksame Beschlüsse ebenso Tatsachen dar wie rechtswirksame Beschlüsse. Die eigentliche Frage, ob noch nicht rechtswirksame (Teil-)Beschlüsse nach § 15 WpHG veröffentlicht werden müssen, läßt sich nicht rein begrifflich oder dezisionistisch entscheiden, sondern nur unter Abwägung aller involvierten Interessen und gesetzlichen Grundentscheidungen.

> Ebenso von Klitzing, S. 78 ff;
> Burgard, ZHR 162 (1998), 51, 68;
> Wölk, AG 1997, 75, 78;
> von Klitzing, S. 124.

368 Schließlich wird bei der Erörterung des Tatsachenbegriffs des § 15 WpHG noch unterschieden zwischen **Einzeltatsachen** und **Gesamttatsachen**.

> Vgl. etwa Kümpel, in: Assmann/Schneider, WpHG,
> § 15 Rz. 53 a ff.

369 Als Beispiel wird erörtert die Behandlung von zusammengesetzten Sachverhalten, bei denen jeweils die Addition einer Vielzahl für sich genommen jeweils nicht kursrelevanter und damit nicht veröffentlichungspflichtiger Ereignisse in ihrer Gesamtheit eine Bedeutung für den Emittenten gewinnt, die jedenfalls dann, wenn sie als Einzeltatsache aufträte, ad-hoc-publizitätspflichtig wäre. Eine Summierung derartiger eigenständiger Sachverhalte stellt jedenfalls dann eine Tatsache dar, wenn sie zur einer „neuen Qualität" führt, wie etwa die Addition vieler kleiner Verluste zur Zahlungsunfähigkeit oder etwa zum Verlust der Hälfte des Grundkapitals (§ 92 Abs. 1 AktG).

> Vgl. Burgard, ZHR 162 (1998), 1, 74;
> Kümpel, in: Assmann/Schneider, WpHG, § 15 Rz. 53 c.

370 Es dürfte daher die Fragestellung, ob Gesamttatsachen ad-hoc-publizitätspflichtig sind, bereits im Ansatz verfehlt sein. Sicherlich sind die Einzeltatsachen jeweils Tatsachen, die ihren Tatsachencharakter nicht dadurch verlieren, daß sie sich zu einer „Gesamttatsache" summieren. Die „Gesamttatsache" ist jedoch für sich genommen bereits dann wiederum eine eigene neue Tatsache, wenn z. B. die Summierung der Verluste zu einem Geschäftsergebnis führt, das in kursrelevanter Weise vom Ergebnis des Vorjahreszeitraumes abweicht. Die Abweichung des diesjährigen Ergebnisses von dem Vorjahresergebnis ist sodann die (neue) Tatsache und es kommt nicht darauf an, aus welchen Einzeltatsachen sich diese neue Tatsache zusammensetzt. – Auch dieses Beispiel verdeutlicht wiederum, daß eine rein begriffliche Definition der Tatsache in der Regel nicht weiterhilft, sondern eine Gesamtschau ergeben muß, ob ein Sachverhalt publizitätspflichtig ist.

b) Neuheit der Tatsache

371 Streitig ist, ob dem Tatbestandsmerkmal **Neuheit** der Tatsache eine eigenständige Bedeutung zukommt. Zum Teil wird die Auffassung vertreten, daß – ebenso wie dem Tatbestandsmerkmal des **Eintritts** – dem Tatbestandsmerkmal **neu** keine eigenständige Bedeutung zukommt, da lediglich verdeutlicht werden solle, daß jede Tatsache unverzüglich nach ihrem Entstehen zu veröffentlichen ist,

Caspari, in: Baetge, S. 65, 72;
Geibel, in: Schäfer, WpHG/BörsG/VerkPropG, § 15 WpHG Rz. 36;
von Klitzing, S. 89 f,

bzw. jede Tatsache mit ihrem Eintritt „neu" ist.

Fürhoff, S. 162 mit Fußn. 136.

372 Dabei wird davon ausgegangen, daß die Qualität „neu" aus der Sicht der Öffentlichkeit zu beurteilen ist, so daß mit „Eintritt" einer Tatsache und dem Vorliegen des Tatbestandsmerkmales „nicht öffentlich bekannt" automatisch auch das Merkmal „neue" gegeben sein soll. Weiter wird darauf verwiesen, daß unverzüglich nach dem Eintritt einer Tatsache (= neue Tatsache) diese zu veröffentlichen ist, weshalb das Merkmal „neu" im Rahmen der Definition der Insidertatsache in § 13 WpHG nicht enthalten sei, denn alte Tatsachen könnten immer noch Insidertatsachen sein; dies sei „bereits sprachlich unmöglich" bei ad-hoc-publizitätspflichtigen Tatsachen, da es unmöglich sei, „alte" Tatsachen unverzüglich zu veröffentlichen.

So insbesondere Caspari, aaO.

373 Diese Argumentation übersieht jedoch, daß es durchaus „alte" Tatsachen geben kann, die nicht öffentlich bekannt sind und im Falle ihres Bekanntwerdens geeignet wären, eine erhebliche Kursbeeinflussung zu bewirken. Als Beispiele seien etwa genannt die dem Vorstand bekannte, viele Jahre zurückliegende, jedoch noch nicht beseitigte Kontamination eines Grundstücks oder die Möglichkeit der Erhebung von Produkthaftungsansprüchen oder Schadensersatzansprüchen wegen Gesundheitsschädigung durch eine

Vielzahl von Konsumenten, die – wie z. B. im Falle der Raucher – der Öffentlichkeit bisher nicht bekannt gewesen ist und für die jeweils auch keine Rückstellungen in den Bilanzen der Vorjahre gebildet wurden. Sprachlich ist es also durchaus möglich, auch „alte“ Tatsachen zu veröffentlichen. Caspari ist insofern zuzugeben, daß die Veröffentlichung dieser Tatsachen nicht mehr unverzüglich nach ihrem Eintritt erfolgen kann. Dies bedeutet jedoch bloß, daß das Stadium des Versuchs endgültig verlassen und der Tatbestand verwirklicht worden ist, insofern kein strafbefreiender Rücktritt vom Versuch mehr erfolgen kann. Es begründet jedoch nicht, daß dem Tatbestandsmerkmal „neu“ keine eigenständige Bedeutung zukommt.

374 In dem Moment, in dem aus der „neuen“ Tatsache eine „alte“ Tatsache wird, erlischt die Pflicht zur Ad-hoc-Publizität. Ein derartiges Erlöschen der Ad-hoc-Publizität wird ad infinitum vermieden, wenn jede Tatsache solange als neue bezeichnet wird, wie sie noch nicht öffentlich bekannt ist.

So Burgard, ZHR 162 (1998), 51, 58;
Gehrt, S. 131 ff;
von Klitzing, S. 89 f;
wohl auch Steinhauer, S. 116.

375 Durch die Gleichsetzung von „neu“ mit „nicht öffentlich bekannt“ lautet der entsprechende Teilsatz von § 15 Abs. 1 Satz 1 WpHG: „... muß unverzüglich eine nicht öffentlich bekannte Tatsache veröffentlicht werden, die in seinem Tätigkeitsbereich eingetreten und nicht öffentlich bekannt ist ...“. Bereits diese Formulierung zeigt augenfällig, daß eine Gleichsetzung von neu und nicht öffentlich bekannt in der Konsequenz die Eliminierung eines Tatbestandsmerkmals und damit eine Erweiterung des Strafbarkeitsbereichs zur Folge hat. Hiergegen bestehen grundsätzliche Bedenken aus Art. 103 Abs. 2 GG. Zudem verhindert diese Interpretation, daß aufgrund der „Alterung“ der Tatsache und damit einem Erlöschen der Ad-hoc-Publizitätspflicht die Verjährung der Verwirklichung der Strafnorm beginnt. Bleiben Tatsachen, solange sie nur Kursrelevanz besitzen, unveröffentlicht, so altern sie nicht und die Pflicht zur Veröffentlichung bleibt bestehen (Fortbestehen der Kursrelevanz unterstellt), so daß die ständige Unterlassung einer Veröffentlichung einen ständigen (fortgesetzten) Verstoß gegen eine strafbewehrte Norm darstellt und ein Verjährungsbeginn nicht eintritt.

376 Unabhängig von den rein rechtsstaatlichen Bedenken gegen diese Interpretation bestehen Bedenken auch aus rein zivilrechtlicher Sicht. Spätestens mit Eintritt der Regelpublizität erlischt die Funktion der Ad-hoc-Publizität.

Die Ad-hoc-Publizität soll den in Deutschland relativ langen Zeitraum zwischen den verschiedenen Zeitpunkten der Regelpublizität schließen und keine grundsätzlich inhaltlich neuen Publizitätspflichten hervorbringen. Die Ad-hoc-Publizität stellt insoweit eine „Vorabveröffentlichung“ von Tatsachen dar, die in die grundsätzliche börsenrechtliche Regelpublizität aufgenommen werden soll.

> Vgl. nur Burgard, ZHR 162 (1998), 51, 53 f m. w. N.;
> von Klitzing, S. 49 f;
> Schlittgen, S. 83;
> Heidmeier, AG 1992, 110, 112 f;
> Ekkenga, S. 452.

377 Gegenüber § 44a BörsG a. F. wurde § 15 WpHG neben der Herstellung der Markttransparenz lediglich noch um den Zweck der Vermeidung des Insiderhandels erweitert. Ab dem Zeitpunkt, in dem eine Regelpublizität eine grundsätzlich ad-hoc-publizitätspflichtige Tatsache erfaßt, sollte diese Tatsache nicht mehr als „neu“ gelten, da sie nunmehr in der Regelpublizität aufgegangen ist (oder sein sollte). Sollte sie – gesetzeswidrig – nicht in der Regelpublizität berücksichtigt worden sein (z. B. keine adäquaten Rückstellungen gebildet oder keine Abschreibungen vorgenommen worden sein), so sollten die Sanktionen gegen Verstöße der Regelpublizität Sperrwirkung gegenüber der Ad-hoc-Publizität entfalten.

c) Eintritt der Tatsache

378 Nach § 15 Abs. 1 WpHG sind Tatsachen zu veröffentlichen, die im Tätigkeitsbereich des Emittenten **eingetreten** und nicht öffentlich bekannt sind. Das Merkmal des „Eintritts“ einer Tatsache wird häufig überhaupt nicht angesprochen.

> Vgl. z. B. van Aerssen, WM 2000, 391, 396 f;
> Fürhoff/Wölk, WM 1997, 449, 450 f;
> Götze, BB 1998, 2326, 2327 f;
> Gehrt, S. 130 ff;
> Steinhauer, S. 315 ff.

379 Soweit das Tatbestandsmerkmal angesprochen wird, wird ihm größtenteils eine eigenständige Bedeutung abgesprochen, da eine **Tatsache** nach dem allgemeinen Sprachgebrauch nur vorliege, wenn ein Geschehnis bereits eingetreten sei.

So insbesondere
Kümpel, in: Assmann/Schneider, WpHG, § 15 Rz. 44;
von Klitzing, S. 82 ff;
Fürhoff, S. 161;
und im Grunde alle in der vorangehenden Fußn. genannten Autoren, die durch die Unterlassung der Erwähnung dieses Tatbestandsmerkmales implizit zu erkennen geben, daß sie es als in der Definition des Begriffs der Tatsache beinhaltet sehen.

380 Eine hiervon abweichende Meinung,

Burgard, ZHR 162 (1998), 51, 71 ff,

will anhand des Merkmals „eingetreten“ normativ den Zeitpunkt der Entstehung der Ad-hoc-Publizitätspflicht bestimmen. Eine Tatsache soll dann eingetreten sein und entsprechend eine Veröffentlichungspflicht entstehen, wenn sie in einem Lagebericht erwähnt werden müßte und keine schützenswerten Interessen des Emittenten gegen eine Veröffentlichung sprechen. Bei mehrstufigen Entscheidungsprozessen, zum Teil auch als „gestreckte Sachverhalte“ bezeichnet, soll das Merkmal des „Eintritts“ normativ den Zeitpunkt für die Ad-hoc-Publizität bestimmen.

381 Da die Problemfälle der Ad-hoc-Publizität wie z. B. mehrstufige Entscheidungsprozesse die gleichen Fragen bei der Bestimmung des Zeitpunktes einer Publizität aufwerfen, unabhängig davon, ob sie in die Frage gekleidet werden, ob es sich um Tatsachen handelt oder ob Tatsachen eingetreten sind, spricht viel für die Auffassung von Kümpel, daß dem Tatbestandsmerkmal des Eintritts keine eigenständige Bedeutung zukommt.

d) Fehlende öffentliche Bekanntheit der Tatsache

382 Ähnlich wie bei dem Insiderhandelsverbot ist auch bei der Ad-hoc-Publizität streitig, wie das Merkmal der fehlenden öffentlichen Bekanntheit zu definieren ist. Von einem Teil der Literatur wird es dahingehend interpretiert, daß öffentlich bekannt gleichgesetzt wird mit einer breiten Öffentlichkeit bekannt.

Assmann, AG 1994, 196, 237, 252;
Hopt, ZHR 159 (1995), 135, 153 f;
ders., ZGR 1997, 1, 24;
Schneider, DB 1993, 1429, 1430;
Gehrt, S. 134 f;

Hirte, in: Hadding/Hopt/Schimansky, Das 2. Finanzmarktförderungsgesetz in der praktischen Umsetzung, S. 48, 74;
unklar: Fürhoff, S. 163 f.

383 Dies wird überwiegend damit begründet, daß eine bloße Bereichsöffentlichkeit, d. h. eine Kenntnis der Tatsache durch die Marktteilnehmer, nicht im Einklang der EG-Börsenzulassungsrichtlinie stehe, die eine Information der breiten Öffentlichkeit verlange, und daß eine bloße Bereichsöffentlichkeit lediglich „Gewinne aus Insidergeschäften auf eine nachgelagerte Schicht von Marktteilnehmern verlagere".

384 Anders als bei der Frage der Bestimmung des Öffentlichkeitsgrades bei dem Insiderhandelsverbot wird hier jedoch vielfach übersehen, daß für die Ad-hoc-Publizität von § 15 Abs. 3 WpHG eine bestimmte Art und Weise der Veröffentlichung vorgeschrieben wird. Diese entspricht dem Begriff der Bereichsöffentlichkeit. Wenn aber die Herbeiführung einer Bereichsöffentlichkeit eine Erfüllung der Ad-hoc-Publizitätspflicht darstellt, kann eine bereits bestehende Bereichsöffentlichkeit trotz Nichtbestehens einer breiten Öffentlichkeit nicht mehr eine Ad-hoc-Publizitätspflicht entstehen lassen. Dementsprechend genügt für eine öffentliche Bekanntheit nach der herrschenden Lehre zu Recht das Bestehen einer Bereichsöffentlichkeit.

Geibel, in: Schäfer, WpHG/BörsG/VerkProspG,
§ 15 WpHG Rz. 46;
Kümpel, in: Assmann/Schneider, WpHG, § 15 Rz. 42;
Fürhoff/Wölk, WM 1997, 449, 451;
Steinhauer, S. 115 ff;
Schlittgen, S. 88 ff;
von Klitzing, S. 98 f.

385 Allerdings ist keine Bereichsöffentlichkeit hergestellt, wenn etwa ein für ein Unternehmen bedeutsames Urteil „öffentlich" verkündet wird oder im Rahmen einer Hauptversammlung den anwesenden Aktionären vom Vorstand eine nicht öffentlich bekannte Tatsache mitgeteilt wird. Sowohl die „Gerichtsöffentlichkeit" gemäß § 169 Abs. 1 GVG wie die Hauptversammlung besteht gerade nicht aus Marktteilnehmern, deren Kenntnis von der bisher unbekannten Tatsache in die Preisfindung an der Börse aufgenommen wird.

Unstr., vgl. nur
Geibel, in: Schäfer, WpHG/BörsG/VerkProspG,
§ 15 WpHG Rz. 48 f;

ausführlich zum Konzept der Bereichsöffentlichkeit
Schäfer, in: Schäfer, WpHG/BörsG/VerkProspG,
§ 13 WpHG Rz. 44–51 m. w. N.

e) Tatsache im Tätigkeitsbereich des Emittenten

386 Die neue, noch nicht öffentlich bekannte Tatsache muß im Tätigkeitsbereich des Emittenten eingetreten sein. Dieses Merkmal des Eintritts im Tätigkeitsbereich des Emittenten fehlt bei der Definition der Insidertatsache in § 13 Abs. 1 WpHG, bei dem sich die Tatsache lediglich „auf einen oder mehrere Emittenten oder auf Insiderpapiere" beziehen muß. Intention des Gesetzgebers bei der Einfügung dieses Merkmales war, Marktdaten wie z. B. das Ordervolumen aus dem Kommissionsgeschäft aus der Definition der relevanten Tatsachen auszuschließen, auch wenn sie ein erhebliches Kursbeeinflussungspotential besitzen.

Caspari, in: Baetge, Insiderrecht und Ad-hoc-Publizität,
S. 65, 71;
Geibel, in: Schäfer, WpHG/BörsG/VerkProspG,
§ 15 WpHG Rz. 39;
Kümpel, in: Assmann/Schneider, WpHG, § 15 Rz. 41.

387 Weitere Beispiele für allgemeine Marktdaten sind die Inflations- oder Zinsentwicklung, Veränderungen in der Aktionärsstruktur oder allgemeine Währungskursänderungen. Allerdings darf nicht der Schluß gezogen werden, daß aufgrund der Tatsache, daß es sich um Marktdaten handelt, eine Ad-hoc-Publizität nach § 15 WpHG nicht in Betracht kommt. Denkbar ist etwa, daß aufgrund von Marktdaten sich Auswirkungen auf den Emittenten ergeben (z. B. Währungsverfall führt zu Verlusten im Auslandsgeschäft), die ihrerseits wiederum Tatsachen im Tätigkeitsbereich des Emittenten begründen.

Vgl. Gehrt, S. 138 f m. w. N.

388 Neben der unstreitigen Ausgrenzung von allgemeinen Marktdaten hat das Merkmal des **Tätigkeitsbereichs des Emittenten** insbesondere hinsichtlich zweier Fragestellungen zu Diskussionen geführt.

389 So ist streitig, wie der Tätigkeitsbereich des Emittenten innerhalb eines Konzernzusammenhanges zu umschreiben ist. Fraglich ist zum einen, ob im Falle einer Börsennotierung der Muttergesellschaft eine nicht börsennotierte Tochtergesellschaft und die dort eintretenden neuen Tatsachen auch Tatsachen der Muttergesellschaft sind, und zum anderen, ob bei einem börsennotierten Tochterunternehmen der Eintritt neuer Tatsachen bei dem Mutterunternehmen zum Tätigkeitsbereich des Tochterunternehmens gehört. Die erste Frage wird von der überwiegenden Meinung dahingehend beantwortet, daß sich bei einem Tochterunternehmen eines börsennotierten Mutterunternehmens ereignende Tatsachen dem Mutterunternehmen immer dann zuzurechnen sein sollen, wenn das Mutterunternehmen einen Konzerabschluß i. S. v. § 290 Abs. 1 HGB aufzustellen hat und Mutter- und Tochterunternehmen verbundene Unternehmen i. S. d. § 271 Abs. 2 HGB sind.

Wölk, AG 1997, 73, 77;
Fürhoff/Wölk, WM 1997, 449, 451;
Cahn, ZHR 162 (1998), 1, 31;
Pellens, AG 1991, 62, 65 (zu § 44a BörsG a. F.);
Geibel, in: Schäfer, WpHG/BörsG/VerkProspG, § 15 WpHG Rz. 45;
Gehrt, S. 142 f;
Fürhoff, S. 165 f;
von Klitzing, S. 108 f;
weitergehend (schlichtes Beteiligungsverhältnis ausreichend) Schlittgen, S. 92 ff.

390 Ein Teil der Literatur will einschränkend jedoch lediglich Tatsachen berücksichtigen, die bei Tochtergesellschaften eintreten, die in den Konsolidierungskreis (§ 294 ff HGB) einbezogen sind.

Peltzer, ZIP 1994, 746, 750;
Wölk, AG 1997, 73, 77;
Kümpel, in: Assmann/Schneider, WpHG, § 15 Rz. 40 a. E.

391 Streitig ist auch die Frage, ob der Eintritt von neuen Tatsachen bei einem nicht börsennotierten Mutterunternehmen dem Tätigkeitsbereich eines börsennotierten Tochterunternehmens zuzurechnen ist. Unter Verweis auf den Schutzzweck der Ad-hoc-Publizität wird dies von einem Teil der Literatur bejaht.

So insbondere Cahn, ZHR 162 (1998), 1, 31;
wohl auch Schlittgen, S. 93.

392 Demgegenüber sieht die herrschende Meinung darin eine Überschreitung der Grenze von zulässiger Auslegung zu unzulässiger Analogie im Strafrecht. Es soll zwar noch eine Zurechnung von Tatsachen, die im Tätigkeitsbereich einer Tochtergesellschaft eintreten, zum Tätigkeitsbereich der herrschenden Muttergesellschaft möglich sein, nicht mehr jedoch eine Zurechnung des Eintritts von Tatsachen im Bereich der herrschenden

Muttergesellschaft zum Tätigkeitsbereich der Tochtergesellschaft, da diese hierauf überhaupt keinen Einfluß zu nehmen vermag.

> Geibel, in: Schäfer, WpHG/BörsG/VerkProspG,
> § 15 WpHG Rz. 45;
> von Klitzing, S. 108 f;
> Kümpel, in: Assmann/Schneider, WpHG, § 15 Rz. 40;
> Fürhoff/Wölk, WM 1997, 449, 451;
> Wölk, AG 1997, 73, 77;
> Fürhoff, S. 164 ff;
> Gehrt, S. 142.

393 Ein besonderes Problem stellt sich bei Konzernen, bei denen sowohl Muttergesellschaft wie Tochtergesellschaft börsennotiert sind. Zumindest bei dem Eintritt von ad-hoc-publizitätspflichtigen Tatsachen bei der Tochtergesellschaft müßte die vorstehend dargelegte herrschende Meinung eine Ad-hoc-Publizitätspflicht sowohl für die Konzernmuttergesellschaft wie für die Konzerntochtergesellschaft annehmen. In einem solchen Fall wäre jedoch zu befürchten, daß eine Verdopplung der Ad-hoc-Publizität eher zu einer Verwirrung der Märkte, denn zu einer Erhöhung der Informationseffizienz führte. Es dürfte daher die Ad-hoc-Publizitätspflicht der Konzernmuttergesellschaft, die von der herrschenden Meinung ausgeweitet wird auf den Eintritt von Tatsachen im Tätigkeitsbereich von Tochtergesellschaften, teleologisch einzuschränken sein, wenn die Tochtergesellschaft ihrerseits ad-hoc-publizitätspflichtig ist.

> So Gehrt, S. 142 f, 214;
> Cahn, ZHR 162 (1998), 1, 31;
> wohl für Pflicht zur Doppelmeldung
> von Klitzing, S. 108.

5. Auswirkungen der Tatsache

a) Auf die Vermögens- oder Finanzlage des Emittenten

394 Der Eintritt der neuen, nicht öffentlich bekannten Tatsache im Tätigkeitsbereich des Emittenten muß grundsätzlich geeignet sein, Auswirkungen auf die Vermögens- oder Finanzlage oder auf den allgemeinen Geschäftsverlauf des Emittenten zu haben. Das Gesetz sah zunächst vor, daß die Tatsache Auswirkungen auf die Vermögens- **und** Finanzlage oder auf den allgemeinen Geschäftsverlauf des Emittenten haben mußte. Dies führte zu Diskussionen wie etwa der, ob die Kündigung einer Kreditlinie, die zwar keine Auswirkungen auf die Vermögens- wohl aber auf die Finanzlage hat, ad-hoc-publizitätspflichtig war. Dies wurde durch das Dritte Finanzmarktförderungsgesetz dahingehend geändert, daß das **und** durch ein **oder** mit Wirkung ab dem 1. April 1998 ersetzt wurde.

Vgl. Art. 3 des Gesetzes v. 28. 3. 1998, BGBl I, 529 ff.

395 Die neue Formulierung widerspricht klar der Börsenzulassungs-Richtlinie, Schema C Nr. 5 a, bei der auf die „Vermögens- **und** Finanzlage" abgestellt wird. Der deutsche Gesetzgeber geht damit über die EG-rechtlichen Verpflichtungen der Börsenzulassungs-Richtlinie und der Insider-Richtlinie an die Ad-hoc-Publizität hinaus und verschärft diese. Dies ist nach Art. 5 Abs. 2 Börsenzulassungs-Richtlinie bzw. Art. 6 der Insider-Richtlinie zulässig.

Vgl. von Klitzing, S. 112 f.

396 Eine **Auswirkung auf die Vermögens- oder Finanzlage** soll dann vorliegen, wenn ein Ereignis nach den Grundsätzen ordnungsgemäßer Buchführung einen **Buchungsvorgang** für den handelsrechtlichen Jahresabschluß **auslöst**.

Beschlußempfehlung und Bericht des Finanzausschusses
BT-Drucks. 12/7918, S. 96.

397 Aus dieser Formulierung des Gesetzgebers war zum Teil geschlossen worden, daß nur Ergebnisse, die im Jahresabschluß zu berücksichtigen sind, dem Anwendungsbereich des § 15 WpHG unterfallen sollten und daß erst dann, wenn ein Ereignis tatsächlich auch zu bilanziellen Konsequenzen führt, eine Ad-hoc-Publizität entstehen sollte. Es entspricht heute zu Recht praktisch einhelliger Ansicht, daß ein Zuwarten bis zu dem Zeitpunkt, in dem ein Ereignis zu einer Buchung bei dem Emittenten führt, den Anwendungsbereich von § 15 WpHG so stark einschränken würde, daß dieser praktisch leer liefe, da nach dem Realisationsprinzip des § 252 Abs. 1 Nr. 4 Halbs. 2 HGB erst mit der finanziellen Vollendung einer Transaktion bzw. des Eintritts einer Tatsache ein Buchungsvorgang erforderlich wird.

398 Insoweit wird darauf verwiesen, daß der Zusammenhang mit der Eignung zur erheblichen Kursbeeinflussung bereits verdeutliche, daß nicht der Buchungsvorgang als solcher, sondern bereits die Tatsache, daß zukünftig ein solcher Buchungsvorgang erfolgen könnte, die Kursrelevanz, d. h. die Eignung zur Kursbeeinflussung besitzt. Hieraus wird hergleitet, daß eine Bestimmung der Auswirkungen auf die Vermögens- oder Finanzlage unabhängig von dem allgemeinen Bilanzrecht des Handelsgesetzbuches zu erfolgen habe.

van Aerssen, WM 2000, 391, 399;
Geibel, in: Schäfer, WpHG/BörsG/VerkProspG, § 15 WpHG Rz. 61 f;
wohl auch Steinhauer, S. 121.

399 Demgegenüber bestimmt die **herrschende Meinung** die Frage der Auswirkung auf die Vermögens- oder Finanzlage nach **allgemeinen handelsbilanzrechtlichen Grundsätzen**. Aufgrund des im Handelsbilanzrecht geltenden Realisationsprinzips (§ 252 Abs. 1 Nr. 4 Halbs. 2 HGB) kann dies dazu führen, daß möglicherweise kursrelevante Tatsachen handelsbilanzrechtlich nicht erfaßt werden dürfen. Diese haben jedoch regelmäßig Auswirkungen auf den **allgemeinen Geschäftsverlauf**, so daß letzterer als **Auffangtatbestand** für die engere Auslegung der Auswirkung auf die Vermögens- oder Finanzlage fungiert.

Burgard, ZHR 162 (1998), 51, 64 ff;
Gehrt, S. 143 ff;
Fürhoff, S. 169 ff;
von Klitzing, S. 112 ff;
Kümpel, in: Assmann/Schneider, WpHG, § Rz. 57 a ff;
Schlittgen, S. 102 ff;
Fürhoff/Wölk, WM 1997, 449, 453.

400 Ausreichend soll daher sein, daß der Sachverhalt bei normalem Verlauf der Dinge unter Berücksichtigung etwaiger unternehmensspezifischer Sonderheiten Auswirkungen auf die Vermögens- oder Finanzlage haben und mit der erforderlichen Wahrscheinlichkeit einen Buchungsvorgang auslösen wird.

Caspari, in: Baetge, Insiderrecht und Ad-hoc-Publizität, S 65, 77;
Kiem/Kotthoff, DB 1995, 1999, 2003;
Kümpel, WM 1996, 653, 654;
Wölk, AG 1997, 73, 78;
Fürhoff/Wölk, WM 1997, 449, 453.

401 Weitergehend wird auch gefordert, daß es ausreichen sollte, daß die Tatsache geeignet ist, künftig die in § 15 WpHG genannten Auswirkungen auf den Emittenten zu entfalten und somit eine potentielle Einbeziehung in die Regelpublizität ausreichen soll.

So insbesondere
Schander/Lucas, DB 1998, 2109, 2110;
Pananis, WM 1997, 460, 463;
Burgard, ZHR 162 (1998), 51, 68.

Mit einer derartig weitreichenden Interpretation dürften die Grenzen der Tatbestandsauslegung jedoch überschritten und dementsprechend das strafrechtliche Analogieverbot verletzt sein. Zudem besteht keine Notwendigkeit für eine derart weitreichende Interpretation, da diese Fälle jedenfalls durch den Auffangtatbestand der Auswirkungen auf den allgemeinen Geschäftsverlauf erfaßt werden. **402**

Ein Vergleich der Terminologie des Wertpapierhandelsgesetzes hinsichtlich der Vermögens- und Finanzlage und der entsprechenden Rechnungslegungsvorschriften des Handeslgesetzbuches zeigt auf, daß letztere über die Vermögens- und Finanzlage hinaus noch auf die Ertragslage abstellen. Nach allgemeiner Meinung hat dies jedoch keine Auswirkungen auf die Ad-hoc-Publizität, da faktisch Vermögens- und Finanzlage einerseits und Ertragslage andererseits nicht voneinander zu trennen sind, denn Änderungen in der Ertragslage haben regelmäßig auch Änderungen in Vermögens- und Finanzlage und vice versa zur Folge. **403**

Gehrt, S. 144;
Pellens/Füllbier, DB 1994, 1284 mit Fußn. 38, 1388;
Geibel, in: Schäfer, WpHG/BörsG/VerkProspG,
§ 15 WpHG Rz. 58;
Burgard, ZHR 162 (1998), 51, 64.

Dementsprechend ist auch die Frage zu beantworten, ob die Bildung oder die Auflösung von – dann nicht mehr – **stillen Reserven** ad-hoc-publizitätspflichtig ist (jedenfalls dann, wenn die übrigen Voraussetzungen). Dies wird mit der Begründung bejaht, daß diese ein erhebliches Kursbeeinflussungspotential haben könnten. **404**

Kübler, ZHR 159 (1995), 550, 565 f;
Burgard, ZHR (1998), 51, 67 in Fußn. 90;
Gehrt, S. 149 (auch bei Bildung „natürlicher Reserven“);
wohl auch Geibel, in: Schäfer, WpHG/BörsG/VerkProspG,
§ 15 WpHG Rz. 88.

Dem wurde jedoch zu Recht entgegengehalten, daß sich die grundsätzliche Reichweite der Ad-hoc-Publizität nach der Regelpublizität und den entsprechenden Buchungsvorgängen richtet und es keine kapitalmarktrechtliche Pflicht zur Publizität geben kann, wenn gesellschaftsrechtlich ein **405**

Recht des Vorstandes zur Verweigerung ebendieser Auskünfte wie in § 131 Abs. 3 Nr. 3 AktG statuiert besteht.

Ekkenga, S. 425;
Möllers, ZGR 1997, 334, 350 f.

b) Auf den allgemeinen Geschäftsverlauf des Emittenten

406 Soweit der Eintritt einer Tatsache in absehbarer Zeit keinen Buchungsvorgang auslöst und daher weder im Jahresabschluß noch im Lagebericht aufzuführen ist, kann er trotzdem Auswirkungen auf den allgemeinen Geschäftsverlauf haben. Dies soll nach herrschender Meinung jedenfalls immer dann der Fall sein, wenn eine Tatsache eine Angabepflicht im Lagebericht der Gesellschaft gemäß § 289 HGB verursachen würde.

Beschlußempfehlung und Bericht des Finanzausschusses, BT-Drucks. 12/7918, S. 96;
Fürhoff/Wölk, WM 1997, 449, 452;
Geibel, in: Schäfer, WpHG/BörsG/VerkProspG, § 15 WpHG Rz. 66;

407 Streitig ist, ob **Personalveränderungen** an der Unternehmensspitze ad-hoc-publizitätspflichtig sein können. Dies wurde zum Teil mit Hinweis darauf verneint, daß es sich nicht um im Lagebericht angabepflichtige Vorgänge handele.

Pellens, AG 1991, 62, 65;
Heidmaier, AG 1992, 110, 112 (beide zu § 44a BörsG a. F.);
Pananis, WM 1998, 406, 463.

408 Demgegenüber bejaht die ganz herrschende Meinung zu Recht eine Pflicht zur Ad-hoc-Publizität im Falle von Personalveränderungen, wenn diese entsprechend bedeutsam für das Unternehmen sind, da andere Personen an der Spitze eines Unternehmens erheblichen Einfluß auf den Geschäftsverlauf des Unternehmens haben können.

Schwark, BörsG, § 44a Rz. 2;
Baumbach/Hopt, § 44a BörsG Rz. 1;
Fürhoff/Wölk, WM 1997, 449, 453;
Geibel, in: Schäfer, WpHG/BörsG/VerkProspG, § 15 WpHG Rz. 70;
von Klitzing, S. 123;
Gehrt, S. 151 f.

6. Wertrelevanz der Tatsache

a) Eignung zur wesentlichen Beeinflussung des Börsenpreises

409 Die im Tätigkeitsbereich des Emittenten eingetretene neue, nicht öffentlich bekannte Tatsache muß geeignet sein, wegen ihrer Auswirkungen auf die Vermögens- oder Finanzlage oder auf den allgemeinen Geschäftsverlauf des Emittenten **den Börsenpreis der zugelassenen Wertpapiere erheblich zu beeinflussen**. Ähnlich wie bei dem Insidertatbestand des § 13 WpHG (vgl. oben Rz. 70 ff) ist auch bei der Ad-hoc-Publizität des § 15 WpHG streitig, wie die erhebliche Beeinflussung des Börsenpreises zu definieren ist. Unstreitig ist aufgrund des Gesetzeswortlautes, daß die Beurteilung der Kurserheblichkeit eine ex ante Prognose erfordert.

> Claussen, DB 1994, 27, 30;
> Caspari, ZGR 1994, 530, 534;
> Kümpel, WM 1996, 653, 655;
> Fürhoff/Wölk, WM 1997, 449, 445;
> a. A. nur Hirte, in: Hadding/Hopt/Schimansky, Das 2. Finanzmarktförderungsgesetz in der praktischen Umsetzung, S. 47, 77 ff;
> dagegen von Klitzing, S. 130 ff.

410 Die Beurteilung der Kurserheblichkeit ex ante wird in gewissem Umfange dadurch relativiert, daß einer späteren erheblichen Kursveränderung eine Indizwirkung zugesprochen,

> so Geibel, in: Schäfer, WpHG/BörsG/VerkProspG, § 15 WpHG Rz. 93,

bzw. die tatsächliche Kursbewegung als ein erster Schritt bei einer ex ante Bestimmung angesehen wird,

> Assmann, ZGR 1994, 494, 514 f;
> ders., AG 1994, 237, 244,

oder zumindest Rückschlüsse auf die objektive Eignung aufgrund späterer Entwicklungen möglich sein sollen.

> „Objektiv nachträgliche Prognose", Hopt, in: Schimansky/Bunte/Lwowski, Bankrechts Hdb., Bd. III, § 107 Rz. 56, 25.

411 Sehr **streitig** ist allerdings, was eine **erhebliche Kursbeeinflussung** darstellen soll. Hierzu sind im wesentlichen sechs Theorien entwickelt worden, die jeweils in sich noch eine Reihe von Spielarten und Differenzierungen aufweisen.

412 Am weitesten geht eine **Mindermeinung**, die das **Kriterium** der Eignung zur erheblichen Kursbeeinflussung **gänzlich negieren** will.

So insbesondere
Pellens/Füllbier, in: Baetge (Hrsg.), Insiderrecht und Ad-hoc-Publizität, S. 23, 46 f;
ähnlich Ekkenga, ZGR 1999, 165, 171 ff.

Als Begründung wird verwiesen, daß nur so Rechtsicherheit (zu Lasten des Emittenten) hergestellt werden und die Einräumung eines Ermessensspielraumes an den Emittenten vermieden werden könne. Dem wird zu Recht entgegengehalten, daß die Negierung des Tatbestandsmerkmals weder mit Art. 103 GG (strafrechtserweiternde Analogie) vereinbar ist, noch daß dem Emittenten ein Ermessensspielraum eingeräumt wird, da die ex ante Beurteilung objektiv zu erfolgen hat und der Emittent zugegebenermaßen das Risiko läuft, daß seine ex ante Beurteilung unzutreffend und ein Richter statt dessen eine andere Beurteilung an die Stelle der Beurteilung durch den Emittenten setzt.

413 Gleichfalls zur Herbeiführung der Rechtssicherheit plädiert eine andere **Mindermeinung** dafür, daß **de lege ferenda** eine Ermächtigungsgrundlage für eine enumerative Aufführung aller ad-hoc-publizitätspflichtigen Tatsachen durch eine Rechtsverordnung des BAWe geschaffen werden sollte.

Tippach, S. 148 ff.

414 Neben der Problematik, daß diese Meinung de lege lata keine Lösung bietet, ist ihr entgegen zu halten, daß eine enumerative Aufführung sämtlicher Tatsachen, die ad-hoc-publizitätspflichtig sein sollen, nicht möglich ist und das BAWe hiermit überfordert würde.

415 Mit der Gesetzesbegründung geht eine **starke Meinung** davon aus, daß die zu erwartenden Kursschwankungen mit **Plus- oder Minuszeichen** einen Anhaltspunkt für eine Erheblichkeit abgeben und dementsprechend 5 % oder 10 % die Erheblichkeitsgrenze darstellen können.

Reg. Begr. BT-Drucks. 12/6679, S. 47;
Caspari, ZGR 1994, 530, 541;
Hopt, ZHR 159 (1995), 135, 154;
Assmann, in: Assmann/Schneider, WpHG, § 13 Rz. 72;
Claussen, Insider-Handelsverbot und Ad-hoc-Publizität, S. 83;
Weber, BB 1995, 157, 164;
von Klitzing, S. 149.

In Anlehnung an § 8 der Bedingungen für Geschäfte an den Deutschen Wertpapierbörsen soll die Grenze für Aktien bei 5 %, für festverzinsliche Wertpapiere bei 1,5 % und bei Optionsscheinen bei 10 % liegen. **416**

Caspari, in: Baetge, Insiderrecht und Ad-hoc-Publizität, S. 65, 73.

Der Vorgabe fester Prozentsätze wird entgegengehalten, daß zwar ein Makler aufgrund der ihm vorliegenden Order bestimmen kann, ob der nächste Kurs um mehr als einen bestimmten Prozentsatz von dem vorhergehenden abweicht, daß dies für den Emittenten jedoch praktisch unmöglich ist. Es wird damit lediglich eine Scheingenauigkeit vorgegeben, die in der Realität nicht umsetzbar ist. Zudem läßt dieser Ansatz außer Betracht, ob es sich um marktbreite Standardwerte handelt, die ohnehin geringere Ausschläge aufweisen, oder um marktenge Nebenwerte, bei denen schon relativ unwichtige Meldungen zu erheblichen Kursausschlägen führen können. **417**

Deshalb differenzierend auch
Claussen, ZBB 1992, 267, 278;
Happ, JZ 1994, 240, 243,
„leichter" oder „schwerer" Wert.

Als vermeintlich „sichere" Methode der Bestimmung einer prozentualen Veränderung wird daher von der **Deutschen Vereinigung für Finanzanalyse** (DVFA) vorgeschlagen, die Kursrelevanz dadurch zu bestimmen, daß durch die ad-hoc-publizitätspflichtige Tatsache das DVFA-Ergebnis des Unternehmens um einen bestimmen Mindestsatz geändert wird. **418**

Loistl, Bank 1995, 232, 235;
ders., in: Claussen/Schwark, Insiderrecht für Finanzanalysten, S. 80, 90 ff.

Diese Auffassung vermag jedoch keine Lebenssachverhalte zu erfassen, die keinen unmittelbaren Einfluß auf das DVFA-Ergebnis haben (wie z. B. Personalentscheidungen). Quantifizierungen der Einwirkungen auf den Geschäftsverlauf unterliegen letztlich der gleichen Schwierigkeit einer Bestimmung wie deren Beurteilung der Kurserheblichkeit. Zudem gibt diese Meinung ohne Not die Einheitlichkeit der Beurteilung der Kurserheblichkeit in § 13 und § 15 WpHG auf, da unternehmensexterne Insidertatsachen (wie z. B. Marktdaten) nach dieser Methode generell nicht angemessen berücksichtigt werden können. **419**

420 Eine **theoretisch** in sich geschlossene, praktisch jedoch nicht umsetzbare **Auffassung** will für jede einzelne Aktie **Volatilitätsgrenzen** berechnen, bei deren Überschreitung die Kursbeeinflussung als erheblich gelten soll.

Lösche, WM 1998, 1849, 1852 ff;
Lösche/Eichner/Stute, AG 1999, 308 ff.

421 Das BAWe wäre hoffnungslos überfordert, sollte es für jede Aktie fortlaufend Renditepunktdifferenzen zwischen der Rendite des Vortags und der Renditeober- bzw. -untergrenze des aktuellen Börsenhandelstages errechnen und veröffentlichen müssen.

422 Als heute wohl **herrschend** ist die **Auffassung** zu bezeichnen, daß das Tatbestandsmerkmal funktionsbezogen auszulegen ist. So soll der Emittent bewerten müssen, ob im Falle des Bekanntwerdens einer Tatsache ein rational handelnder Investor in Ansehung der mit einer Transaktion verbundenen Kosten und Risiken einen Erwerb bzw. eine Veräußerung des betreffenden Wertes vornehmen würde.

BAWe/DBAG, S. 38;
Bruns, in: Baetge, Insiderrecht und Ad-hoc-Publizität, S. 107, 115;
Cahn, ZHR 161 (1998), 1, 18;
Fürhoff/Wölk, WM 1997, 449, 455;
Gehrt, S. 160 ff;
Irmen, in: Hellner/Steuer, BuB, Rz. 7/791;
Wölk, AG 1997, 73, 79;
Burgard, ZHR 162 (1998), 51, 69;
Kümpel, AG 1997, 66, 71;
Süßmann, AG 1997, 63, 64;
Fürhoff, S. 189 f;
Geibel, in: Schäfer, WpHG/BörsG/VerkProspG, § 15 WpHG Rz. 103.

423 Zwischen der im Tätigkeitsbereich eines Emittenten eingetretenen neuen, nicht öffentlich bekannten **Tatsache** und der **Eignung zur erheblichen Beeinflussung des Börsenpreises** der zugelassenen Wertpapiere muß nach dem Gesetzestext eine **Kausalität** bestehen. Zum Teil wird die Meinung vertreten, daß das Erfordernis einer Kausalität zwischen der Auswirkung der Tatsache auf die Vermögens- oder Finanzlage oder den allgemeinen Geschäftsverlauf und der erheblichen Kursbeeinflussung zu einer „zweckwidrigen Einschränkung der Ad-hoc-Publizität" führe.

So insbesondere
Burgard, ZHR 162 (1998), 51, 59 f.

Beispielhaft wird darauf verwiesen, daß eine Dividendenerhöhung regelmäßig nicht wegen ihrer Auswirkungen auf die Vermögenslage der Gesellschaft, sondern wegen der verbesserten finanziellen Stellung der Aktionäre kursrelevant sei. – Dieser Meinung ist zuzugeben, daß die derzeitige Fassung des Gesetzes durch ihren Emittentenbezug bei der Ad-hoc-Publizität die rein marktbedingten Auswirkungen außer acht läßt. Weitere Beispiele rein marktbedingter Auswirkungen sind etwa die Kündigung einer über pari notierenden Anleihe, die keine Auswirkungen auf die Vermögens- oder Finanzlage oder den Geschäftsverlauf des Emittenten hat, die jedoch aufgrund der Kündigung zu einem sofortigen Kursverfall des Papiers auf pari führen wird. Gleiches gilt etwa für den Rückkauf eigener Aktien durch ein Unternehmen, der zwar Auswirkungen auf die Vermögens- und Finanzlage des Unternehmens hat, bei dem jedoch die wesentlichen Auswirkungen auf den Kurs durch eine Verknappung des Angebotes dieser Wertpapiere im Markt bewirkt werden und erst in zweiter Linie durch die Auswirkungen auf die Vermögens- und Finanzlage zu einer Kursbewegung führen. **424**

Trotzdem geht die herrschende Meinung zu Recht von der Notwendigkeit einer Kausalität der Auswirkungen auf die Vermögens- und/oder Finanzlage oder den Geschäftsverlauf des Emittenten aus, da das Wort „wegen" im Gesetzestext nicht hinweginterpretiert werden kann, ohne daß das strafrechtliche Analogieverbot des Art. 103 GG verletzt wird. **425**

> Fürhoff, S. 192 f;
> Fürhoff/Wölk, WM 1997, 449, 452;
> von Klitzing, S. 150 f.

b) Beeinträchtigung der Fähigkeit des Emittenten, seinen Verpflichtungen aus Schuldverschreibungen nachzukommen

Der letzte Teilsatz von § 15 Abs. 1 Satz 1 WpHG gibt Anlaß zu einer Reihe von Interpretationsschwierigkeiten. So kann der Satz 1 einerseits so verstanden werden, daß die neue, nicht öffentlich bekannte Tatsache, die im Tätigkeitsbereich des Emittenten eingetreten ist, **im Falle von Aktien** zu veröffentlichen ist, wenn die Tatsache wegen der Auswirkung auf die Vermögens- oder Finanzlage oder auf den allgemeinen Geschäftsverlauf des Emittenten geeignet ist, den Börsenpreis der zugelassenen Wertpapiere erheblich zu beeinflussen, und **im Falle von Schuldverschreibungen** die Fähigkeit des Emittenten, seinen Verpflichtungen nachzukommen, beeinträchtigen muß. In diesem Fall würde das „oder" im Sinne eines **aus-** **426**

schließlichen „oder" interpretiert. In diesem Falle würde sich der zweite Teilsatz nur auf Aktien und der dritte Teilsatz nur auf Schuldverschreibungen beziehen. Interpretiert man das „oder" jedoch im Sinne eines **„und/oder"**, so wäre der dritte Teilsatz bezüglich der **Schuldverschreibungen lediglich ein Sonderfall**, der besonders geregelt wird (Unfähigkeit des Emittenten, seinen Verpflichtungen nachzukommen). Es bliebe jedoch bei der allgemeinen Regelung des zweiten Teilsatzes im Falle von positiven Tatsachen auch für die Schuldverschreibungen im Allgemeinen. Entsprechend diesen Interpretationsmöglichkeiten ist **streitig, ob** der dritte Teilsatz bezüglich der Schuldverschreibungen eine **abschließende Sonderregelung** für diese enthält.

427 Ein **Teil der Literatur** begründet die Interpretation des dritten Teilsatzes als abschließende Sonderregelung damit, daß der Gesetzgeber eine Alternativität gewollt habe,

> so insbesondere
> Kümpel, in: Assmann/Schneider, WpHG, 1. Aufl., § 15 Rz. 35 ff;
> ders., AG 1997, 66, 67,

bzw. die europarechtlichen Vorgaben für den Umfang von Publizitätspflichten für Emittenten von Aktien und Schuldverschreibungen differenziert seien und eine EG-rechtskonforme Auslegung dazu führe, daß der letzte Halbsatz eine abschließende Regelung für Emittenten von Schuldverschreibungen enthalte.

> Geibel, in: Schäfer, WpHG/BörsG/VerkProspG, § 15 WpHG Rz. 108 ff;
> Schlittgen, S. 166 ff.

428 Demgegenüber sieht die **ganz überwiegende Meinung** in dem letzten Halbsatz von § 15 Abs. 1 Satz 1 WpHG lediglich eine **Sonderregelung für den Fall der Verschlechterung der Zahlungsfähigkeit** unabhängig von einer Kursbeeinflussung, so daß § 15 insoweit gelesen wird als „und im Falle zugelassener Schuldverschreibungen auch dann, wenn die Tatsache die Fähigkeit des Emittenten, seinen Verpflichtungen nachzukommen, beeinträchtigen kann".

> Hopt, ZHR 159 (1995), 135, 156 in Fußn. 90;
> Burgard, ZHR 162 (1998), 51, 60;
> Fürhoff/Wölk, WM 1997, 449, 455 f;
> Hopt, ZHR 159 (1995), 135, 156;

Hirte, in: Hadding/Hopt/Schimansky, Das 2. Finanzmarktförderungsgesetz in der praktischen Umsetzung, S. 47, 49;
Gehrt, S. 163 f;
von Klitzing, S. 154 ff;
jetzt auch Kümpel, in: Assmann/Schneider, WpHG, 2. Aufl., Rz. 35 ff;
wohl auch Gehrt, S. 163 f;
Irmen, in: Hellner/Steuer, BuB, Rz. 7/795.

429 Der herrschenden Meinung dürfte zuzustimmen sein. Es stünde kaum in Einklang mit dem Sinn des Gesetzes, daß im Falle eines Emittenten, dessen Fähigkeit zur Rückzahlung von Anleihen zweifelhaft ist und dessen Anleihen deswegen nur mit einem Bruchteil ihres Nominalwertes notieren, positive Nachrichten nicht zu veröffentlichen sein sollten, daß jedoch bei einem Emittenten, dessen Fähigkeiten zur Rückzahlung von Anleihen bisher nicht beeinträchtigt waren, negative Nachrichten zu veröffentlichen sein sollten. Hier erscheint es richtig, die ausdrückliche Erwähnung der Verschlechterung der Bonität eines Emittenten als im Gesetz geregelten Sonderfall der allgemeinen Regelung zu verstehen, für den es auch einen berechtigten Grund gibt. Denn ohne die gesetzliche Regelung wären nur Tatsachen zu veröffentlichen, die sich auf den Börsenpreis auswirken und nicht auch solche, die die Bonitätssituation des Emittenten verschlechtern. Häufig wird hier eine Parallelität gegeben sein, im Falle einer Verschlechterung der Zahlungsfähigkeit von einem ohnehin schon angeschlagenen Unternehmen ist dies jedoch nicht unbedingt der Fall.

430 Eine von der vorstehenden Streitfrage zu unterscheidende Frage ist, ob eine **Änderung des Ratings von Emittenten** von Schuldverschreibungen oder eine **vorzeitige Kündigung** oder **Auslosung** von Schuldverschreibungen oder deren **freiwilliger Rückkauf** zu einer Ad-hoc-Publizitätspflicht führen. Richtigerweise wird dies für sämtliche Fälle zu verneinen sein, da weder im Sinne des letzten Halbsatzes die Fähigkeit des Emittenten, seinen Verpflichtungen nachzukommen, beeinträchtigt wird, noch es sich um Auswirkungen auf die Vermögens- oder Finanzlage oder auf den allgemeinen Geschäftsverlauf des Emittenten handelt. Bei einer Änderung des Ratings des Emittenten tritt eine Änderung der Tatsache auch nicht im Bereich des Emittenten ein, eine Auslosung oder Kündigung beeinflußt nicht die Vermögens- oder Finanzlage des Emittenten oder dessen Geschäftsverlauf und ein Rückkauf einer Anleihe beeinflußt zwar den Markt, nicht jedoch die Vermögens- oder Finanzlage oder den allgemeinen Geschäftsverlauf.

Irmen, in: Hellner/Steuer, BuB, Rz. 7/796 f;
Kümpel, AG 1997, 66, 67;
Fürhoff/Wölk, WM 1997, 449, 455 f;
von Klitzing, S. 159 f;
a. A. Fürhoff, S. 168 f;
Burgard, ZHR 162 (1998), 51, 59 f.

7. Sonderproblem: Mehrstufige Entscheidungsprozesse

431 Der wenig glücklich gewählte Begriff der Ad-hoc-Publizität suggeriert, daß etwas zu veröffentlichen ist, was plötzlich und ohne Vorwarnung eingetreten ist und erhebliche Bedeutung für das Unternehmen und dementsprechend auch den Kurs seiner Wertpapiere hat. Die meisten für ein Unternehmen und dessen Bewertung bedeutsamen Ereignisse treten jedoch nicht punktuell auf, sondern als Entwicklung und durchlaufen häufig eine Vielzahl von Entwicklungsschritten, an deren Ende ein bestimmtes Ergebnis rechtsverbindlich und unumkehrbar feststeht. Hierfür seien lediglich drei Beispiele genannt, deren Anzahl sich beliebig vervielfachen ließe.

432 **1. Beispiel: Jahresabschluß.** Der Jahresabschluß wird im Regelfall zunächst von der Buchführungs- und Bilanzierungsabteilung des Unternehmens aus dem Zahlenwerk des Unternehmens zusammengestellt, als vorläufige Bilanz dem zuständigen Vorstand vorgelegt, nach dessen Prüfung gegebenenfalls geändert, sodann vom Gesamtvorstand verabschiedet („aufgestellt“), vom Wirtschaftsprüfer geprüft, dann vom Vorstand gemeinsam mit dem Wirtschaftsprüfungsbericht dem Aufsichtsrat zugeleitet, von diesem geprüft und gebilligt und damit festgestellt (§§ 170, 171, 172 AktG, §§ 316, 320 HGB). Mit der Vorlage des Jahresabschlusses und des Lageberichtes durch den Vorstand beim Aufsichtsrat hat dieser zugleich einen Gewinnverwendungsvorschlag zu unterbreiten und die Hauptversammlung hat über die Verwendung des Bilanzgewinns zu entscheiden (§§ 170 Abs. 2, 174 Abs. 1 AktG). Gegebenenfalls wird schon einige Zeit vor der ersten bilanziellen Zusammenfassung durch die Buchhaltungsabteilung des Unternehmens das wesentliche Ergebnis (höher oder niedriger als im Vorjahr) für das Unternehmen aufgrund der monatlichen oder noch häufigeren Auswertung der betriebswirtschaftlichen Ergebnisse absehbar sein. – Hier stellt sich die Frage, ob und wann die Kapitalmarktöffentlichkeit zu informieren ist.

433 **2. Beispiel: Aufnahme eines neuen Geschäftsfeldes.** Eine Fachabteilung eines Unternehmens erstellt – gegebenenfalls gemeinsam mit unternehmensexternen Beratern – eine unternehmensinterne Studie über die Aufnahme eines weiteren oder die Schließung eines Geschäftsfeldes. Nach Zustimmung weiterer Ausschüsse im Unternehmen wird eine – geänderte – Vorlage an den Vorstand gemacht. Dieser entscheidet als Gesamtvorstand, das Projekt aufgrund der Ergebnisprognosen umzusetzen, muß es jedoch

u. U. dem Aufsichtsrat vorlegen, weil es sich um eine nach der Satzung der Aktiengesellschaft nach § 111 Abs. 4 Satz 2 AktG durch den Aufsichtsrat zustimmungspflichtige Geschäftsführungsmaßnahme handelt. Auch hier stellt sich die Frage, ob und gegebenenfalls wann die Maßnahme der Kapitalmarktöffentlichkeit mitzuteilen ist.

3. Beispiel: Nachgründungsprüfungspflichtiger Vertrag. Auf Vorschlag einer Fachabteilung beschließt der Vorstand, von den Gesellschaftern einer anderen Gesellschaft deren Gesellschaftsanteile gegen Ausgabe neuer, eigener Aktien zu erwerben. Der Einbringungsvertrag zwischen der AG und den Gesellschaftern der anderen Gesellschaft soll im konkreten Fall ein nachgründungspflichtiger Vorgang sein, da er innerhalb von zwei Jahren nach Eintragung der AG in das Handelsregister erfolgt und 10 % des Grundkapitals übersteigt. Weiter soll aufgrund der Satzung der AG eine Zustimmung des Aufsichtsrates zum Abschluß des Vertrages gemäß § 111 Abs. 4 Satz 2 AktG erforderlich sein. Nach Abschluß des Vertrages ist dieser einer (Nach-)Sachgründungsprüfung zu unterziehen, von der Hauptversammlung der AG zu beschließen, vom Handelsregisterrichter zu prüfen und wird erst mit Eintragung in das Handelsregister wirksam. – Auch hier stellt sich die Frage, ab welchem Zeitpunkt die Kapitalmarktöffentlichkeit über die Maßnahmen zu informieren ist. **434**

Derartige mehrstufige Entscheidungsprozesse, in denen das Endergebnis bzw. die rechtliche Verbindlichkeit erst nach einer Vielzahl von Zwischenschritten erreicht wird, bereiten bei der Bestimmung des Zeitpunktes der Ad-hoc-Publizität erhebliche Schwierigkeiten. Die überwiegende Auffassung diskutiert diese Fragen regelmäßig im Zusammenhang mit dem Tatsachenbegriff. **435**

Vgl. z. B. Happ/Semler, ZGR 1998, 116 ff.

Die wohl herrschende Auffassung stellt darauf ab, daß ein rechtsverbindlicher Beschluß auf der letzten Entscheidungsebene des Unternehmens, also häufig der Aufsichtsrat, gelegentlich aber auch erst die Hauptversammlung, getroffen worden ist. **436**

Vgl. etwa Hopt, ZHR 159 (1995), 135, 152;
ders., in: Festgabe für Hellner, WM 1994, 29, 33;
Happ, JZ 1994, 240, 243;
Kümpel, WM 1996, 653, 654;
Handelsrechtsausschuß des Deutschen Anwaltsvereins,
NZG 1998, 136, 137;
Happ/Semler, ZGR 1998, 116, 129.

437 Zum Teil wird einschränkend auf das Erfordernis eines Aufsichtsratsbeschlusses nur dann abgestellt, wenn das Abstimmungsverhalten der Aufsichtsratsmitglieder nicht prognostizierbar sein soll.

Wölk, AG 1997, 73, 78.

438 Ist es prognostizierbar, will diese Meinung wie die Gegenmeinung zur herrschenden Meinung darauf abstellen, ob mit hoher Wahrscheinlichkeit mit einer Zustimmung des Aufsichtsrates zu rechnen ist und in diesem Falle bereits den Vorstandsbeschluß als maßgeblichen Zeitpunkt für die Ad-hoc-Publizität gelten lassen. Es soll deshalb auf den Grad der Wahrscheinlichkeit der Realisierung und damit der künftigen Auswirkungen auf die Vermögens- oder Finanzlage oder auf den allgemeinen Geschäftsverlauf des Emittenten abzustellen sein. Im einzelnen werden unterschiedliche Anforderungen an den Grad der Wahrscheinlichkeit gestellt.

Kümpel, in: Kümpel/Ott, Kapitalmarktrecht, Kz 065, S. 68: „an Sicherheit grenzende" Wahrscheinlichkeit;
Caspari, in: Baetge, Insiderrecht und Ad hoc-Publizität, S. 77: „hohe" Wahrscheinlichkeit;
Pananis, WM 1997, 460, 464: „ganz überwiegende" Wahrscheinlichkeit;
Fürhoff/Wölk, WM 1997, 449, 453: „überwiegende" Wahrscheinlichkeit.

439 Als frühester Zeitpunkt der Vorverlagerung der Ad-hoc-Publizität wird regelmäßig der Vorstandsbeschluß genannt.

Kiem/Kotthoff, DB 1995, 1999, 2003;
Pananis, WM 1997, 460, 463.

440 Gegen eine Vorverlagerung wird überwiegend aus gesellschaftsrechtlicher Sicht vorgebracht, daß mit einem veröffentlichten Vorstandsbeschluß der Entscheidungsfindungsprozeß des Aufsichtsrates nicht mehr unbeeinträchtigt ist und er unter Druck gesetzt wird, entweder den Vorstand in der Öffentlichkeit zu desavouieren oder einem letztlich nicht gutgeheißenen Vorschlag doch zuzustimmen.

Happ/Semler, ZGR 1998, 116, 131 ff;
Cahn, ZHR 162 (1998) 1, 21 ff;
Geibel, in: Schäfer, WpHG/BörsG/VerkProspG, § 15 WpHG Rz. 78 ff.

In diesem Sinne dürfte auch der Vorschlag einer gesetzlichen Teilregelung bei öffentlichen Übernahmeangeboten durch § 11 Abs. 1 Satz 2 des Diskussionsentwurfes eines Übernahmegesetzes zu verstehen sein (vgl. dazu unten Rz. 465 ff).

441 Statt einer Vorverlagerung wird teilweise auch ein noch weiteres Hinausschieben der Ad-hoc-Publizität auf einen späteren Zeitpunkt erörtert. Dies kann erreicht werden durch die Einfügung eines Merkmals der Rechtswirksamkeit für die Entstehung einer Tatsache oder dadurch, daß gegen eine Maßnahme keine wirksame Gegenmaßnahmen mehr möglich sein sollen, sie also unumkehrbar geworden ist (vgl. hierzu bereits oben Rz. 365 ff). Zutreffend wird hiergegen angeführt, daß damit die Ad-hoc-Publizität praktisch leerläuft, wie etwa das Beispiel des Eintritts der Rechtswirksamkeit des Nachgründungsvertrags erst mit Eintragung im Handelsregister anschaulich verdeutlicht. Aber auch das Abstellen auf die letzte Entscheidung eines Gesellschaftsorgans kann die Ad-hoc-Publizität gänzlich leerlaufen lassen, inbs. wenn die Hauptversammlung entscheidungsbefugt ist.

442 Die vorstehend erörterten Fragestellungen werden jedoch nicht nur im Zusammenhang mit der Bestimmung des Tatsachenbegriffs erörtert, sondern zum Teil bei dem Merkmal des Eintritts der Tatsache, zum Teil bei der (Wahrscheinlichkeit der) Auswirkung auf die Vermögens- oder Finanzlage oder auf den allgemeinen Geschäftsverlauf und bei der Eignung zur erheblichen Kursbeeinflussung.

443 Zunächst dürfte zutreffend sein, daß bereits jede Gremienvorlage, jede Gremienentscheidung und jeder weitere (Teil-)Schritt bis zur Rechtswirksamkeit der Maßnahme eine eigene Tatsache darstellt, daß sich das rechtswirksame Ergebnis somit aus vielen Einzeltatsachen zusammensetzt. Weder das Merkmal der Tatsache als solcher noch ihres Eintritts dürfte daher das Tatbestandsmerkmal sein, an dem die Frage zu verorten ist. Richtiger dürfte es sein, diese bei den Auswirkungen auf die Vermögens- oder Finanzlage oder den allgemeinen Geschäftsverlauf des Emittenten oder aber bei dem Merkmal der Eignung zur erheblichen Kursbeeinflussung anzusiedeln. Da es sich bei § 15 WpHG um eine grundsätzlich kapitalmarktrechtlich orientierte Norm handelt, sollte die Frage bei der Eignung zur erheblichen Kursbeeinflussung behandelt werden. Hierbei handelt es sich um das zentrale Kriterium, dessentwegen eine Ad-hoc-Publizität erfolgen soll.

444 In einem ersten Schritt sollte daher bestimmt werden, wann im Rahmen eines mehrstufigen Entscheidungsprozesses der Kapitalmarkt, so er Kenntnis von dem gesamten Prozeß hätte, auf diese Kenntnis reagieren würde. Da der gesamte mehrstufige Entscheidungsprozeß sich aus einer Vielzahl von Tatsachen zusammensetzt, sollte dieser Zeitpunkt regelmäßig durch eine eingetretene Tatsache bestimmbar sein. Diese Tatsache ist sodann darauf hin zu überprüfen, ob sie die übrigen Kriterien der Ad-hoc-Publizität erfüllt. Bei dieser Prüfung sollten zunächst die gesellschaftsrechtlichen Argumente, insbesondere diejenigen hinsichtlich der Beeinflussung des Entscheidungsprozesses von Gesellschaftsgremien, außer Betracht bleiben. Ihre Berücksichtigung kann sodann in einem weiteren Schritt der Abwägung des kapitalmarktrechtlichen Ergebnisses des § 15 WpHG gegenüber den – gegebenenfalls kollidierenden – gesellschaftsrechtlichen Regelungen erfolgen. Hierdurch würde nicht ohne Not die Diskussion um die „richtige“ Interpretation von § 15 WpHG belastet und letztlich verfälscht durch nicht gesetzesimmanente Auslegungen. Zudem würden die eine Entscheidung tragenden Wertungsgesichtspunkte deutlich.

445 Im Ergebnis läuft dieses Verfahren darauf hinaus, die Wahrscheinlichkeit/hohe Wahrscheinlichkeit/überwiegende Wahrscheinlichkeit/ganz überwiegende Wahrscheinlichkeit/die an Sicherheit grenzende Wahrscheinlichkeit nicht nach dem eigenen Ermessen des Unternehmens zu bestimmen, sondern eine Bestimmung aus Sicht eines unbeteiligten Kapitalmarktteilnehmers vorzunehmen (wobei die Vornahme natürlich durch das Unternehmen selbst erfolgen muß). Die abstrakt selbe Situation im Rahmen eines Entscheidungsprozesses ist also nicht abstrakt generell, sondern spezifisch auf den konkreten Entscheidungsprozeß (in den Beispielen: Jahresabschluß/Geschäftsfelderweiterung/Nachgründungsvertrag) und unternehmensindividuell zu bestimmen und die Antwort auf die Frage, ob vor einer Ad-hoc-Publizität eine weitere Gremienentscheidung abzuwarten ist, abhängig davon, wie in dem konkreten Unternehmen das Kräfteverhältnis ausgestaltet ist.

III. Typische Fallgruppen der Praxis

1. Übersicht über typische Fallgruppen (DBAG/BAWe)

446 Zur praktischen Bewältigung der theoretisch vielfach umstrittenen Voraussetzungen der Ad-hoc-Publizität haben das Bundesaufsichtsamt für den Wertpapierhandel und die Deutsche Börse AG nunmehr bereits in zweiter

Auflage eine Broschüre „Insiderhandelsverbote und Ad-hoc-Publizität nach dem Wertpapierhandelsgesetz“ (Stand: Mai 1998) herausgegeben. Hierin werden die wesentlichen Voraussetzungen aus Sicht der Wertpapieraufsicht und der Börse erläutert und exemplarisch Situationen herausgegriffen, die regelmäßig zu einer Ad-hoc-Publizitätspflicht führen. Als solche werden aufgeführt:

Veränderungen der Vermögens- oder Finanzlage **447**

- Veräußerung satzungsmäßiger Kernbereiche
- Verschmelzungsverträge
- Eingliederung, Ausgliederung, Umwandlung, Spaltung sowie andere wesentliche Strukturmaßnahmen
- Beherrschungs- und/oder Gewinnabführungsverträge
- Erwerb oder Veräußerung von wesentlichen Beteiligungen
- Übernahme und Abfindungs-/Kaufangebote
- Kapitalmaßnahmen (inkl. Kapitalberichtigung)
- wesentliche Änderungen der Ergebnisse der Jahresabschlüsse oder Zwischenberichte gegenüber früheren Ergebnissen oder Marktprognosen
- Änderung des Dividendensatzes
- bevorstehende Zahlungseinstellung/Überschuldung, Verlust nach § 92 AktG/kurzfristige Kündigung wesentlicher Kreditlinien
- erhebliche außerordentliche Aufwendungen (z. B. nach Großschäden oder Aufdeckung krimineller Machenschaften) oder erhebliche außerordentliche Erträge.

Veränderungen im allgemeinen Geschäftsverlauf **448**

- Rückzug aus oder Aufnahme von neuen Kerngeschäftsfeldern
- Abschluß, Änderung oder Kündigung besonders bedeutender Vertragsverhältnisse (einschließlich Kooperationsabkommen)
- bedeutende Erfindungen, Erteilung bedeutender Patente und Gewährung wichtiger (aktiver/passiver) Lizenzen
- maßgebliche Produkthaftungs- oder Umweltschadensfälle
- Rechtsstreitigkeiten und Kartellverfahren von besonderer Bedeutung

- Veränderungen in Schlüsselpositionen des Unternehmens.

  Vgl. BAWe/DBAG, Insiderhandelsverbote und Ad-hoc-Publizität, S. 50 f, auch abgedruckt in: WM 1994, 2038, 2048.

449 In der gleichen Veröffentlichung des BAWe und der DBAG werden als von Marktteilnehmern gemeldete Inhalte von Ad-hoc-Veröffentlichungen exemplarisch aufgezählt:

- Abfindungsangebote
- Abtretung von Forderungen
- Änderung Geschäftsjahr
- Auflösung der AG
- Auflösung stiller Reserven
- außerordentliche Erträge und Aufwendungen
- Beherrschungs- und Gewinnabführungsverträge
- Bestätigung von Übernahmegesprächen
- Beteiligungskauf und -verkauf einschließlich Erhöhungen und Reduzierungen von Beteiligungen
- Börseneinführung von Tochtergesellschaften
- DVFA-Ergebnisse und Cash-Flow-Rechnungen
- Einführung neuer Produkte und Erschließung neuer Märkte
- Entwicklung von Auftragseingängen und Kapazitätsauslastung
- Erhöhung oder Reduzierung, Wiederaufnahme oder Ausfall der Dividendenzahlung
- Finanzierungsmaßnahmen
- Forderungsverzichte
- Fusionen
- Gerichtsverfahren
- Großaufträge
- Grundkapitalerhöhung und -herabsetzung
- Investitionen
- Kauf von Patenten

- Kooperationen
- Korrektur von Ergebnisprognosen
- Liquiditätsprobleme
- Lizenzen
- Mitteilungen zu Entscheidungen des Kartellamtes
- Mitteilungen zu Hauptversammlungen
- Moratorium gemäß § 46a KWG
- Personalveränderungen im Vorstand und Aufsichtsrat
- Rationalisierungsmaßnahmen
- Rückstellungen und Sonderabschreibungen
- Strukturveränderungen
- Umsatz- und Ergebnisabweichungen im Jahresabschluß oder in Zwischenberichten gegenüber dem Vorjahreszeitraum gegenüber in der Vergangenheit getroffenen Prognosen durch das Unternehmen oder gegenüber im Markt bestehenden Erwartungen
- Umwandlung der AG in eine GmbH
- Verkaufseinstellung von Produkten
- Verlust nach § 92 AktG
- Veröffentlichung eines Sonderprüfungsberichtes.

Vgl. BAWe/DBAG, Insiderhandelsverbote und Ad-hoc-Publizität, S. 60.

450 Im Folgenden seien vier Fallgruppen exemplarisch behandelt, nämlich der Erwerb eigener Aktien, die Due Diligence bei M & A Transaktionen, der Handel mit Aktienpaketen sowie die zukünftige Regelung bei öffentlichen Übernahmeangeboten.

2. Erwerb eigener Aktien/Aktienrückkauf

451 Seit Mai 1998 ist es den Aktiengesellschaften in erweitertem Umfange gestattet, eigene Aktien zu erwerben. Die Gesellschaft darf aufgrund einer höchstens 18 Monate geltenden Ermächtigung der Hauptversammlung, welche den niedrigsten und höchsten Gegenwert sowie den Anteil am Grundkapital, der 10 % nicht übersteigen darf, festlegt, eigene Aktien nach

§ 71 Abs. 1 Satz 1 Nr. 8 AktG erwerben. Über den Beschluß der Hauptversammlung zur Ermächtigung zum Rückkauf eigener Aktien ist das Bundesaufsichtsamt für den Wertpapierhandel nach § 71 Abs. 3 Satz 3 AktG unverzüglich nach Beschlußfassung zu informieren.

452 Der Rückkauf eigener Aktien bewirkt eine indirekte Verringerung des Grundkapitals der Gesellschaft bei gleichbleibendem operativen Geschäft, so daß sich das Ergebnis pro (verbleibender) Aktie entsprechend verändert. Jedenfalls durch den Rückkauf als solchem werden eine Reihe von Buchungssätzen veranlaßt, Bilanzrelationen verändert und es sind Pflichtangaben im Anhang gemäß § 160 Abs. 1 Nr. 2 AktG zu tätigen. Eine Ad-hoc-Publizitätspflicht käme im Prozeß bis zum Rückkauf theoretisch in Betracht für den Vorschlag an die Aktionäre, in der Hauptversammlung eine Ermächtigung des Vorstandes zu beschließen, für den Hauptversammlungsbeschluß als solchen, den Beschluß des Vorstandes über die Durchführung, gegebenenfalls den Zustimmungsbeschluß des Aufsichtrates, die Vorbereitungsmaßnahmen des Vorstandes für die Durchführung oder den Beginn der Durchführung.

453 Ein Vorschlag der Verwaltung an die Aktionäre, in der Hauptversammlung eine Ermächtigung zum Rückkauf eigener Aktien zu beschließen, ist eine neue Tatsache, die im Tätigkeitsbereich des Emittenten eintritt und noch nicht öffentlich bekannt ist. Sie hat jedoch keine unmittelbaren Auswirkungen auf die Vermögens- oder Finanzlage oder den allgemeinen Geschäftsverlauf und ist deshalb bereits nicht geeignet, den Börsenpreis der zugelassenen Wertpapiere erheblich zu beeinflussen. Zwar kann ein Aktienrückkauf als solcher hierzu geeignet sein, der Vorschlag an Aktionäre zum Beschluß in einer Hauptversammlung ist jedoch noch so weit von seiner Realisierung entfernt, daß kein Marktteilnehmer aufgrund der vagen Aussicht auf ein späteres Rückkaufprogramm Transaktionen tätigen würde.

454 Ein Hauptversammlungsbeschluß ist gleichfalls eine nicht öffentlich bekannte (da weder öffentliche noch bereichsöffentliche) Tatsache, die im Tätigkeitsbereich des Emittenten eingetreten ist, die jedoch ihrerseits noch keine Auswirkungen auf die Vermögens- oder Finanzlage oder den Geschäftsverlauf des Emittenten hat, da es zunächst noch eines Beschlusses des Vorstandes bedarf. Dieser hat für die Fassung des Beschlusses grundsätzlich 18 Monate Zeit, so daß auch insoweit nicht von einem unmittelbaren Bevorstehen auszugehen ist und kein Marktteilnehmer aufgrund der

Kenntnis der Tatsache des Hauptversammlungsbeschlusses eine Transaktion tätigen würde.

Selbst die Aussage eines Vorstandsmitgliedes, **455**

so im Sommer 1998 des Finanzvorstands der BASF, vgl. Schanz, § 16 Rz. 9 in Fußn. 24,

„seine Gesellschaft würde im Rahmen eines Aktienrückkaufprogramms bis zu DM 110 je Aktie bezahlen", wurde vom BAWe nicht als ad-hoc-publizitätspflichtige Tatsache angesehen, da es sich hierbei um eine reine Absichtserklärung handele, deren Umsetzung in der Realität zwar wahrscheinlich, aber nicht sicher sei.

456 Erst der Beschluß des Vorstandes, von der Ermächtigung der Hauptversammlung zum Rückkauf eigener Aktien Gebrauch zu machen, stellt eine ad-hoc-publizitätspflichtige Tatsache dar. Setzt die Ermächtigung der Hauptversammlung voraus, daß der Aktienrückkauf nur mit Zustimmung des Aufsichtsrates durchgeführt werden darf, entsteht die Publizitätspflicht zudem erst dann, wenn Vorstand (und gegebenenfalls Aufsichtsrat) den Rückkauf beschlossen haben (vgl. auch oben Rz. 273).

Schreiben des BAWe vom 28. Juni 1999 an alle Vorstände der börsennotierten Aktiengesellschaften;
Bosse, ZIP 1999, 2047 ff;
Schanz, § 16 Rz. 9;
Schockenhoff/Wagner, AG 1999, 548, 555 ff;
van Aerssen, WM 2000, 391, 400 ff.

457 Der Beschluß des Vorstandes signalisiert dem Markt, daß eine Umsetzung des Aktienrückkaufs unmittelbar bevorsteht. Ein derartiger Beschluß ist grundsätzlich geeignet, den Kurs der Aktie erheblich zu beeinflussen (dieses Ergebnis dürfte nach praktisch allen Theorien zur Bestimmung der Erheblichkeit erreicht werden). Mit dem Beschluß (und nicht erst mit der Umsetzung des Vorstandsbeschlusses) wird für die Marktteilnehmer das Signal gegeben, daß eine grundsätzlich zur Kursbeeinflussung geeignete Maßnahme unmittelbar bevorsteht.

3. Beteiligungserwerb durch börsennotierte Unternehmen

458 Soweit ein börsennotiertes Unternehmen ein anderes, seinerseits nicht börsennotiertes Unternehmen erwerben möchte, stellt sich für das börsennotierte Unternehmen die Frage der Pflicht zur Ad-hoc-Publizität hinsichtlich des Erwerbs. Bei dem Erwerbsvorgang sind wiederum verschiedene Realisierungsstufen zu unterscheiden. Nach ersten, häufig vom Vorstand initiierten Vorüberlegungen zu einem Erwerb und einer Kontaktaufnahme zu der Geschäftsführung des Zielunternehmens oder zu deren wesentlichen Gesellschaftern folgt meist ein sogenannter Letter of Intent (LOI), an den sich eine Due Diligence anschließt, zu der meist parallel bereits Kaufvertragsverhandlungen geführt werden, die in einem – häufig notariell zu beurkundenden – Kaufvertrag münden. Der Kaufvertrag wird seitens des börsennotierten Unternehmens von dessen Vorstand geschlossen, der seinerseits hierüber mit seinem Aufsichtsrat kommuniziert und gegebenenfalls von diesem eine zustimmende Entscheidung erhalten hat.

459 Grundsätzlich handelt es sich bei dem Erwerb eines Unternehmens um eine neue, nicht öffentlich bekannte Tatsache, die auch im Tätigkeitsbereich des Emittenten eintritt. Auch die Frage der Auswirkung auf die Vermögens- oder Finanzlage oder den Geschäftsverlauf des Emittenten wird regelmäßig zu bejahen sein. Ob das Bekanntwerden des Erwerbs durch das börsennotierte Unternehmen die Eignung zur erheblichen Kursbeeinflussung besitzt, ist im Einzelfall zu prüfen. Nach den Ergebnissen von rechtstatsächlichen Untersuchungen scheint dies in mehr Fällen als bisher angenommen zu bejahen zu sein.

Vgl. Leis/Nowak, in: KPMG, Ad hoc-Publizität nach § 15 WpHG; Nowak, DB 1999, 601, 604 m. w. N.

460 Fraglich ist jedoch, zu welchem Zeitpunkt eine derartige Kursrelevanz eintritt. Diese dürfte kaum gegeben sein bei den Vorüberlegungen/Planungen des Vorstandes oder der eingeschalteten Abteilungen des übernehmenden Unternehmens. Mit dem Abschluß des LOI gewinnt der Kauf jedoch schon erste Konturen und signalisiert, daß grundsätzlich beide Seiten an dem Kauf interessiert sind. Trotzdem dürfte ihm noch keine Eignung zur Kursbeeinflussung zukommen, da eine Vielzahl von intendierten Käufen auch nach Abschluß eines LOI nicht zustande kommt, so daß ein besonnener Anleger auf der Basis dieser Information noch keine Transaktionen in den Wertpapieren des bietenden Unternehmens tätigen würde. Etwas anders gilt für den Abschluß der Due Diligence, die ihrerseits meist Hand in Hand geht mit einer mehr oder weniger vollständigen Verhandlung des Kaufvertrages. Trotzdem wird auch hier noch keine Ad-hoc-Publizitätspflicht anzunehmen sein, da erst mit Beendigung des Abstimmungsprozesses innerhalb des übernehmenden Unternehmens es von dessen Seite als gesichert angesehen werden kann, daß es zu einem Kaufvertragsabschluß kommt. Andererseits ist nicht generell auszuschließen, daß bereits zu diesem Zeitpunkt ein willkürlicher Abbruch der Verhandlungen das bietende Unternehmen wegen Abbruchs der Vertragsverhandlungen zu Schadensersatz aus culpa in contrahendo verpflichtet.

> Vgl. Soergel/Wiedemann, BGB, 12. Aufl., 1990, vor § 275 Rz. 137.

461 Im Einzelfall kann daher bereits zu diesem Zeitpunkt eine Ad-hoc-Publizitätspflicht entstehen. Im Regelfall wird jedoch – nicht zuletzt aufgrund des kurzen Zeitraumes zwischen Beendigung der Phase der Due Diligence/Verhandlung des Kaufvertrags und dem Abschluß des Kaufvertrages – keine Verpflichtung zur Ad-hoc-Publizitätspflicht bestehen.

462 Der Vorstand der übernehmenden Gesellschaft ist nach § 90 Abs. 1 Satz 1 Nr. 4, Abs. 2 Nr. 4 AktG jedenfalls verpflichtet, in den Fällen, in denen der Kauf des Zielunternehmens eine Eignung zu erheblicher Kursbeeinflussung besitzt, den Aufsichtrat rechtzeitig zu unterrichten.

> Vgl. nur Burgard, ZHR 162 (1998), 51, 91 m. w. N.

463 Bedarf es einer Zustimmung des Aufsichtsrates, weil es der Aufsichtsrat im Einzelfall so beschließt oder es die Satzung des Unternehmens vorsieht, so wird von einem Teil der Literatur vertreten, daß erst mit zustimmendem Aufsichtsratsbeschluß eine Ad-hoc-Publizitätspflicht eintritt.

> Happ/Semler, ZGR 1998, 116, 138 f.

464 Die eine erweiterte Ad-hoc-Publizitätspflicht vertretende Auffassung würde demgegenüber bereits in dem Abschluß des Kaufvertrages den ad-hoc-publizitätspflichtigen Vorgang erkennen. Bei einer professionellen Regie des bietenden Unternehmens dürfte hieraus jedoch in der Regel keine grundsätzliche Differenz entstehen, wenn der zustimmende Aufsichtsratsbeschluß vor oder gleichzeitig mit dem Abschluß des Kaufvertrages erfolgt. (Zu der Befreiungsmöglichkeit für in der Regel nicht mehr als einige Tage gemäß § 15 Abs. 1 Satz 2 WpHG vgl. unten Rz. 482 ff). Etwaige spätere Wirksamkeitsvoraussetzungen für den Kaufvertrag (z. B. kartellrechtlicher oder handelsregisterrechtlicher Art oder eine Zustimmung der Hauptversammlung) haben dagegen keinen Einfluß mehr auf die Ad-hoc-Publizitätspflicht, da sie nur nachrichtlich in der Ad-hoc-Meldung zur Vermeidung einer Irreführung des Kapitalmarktes klar herausgestellt werden müssen.

4. Zukünftige Regelung bei öffentlichen Übernahmenangeboten

465 Sind sowohl das bietende Unternehmen wie das Zielunternehmen börsennotiert oder jedenfalls das Zielunternehmen, wird ein Erwerb immer häufiger in Form eines öffentlichen Übernahmenangebotes durchgeführt. Für diese Konstellationen ist derzeit streitig, wann und von welchem Unternehmen eine Ad-hoc-Publizität gefordert wird.

> Vgl. hierzu
> Schander/Lucas, DB 1997, 2109 ff;
> Nowak, DB 1999, 601 ff;
> Fürhoff/Wölk, WM 1997, 449, 452;
> Götze, BB 1998, 2326 ff;
> Schlittgen, S. 134 ff;
> Fürhoff, S. 166 f;
> Gehrt, S. 139 f;
> von Klitzing, S. 105 ff;
> Schanz, § 16 Rz. 9 f mit Fußn. 25.

466 Der Diskussionsentwurf eines Gesetzes zur Regelung von Unternehmensübernahmen sieht in § 10 Geheimhaltungspflichten sowohl für das bietende Unternehmen wie für das Zielunternehmen vor. Im einzelnen lautet § 10:

> **§ 10**
> **Geheimhaltungspflicht vor Veröffentlichung der Entscheidung zur Abgabe eines Übernahmeangebotes**
>
> (1) Der Bieter und die mit ihm gemeinsam handelnden Personen sind vor Veröffentlichung der Entscheidung zur Abgabe eines Übernahmeangebots nach § 11 unbeschadet anderer gesetzlicher Bestimmungen zur Geheimhaltung ihrer Maßnahmen zur Vorbereitung eines Übernahmeangebots verpflichtet.
>
> (2) Vor der Veröffentlichung der Entscheidung zur Abgabe eines Übernahmeangebots nach § 11 Abs. 3 kann der Bieter seine Absichten in bezug auf die Zielgesellschaft mit dieser erörtern sowie mit Aktionen der Zielgesellschaft über den Erwerb von Aktien der Zielgesellschaft verhandeln. Die Zielgesellschaft und ihre Aktionäre sind unbeschadet anderer gesetzlicher Bestimmungen zur Geheimhaltung der ihnen bekannt gewordenen Absichten des Bieters verpflichtet.

467 **§ 11 des Diskussionsentwurfs** regelt im Absatz 1 den Zeitpunkt der Veröffentlichung der Entscheidung zur Abgabe eines Übernahmeangebotes. Er lautet:

> (1) Der Bieter hat seine Entscheidung zur Abgabe eines Übernahmeangebots unverzüglich zu veröffentlichen. Die Verpflichtung nach Satz 1 besteht auch, wenn für die Entscheidung nach Satz 1 der Beschluß der Gesellschafterversammlung des Bieters erforderlich ist und ein solcher Beschluß noch nicht erfolgt ist.

§ 11 Abs. 6 lautet:

> (6) § 15 des Wertpapierhandelsgesetzes gilt nicht für Entscheidungen zur Abgabe eines Übernahmeangebots.

468 Nach dem Diskussionsentwurf des Übernahmegesetzes werden damit Übernahmeangebote dahingehend geregelt, daß (entsprechend der bisher herrschenden Lehre und der Auffassung des Bundesaufsichtsamtes für den Wertpapierhandel und der Deutschen Börse AG) das Zielunternehmen, so es Kenntnis von der Absicht der Abgabe eines Übernahmeangebotes erlangt, zur Geheimhaltung verpflichtet ist. Im Umkehrschluß ist hieraus trotz der Einfügung der Phrase in § 10 Abs. (2) Satz 2 „unbeschadet anderer gesetzlicher Bestimmungen“ herzuleiten, daß eine Ad-hoc-Publizitätspflicht für das Zielunternehmen nicht besteht. Zwar spricht § 11 Abs. (6) von einem ausdrücklichen Ausschluß des § 15 WpHG nur „für Entscheidungen zur Abgabe eines Übernahmeangebots“ und adressiert mit diesem Wortlaut nur die bietende Gesellschaft. Es dürfte jedoch kaum vertretbar sein, dem Gesetzgeber zu unterstellen, daß er in Kenntnis der Diskussion über die Frage, ob auch die Zielgesellschaft zur Ad-hoc-Publizität verpflichtet ist, mit der Verpflichtung zur Geheimhaltung in § 10 Abs. (2) gleichzeitig keine Einschränkung einer (möglichen) Ad-hoc-Publizität nach § 15 WpHG beabsichtigt haben sollte. Vielmehr dürfte die eingeschobene Phrase eher dahingehend zu verstehen sein, daß neben dem Verbot der Weitergabe von Insiderkenntnissen durch § 14 WpHG eine weitere Pflicht zur Geheimhaltung statuiert wird.

469 Hinsichtlich der bietenden Gesellschaft enthält das Gesetz zwei erfreuliche Klarstellungen. Zum einen wird deutlich, daß unabhängig von gesellschaftsrechtlichen Zustimmungsvorbehalten die Entscheidung zur Abgabe des Übernahmeangebotes bereits zu einer Veröffentlichungspflicht führt und daß daneben eine weitere Veröffentlichungspflicht nach § 15 WpHG nicht besteht. Allerdings ergeben sich auch insoweit Interpretationsspielräume, als § 11 Abs. (1) des Diskussionsentwurfs von einer „Entscheidung zur Abgabe eines Übernahmeangebotes“ spricht, ohne deutlich zu machen, von welchem Organ der bietenden Gesellschaft diese Entscheidung getroffen sein muß. Soweit die bietende Gesellschaft ihrerseits eine Aktiengesellschaft ist, kann es allein auf dem Beschluß des Vorstandes oder zusätzlich auf den Beschluß des Aufsichtsrates und gegebenenfalls auch der Hauptversammlung ankommen. Wenn § 11 Abs. (1) Satz 2 des Diskussionsentwurfs lediglich die Beschlußfassung der Gesellschafterversammlung des Bieters für nicht erforderlich erachtet für die Wirksamkeit der Entscheidung des oder der anderen Organe, scheint der Entwurf auf eine GmbH oder Personengesellschaft Bezug zu nehmen. Insoweit wäre eine Klarstellung wünschenswert, daß die Entscheidung eines Organs (bei der AG also des Vorstandes) für die Veröffentlichungspflicht genügt (vgl. auch oben Rz. 440.

IV. Rechtsfolgen einer Verwirklichung der Tatbestandsmerkmale

1. Ad-hoc-Publizität und Mitteilungspflichten

a) Mitteilungspflichten (§ 15 Abs. 2 WpHG)

470 Rechtsfolge des Eintritts von ad-hoc-publizitätspflichtigen Tatsachen ist, daß diese unverzüglich zu veröffentlichen sind. Zu veröffentlichen ist lediglich der Eintritt der Tatsache und nicht die aufgrund des Eintritts der Tatsache von der Geschäftsführung erwartete Änderung der Vermögens- oder Finanzlage.

Geibel, in: Schäfer, WpHG/BörsG/VerkProspG, § 15 WpHG Rz. 65.

471 Vor der Veröffentlichung hat der Emittent jedoch die zu veröffentlichenden Tatsachen nach § 15 Abs. 2 WpHG

- der Geschäftsführung der Börsen, an denen die Wertpapiere zum Handel zugelassen sind,
- der Geschäftsführung der Börsen, an denen Derivate, deren Gegenstand die Wertpapiere sind, gehandelt werden und
- dem Bundesaufsichtsamt

mitzuteilen. Die Veröffentlichung hat grundsätzlich erst hiernach zu erfolgen. Grund für diese Reihefolge des Verfahrens ist, daß den Geschäftsführungen der Börsen die Möglichkeit gegeben werden soll zu entscheiden, ob die Feststellung des Börsenpreises auszusetzen oder einzustellen ist (§ 15 Abs. 2 Satz 2 WpHG). Sinn der Unterrichtung des BAWe vor der Veröffentlichung ist, daß dieses seiner Pflicht zur Überwachung der Ad-hoc-Publizität nachkommen kann.

Ges. Entw. BT-Drucks. 12/6679, S. 49;
Beschlußempfehlung Finanzausschuß BT-Drucks. 12/7918, S. 101.

472 Nach §§ 43 Abs. 1 Nr. 1, 75 Abs. 3 BörsG kann eine Kursaussetzung im amtlichen Handel und geregelten Markt vorgenommen werden, wenn ein ordnungsgemäßer Börsenhandel **zeitweilig gefährdet** ist oder wenn dies zum **Schutz des Publikums** geboten erscheint. Da Anleger regelmäßig noch keine Kenntnis von der zu veröffentlichenden Tatsache haben, werden diese dadurch geschützt, daß aufgrund der Kursaussetzung sämtliche schwebenden Kauf- und Verkaufsaufträge nach § 6 Abs. 6 der Bedingungen für Geschäfte an den Deutschen Wertpapierbörsen erlöschen. Entsprechendes gilt nach Nr. 6 Satz 1 der Sonderbedingungen für Wertpapiergeschäfte der Deutschen Banken für sämtliche an der betreffenden Börse in dem betreffenden Papier auszuführenden Kundenaufträge. Gleiches gilt für die parallelen Terminbörsen. Durch die Aussetzung und das Erlöschen aller schwebenden Verträge bzw. Aufträge wird dem Anleger Gelegenheit gegeben, seine Anlageentscheidung im Lichte der folgenden Veröffentlichung der bisher nicht bekannten Tatsache zu überdenken.

Vgl. Hamann, in: Schäfer, WpHG/BörsG/VerkProspG,
§ 43 BörsG Rz. 14 f m. w. N.

473 Nachteil einer Kursaussetzung ist, daß – schnell informierte und entscheidungsfreudige – Anleger keinen Handel in den Wertpapieren entfalten können und daß dann, wenn das Wertpapier in einen Index einbezogen ist, dessen Berechnung aufgrund der Aussetzung verzerrt wird (er sinkt unzutreffenderweise). Deshalb ist die Entscheidung über die Kursaussetzung und über deren Dauer mit einer erheblichen Verantwortung verbunden und wird von den entscheidenden Geschäftsführungen der Börsen in ihrer Dauer so kurz wie möglich gehalten, kann sich jedoch bei besonders unübersichtlichen Situationen auch auf mehrere Tage erstrecken.

Geibel, in: Schäfer, WpHG/BörsG/VerkProspG,
§ 15 WpHG Rz. 132.

474 § 15 Abs. 2 Satz 3 WpHG ermächtigt das Bundesaufsichtsamt, es zu gestatten, daß **Emittenten mit Sitz im Ausland** gleichzeitig mit der Unterrichtung der Geschäftsführung der Börsen und des Bundesaufsichtsamtes die Veröffentlichung vornehmen, wenn dadurch die Entscheidung der Geschäftsführung der Börsen über die Aussetzung oder Einstellung der Feststellung des Börsenpreises nicht beeinträchtigt wird. Durch diese Ermächtigung des BAWe sollte Spielraum für die Vermeidung von Problemen für ausländische Emittenten gegeben werden, die aufgrund ihrer Publizitätsvorschriften im Heimatland gezwungen werden können, am Sitz ihrer Heimatbörse Mitteilungen und Veröffentlichung vor den Mitteilungen und Veröffentlichungen an der Deutschen Börse vorzunehmen. Das BAWe hat von der Ermächtigung mit Schreiben vom 11. August 1998 Gebrauch gemacht und es Emittenten mit Sitz im Ausland generell erlaubt, die **Mitteilung** nach § 15 Abs. 2 Satz 1 WpHG **gleichzeitig mit ihrer Veröffentlichung** vorzunehmen.

BAnz Nr. 168 v. 9. 9. 1998, S. 13458.

475 Die Geschäftsführungen der inländischen Börsen haben gegenüber dem BAWe erklärt, daß sie in einer gleichzeitigen Veröffentlichung keine Beeinträchtigung ihrer Entscheidung über die Kursaussetzung sehen, da sie sich in aller Regel ohnehin nach den jeweiligen Heimatbörsen richten.

Zu letzterem vgl.
Pötzsch, AG 1997, 193, 199;
ders., WM 1998, 949, 958.

b) Veröffentlichungsverfahren (§ 15 Abs. 3 und 4 WpHG)

476 Die Veröffentlichung hat nach § 15 Abs. 3 WpHG

- in mindestens einem überregionalen Börsenpflichtblatt oder
- über ein bei den Handelsteilnehmern weit verbreitetes elektronisch betriebenes Informationsverbreitungssystem

grundsätzlich in deutscher Sprache zu erfolgen. Überregionale Börsenpflichtblätter sind definiert durch § 37 Abs. 4 Satz 1 Halbs. 1 BörsG.

Vgl. dazu Hamann, in: Schäfer, WpHG/BörsG/VerkProspG, § 37 BörsG Rz. 20.

477 **Elektronische Informationssysteme** sind etwa Reuters, VWD, das Informationssystem der Deutsche Börse AG „Info 15“, Bloomberg und eine Reihe weiterer Systeme. Nicht ausreichend ist, wenn statt über ein elektronisches Informationssystem die Tatsache im Internet zur Verfügung gestellt wird, z. B. auf der **Web-Side des Emittenten**, da insoweit keine aktive Verbreitung, sondern lediglich eine passive Zurverfügungstellung der Information erfolgt.

Vgl. Spindler, ZGR 2000, 420, 438 f zur parallelen Frage der Erforderlichkeit nach § 131 Abs. 1 Satz 1 AktG; de lege ferenda für ein elektronisch betriebenes Informationssystem, das einer breiten Öffentlichkeit offensteht Möllers, ZGR 1997, 334, 359.

Die Veröffentlichung hat grundsätzlich in **deutscher Sprache** zu erfolgen. Das BAWe hat es durch Bekanntmachung vom 1. Februar 1996 Emittenten mit Sitz im Ausland, deren Wertpapiere an einer deutschen Börse notiert sind, erlaubt, die Veröffentlichung in **englischer Sprache** abzugeben. **478**

Da die Veröffentlichung im Rahmen der Ad-hoc-Publizität zunehmend auch zur Selbstdarstellung des Emittenten (PR) genutzt wurde, hat das Bundesaufsichtsamt für den Wertpapierhandel mit Schreiben vom 22. März 2000 an die Vorstände der zum amtlichen Handel und zum geregelten Markt zugelassenen Aktiengesellschaften und Kommanditgesellschaften auf Aktien darum gebeten, die Formulierung der zu veröffentlichenden Tatsache möglichst auf 10 bis 20 Schreibmaschinenzeilen zu begrenzen, von wörtlichen Zitaten von Vorstandsmitgliedern, die die Tatsache wiederholen, von Reaktionen auf Angriffe von Mitbewerbern und von Veröffentlichungen des eigenen Firmenprofils abzusehen. **479**

Die früher in § 15 Abs. 3 Satz 3 WpHG enthaltene Verpflichtung zur Hinweisbekanntmachung im Bundesanzeiger ist seit 1997 entfallen. **480**

Nach § 15 Abs. 4 WpHG ist der Emittent verpflichtet, nach Vornahme der Veröffentlichung den Geschäftsführungen der Börsen sowie dem Bundesaufsichtsamt eine Kopie derselben zu übersenden (soweit nicht – wie bei den ausländischen Emittenten jetzt generell – die Veröffentlichung gleichzeitig mit der Information der Geschäftsführungen und des BAWe erfolgt). **481**

2. Befreiung von der Ad-hoc-Publizitätspflicht (§ 15 Abs. 1 Satz 2 WpHG)

a) Voraussetzungen für Befreiung

Nach § 15 Abs. 1 Satz 2 WpHG kann das Bundesaufsichtsamt auf Antrag den Emittenten von der Pflicht zur Veröffentlichung befreien, wenn die Veröffentlichung der Tatsache geeignet ist, den berechtigten Interessen des Emittenten zu schaden. Die Befreiung von der Pflicht zur Ad-hoc-Publizität durch das BAWe ist ein **Verwaltungsakt** desselben. Um dessen Voraussetzungen sowie seine Überprüfbarkeit haben sich eine Reihe von Meinungsverschiedenheiten entwickelt. **482**

483 Voraussetzung für den Verwaltungsakt ist auf der Tatbestandsseite neben dem Antrag des Emittenten, daß „die Veröffentlichung der Tatsache geeignet ist, den berechtigten Interessen des Emittenten zu schaden". Hier sind zum einen die „berechtigten Interessen" des Emittenten zu definieren. Zum anderen stellt sich die Frage, ob allein das Vorliegen von berechtigten Interessen des Emittenten genügt oder ob dessen Interessen gegen die des Kapitalmarktes abzuwägen sind.

484 Die **berechtigten Interessen des Emittenten** werden regelmäßig in Anlehnung an § 131 Abs. 3 Nr. 1 AktG gewonnen. Als den berechtigten Interessen widersprechende Veröffentlichung von Tatsachen wird die Veröffentlichung derjenigen Tatsachen bezeichnet, die „nach vernünftiger kaufmännischer Beurteilung geeignet wären, der Gesellschaft oder einem verbundenen Unternehmen einen nicht unerheblichen Nachteil zuzufügen".

Gehrt, S. 165;
von Klitzing, S. 168 ff;
Kümpel, in: Assmann/Schneider, WpHG, § 15 Rz. 79 f;
Fürhoff/Wölk, WM 1997, 449, 457 f.

485 **Streitig** ist, ob bei der Feststellung der berechtigten Interessen ein **Beurteilungsspielraum** für das Bundesaufsichtsamt für den Wertpapierhandel besteht. Während hier in der ersten Zeit nach der Verabschiedung des Gesetzes zum Teil die Auffassung vertreten wurde, daß ein Beurteilungsspielraum für das BAWe besteht, hat sich zwischenzeitlich als **ganz herrschende Meinung** herausgebildet, daß in Anbetracht der strengen Voraussetzungen, die BVerwG und BVerfG für die Existenz eines Beurteilungsspielraums fordern, ein solcher nicht besteht. Dieser Auffassung hat sich auch das Bundesaufsichtsamt für den Wertpapierhandel angeschlossen.

Fürhoff/Wölk, WM 1997, 449, 458;
Kümpel, in: Assmann/Schneider, § 15 WpHG Rz. 94 f;
Cahn, WM 1998, 272, 273;
Geibel, in: Schäfer, WpHG/BörsG/VerkProspG,
§ 15 WpHG Rz. 114 f.

486 Dementsprechend ist heute auch weitgehend unstreitig, daß der unbestimmte Rechtsbegriff des „berechtigten Interesses" im vollem Umfange der **Überprüfung durch die Gerichtsbarkeit** unterliegt.

487 **Streitig** ist jedoch nach wie vor, ob für die Feststellung eines „berechtigten Interesses" eine **Güterabwägung** zwischen den Interessen des Emittenten, die durch eine Veröffentlichung geschädigt werden, und den Interessen des

Kapitalmarktes (also des Anlegerschutzes) zu erfolgen hat. Eine **Mindermeinung** verweist darauf, daß § 44a Abs. 1 Satz 3 BörsG lautete: „Legt der Emittent dar, daß ihm aus der Veröffentlichung solcher Angaben ein auch unter Berücksichtigung des Publikums nicht zu rechtfertigender Nachteil droht, so kann der Börsenvorstand den Emittenten von der Veröffentlichungspflicht befreien". Da § 44a BörsG a. F. ausdrücklich eine „Berücksichtigung der Interessen des Publikums" vorgesehen habe und dies in § 15 WpHG weggefallen sei, sei das Informationsbedürfnis nicht mehr zu berücksichtigen.

> Hirte, in: Hadding/Hopt/Schimansky, Das 2. Finanzmarktförderungsgesetz in der praktischen Umsetzung, S. 45, 50;
> Assmann, AG 1994, 196, 206;
> ders., ZGR 1994, 495, 528;
> Grundmann, Zif. 4.2.1, Rz. 33.

488 Demgegenüber sieht die **ganz überwiegende Meinung** in dem Wegfall der ausdrücklichen Erwähnung der Berücksichtigung der Interessen des Publikums keinen Grund, einen Abwägungsvorgang zu verneinen, da ein solcher durch die EG-Börsenzulassungsrichtlinie, deren erste Umsetzung § 44a BörsG a. F. war, gefordert werde und zudem der Normzweck von § 15 WpHG, nämlich der Herbeiführung einer Kapitalmarkttransparenz, zwingend eine Berücksichtigung der Informationsinteressen des Kapitalmarktes erfordere.

> Geibel, in: Schäfer, WpHG/BörsG/VerkProspG, § 15 WpHG Rz. 114;
> Hopt, ZHR 159 (1995), 135, 157;
> Kümpel, in: Assmann/Schneider, WpHG, § 15 Rz. 79 f;
> Wittig, AG 1997, 1, 4;
> Fürhoff/Wölk, WM 1997, 449, 458;
> Gehrt, S. 116;
> von Klitzing, S. 170 f.

489 **Streitig** ist weiter, ob im Falle des Vorliegens der tatbestandlichen Voraussetzungen dem **BAWe** ein **Ermessensspielraum** eingeräumt ist, eine Befreiung zu erteilen, oder ob im Falle des Vorliegens das BAWe eine Befreiung von der Verpflichtung zur Ad-hoc-Publizität erteilen muß. Ein Teil der Literatur verweist darauf, daß der Wortlaut von § 15 Abs. 1 Satz 3 WpHG ausdrücklich von „kann" spricht und gewährt dem BAWe einen Ermessensspielraum.

> Fürhoff/Wölk, WM 1997, 449, 458;
> von Klitzing, S. 171 ff;

Gehrt, S .167 f;
Schlittgen, S. 207 (ohne nähere Begründung oder Auseinandersetzung mit der Gegenmeinung).

490 Demgegenüber verweist eine **starke Gegenmeinung** darauf, daß die Güterabwägung zwischen den Interessen des Emittenten und des Kapitalmarktes bereits auf der Tatbestandsseite im Rahmen der Feststellung des „berechtigten Interesses" des Emittenten erfolgt, so daß nach erfolgter Güterabwägung für ein behördliches Ermessen im Ergebnis kein Raum mehr bleibt, das Ermessen also insoweit auf Null reduziert ist.

Cahn, WM 1998, 272, 273;
Kümpel, Bank- und Kapitalmarktrecht, 1. Aufl., Rz. 14.312 (unklar in der 2. Aufl.);
Geibel, in: Schäfer, WpHG/BörsG/VerkProspG, § 15 WpHG Rz. 115.

491 Ein Teil der Literatur fordert de lege ferenda eine Veröffentlichung einer Befreiung von der Ad-hoc-Publizität durch das BAWe, um Aktionären ein Drittwiderspruchsrecht einzuräumen.

Vgl. Hirte, in: Hadding/Hopt/Schimansky, Das 2. Finanzmarktförderungsgesetz in der praktischen Umsetzung, S. 47, 63;
dagegen Möllers, ZGR 1997, 334, 357.

b) Haftung des Bundesaufsichtsamtes für den Wertpapierhandel für unrechtmäßige Ablehnung

492 Umstritten ist, ob einem Emittenten Amtshaftungsansprüche zustehen, wenn sein Antrag auf Befreiung von der Ad-hoc-Publizitätspflicht vom BAWe zu Unrecht versagt wurde. § 4 Abs. 2 WpHG bestimmt zwar, daß das Bundesaufsichtsamt „die ihm nach diesem Gesetz zugewiesenen Aufgaben und Befugnisse nur im öffentlichen Interesse wahrnimmt" und damit grundsätzlich Amtshaftungsansprüche ausschließt.

Fürhoff/Wölk, WM 1997, 449, 458;
Fürhoff, S. 208.

493 Dem wird von der ganz herrschenden Meinung entgegengehalten, daß durch § 4 Abs. 2 WpHG Amtshaftungs- und Schadensersatzansprüche nur insoweit ausgeschlossen werden, als allgemeine Maßnahmen betroffen sind. Die Pflicht zu rechtmäßigem Verhalten gegenüber unmittelbar betroffenen Personen und Unternehmen bleibt dagegen unberührt und ein schuldhafter Verstoß hiergegen kann eine zum Schadensersatz verpflichtende Amtspflichtsverletzung darstellen.

Ges. Begr. BT-Drucks. 12/7918, S. 100;
Cahn, WM 1998, 272, 273;
Geibel, in: Schäfer, WpHG/BörsG/VerkProspG,
§ 15 WpHG Rz. 116 und § 4 Rz. 24;
wohl auch Kümpel, in: Assmann/Schneider, WpHG,
§ 15 Rz. 99 a.

494 Hat das BAWe eine Befreiung von der Ad-hoc-Publizitätspflicht zu Unrecht erteilt und werden dadurch Anleger geschädigt, so findet § 4 Abs. 2 WpHG unstreitig Anwendung und Ansprüche gegen das BAWe sind ausgeschlossen.

3. Folgen von Pflichtverletzungen

a) Zivilrechtliche Folgen

aa) für Emittent

495 Für den Emittenten von Wertpapieren, der seinen Verpflichtungen zur Ad-hoc-Publizität nicht nachkommt, stellt sich die Frage nach den Konsequenzen einer Pflichtverletzung. Noch während des Gesetzgebungsverfahrens wurde diskutiert, ob § 15 WpHG der Charakter eines Schutzgesetzes i. S. d. § 823 Abs. 2 BGB zukommen sollte. Die wohl überwiegende Meinung bejahte den Schutzgesetzcharakter der Vorgängernorm, also des § 44a BörsG.

Hopt, ZGR 1991, 17, 50;
Schwark, NJW 1987, 2041, 2045;
zu der Diskussion während des Gesetzgebungsverfahrens
Assmann, ZGR 1994, 494, 529 mit Fußn. 136.

496 Während des Gesetzgebungsverfahrens wurde daraufhin § 15 Abs. 6 Satz 1 WpHG dahingehend formuliert, daß der Emittent im Falle einer Pflichtverletzung „einem anderen nicht zum Ersatz des daraus entstehenden Schadens verpflichtet“ sein soll. Der Geldgeber wollte damit zum Ausdruck bringen, daß Verstöße des Emittenten gegen § 15 WpHG nicht zivilrechtlich durch Schadensersatzansprüche sanktioniert sein sollten.

Beschlußempfehlung und Bericht des Finanzausschusses,
BT-Drucks. 12/7918, S. 102;
Geibel, in: Schäfer, WpHG/BörsG/VerkProspG,
§ 15 WpHG Rz. 139;

Kümpel, in: Assmann/Schneider, WpHG, § 15 Rz. 188 ff;
von Klitzing, S. 217 ff;
a. A. Gehrt, S. 195 ff.

497 § 15 Abs. 6 Satz 2 WpHG stellt jedoch ausdrücklich klar, daß auf anderen Rechtsgrundlagen beruhende Schadensersatzansprüche unberührt bleiben. Hierzu zählen etwa Verstöße gegen §§ 263, 264a StGB oder § 826 BGB.

bb) für Organe

498 Soweit eine zivilrechtliche Schadensersatzverpflichtung des Emittenten durch § 15 Abs. 6 Satz 1 WpHG ausgeschlossen ist, erstreckt sich dieser Ausschluß auch auf die Organe des Emittenten. Soweit eine zivilrechtliche Haftung des Emittenten nach Abs. 6 S. 2 nicht ausgeschlossen ist, gelten die allgemeinen Grundsätze für die Eigenhaftung von Organen.

b) Strafrechtliche Folgen

aa) für Emittent

499 Nach § 39 Abs. 1 Nr. 1b, Nr. 2a, Nr. 3, Nr. 4, Abs. 2 Nr. 1, Nr. 2 WpHG werden schuldhafte Verletzungen von Verpflichtungen gemäß § 15 Abs. 1–5 WpHG als Ordnungswidrigkeiten i. S. d. § 1 Abs. 1 OWiG mit Bußgeldern zwischen DM 100 000 und DM 3 Mio. sanktioniert. Der unterschiedliche Bußgeldrahmen spiegelt dabei die jeweilige Bedeutung der verletzten Pflichten wider.

500 Mit einer Geldbuße bis zu DM 3 Mio. wird ein Verstoß gegen § 15 Abs. 1 Satz 1 i. V. m. Abs. 3 Satz 1 WpHG, also die Veröffentlichungspflicht, geahndet. Mit einer Geldbuße zu DM 500 000 werden Verstöße gegen § 15 Abs. 2 Satz 1 WpHG, also die Pflicht zur Unterrichtung der Geschäftsführung der Börsen und des BAWe über zu veröffentlichende Tatsachen, geahndet. Alle übrigen Verpflichtungen, insbesondere also die Verpflichtungen aus § 15 Abs. 3 Satz 2 WpHG (Pflicht zur Einhaltung der Reihenfolge), die Pflicht aus § 15 Abs. 4 WpHG (nachträgliche Unterrichtung über die vorgenommene Veröffentlichung), die Pflicht gemäß § 15 Abs. 5 Satz 1 WpHG (Vorlage von Unterlagen und Erteilung von Auskünften auf Verlangen des Bundesaufsichtsamtes) und die Pflicht gemäß § 15 Abs. 5 Satz 2 WpHG (Verweigerung des Betretens der Grundstücke und Geschäftsräume des Emittenten) werden jeweils mit DM 100 000 sanktioniert.

Schuldhaft ist eine Pflichtverletzung grundsätzlich nur, soweit sie vorsätzlich oder leichtfertig begangen wird. Fahrlässigkeit genügt lediglich bei der Verweigerung der Erteilung von Auskünften oder der Vorlage von Unterlagen gemäß § 15 Abs. 5 Satz 1 WpHG sowie des Betretens der Grundstücke und der Geschäftsräume des Emittenten durch Bedienstete und Beauftragte des BAWe nach § 15 Abs. 5 Satz 2 (so § 39 Abs. 2 Nr. 1 und 2 WpHG). **501**

Daneben können grundsätzlich weitere Straftatbestände, wie etwa des Kursbetruges nach § 88 BörsG oder der § 263 (Betrug) und § 265b (Kreditbetrug) StGB erfüllt sein. **502**

Geibel, in: Schäfer, WpHG/BörsG/VerkProspG, § 15 WpHG Rz. 161.

Die Haftung des Emittenten, also der juristischen Person, für die Verstöße und die Festsetzung einer Geldbuße gegen die juristische Person selbst wird durch § 30 OWiG ermöglicht. **503**

bb) für Organe

Strafrechtliche Folgen von Verstößen gegen die Ad-hoc-Publizität können sich ebenfalls für die Organe des Emittenten ergeben. Nach § 9 Abs. 1 OWiG können die gleichen Geldbußen wegen Verletzung der Ad-hoc-Publizitätspflichten auch gegen die für den Emittenten handelnden vertretungsberechtigten Organe, also die Mitglieder des Vorstandes, verhängt werden. Durch § 9 Abs. 2 Satz 1 Nr. 2 OWiG wird diese Strafbarkeit auf die leitenden Mitarbeiter des Unternehmens erweitert. Die übrigen Organe, also der Aufsichtsrat und die Hauptversammlung, dürften hiervon jedoch nicht betroffen sein. **504**

c) Börsenzulassungsrechtliche Folgen

Bei nachhaltigen – und sicherlich bei wiederholten – Verstößen gegen die Ad-hoc-Publizitätspflicht kann grundsätzlich auch ein Widerruf der Zulassung von Wertpapieren eines Emittenten zum amtlichen oder geregelten Markt nach § 44d BörsG bzw. § 72 Abs. 2 Nr. 3 BörsG i. V. m. den BörsO in Betracht kommen. Für den Neuen Markt gilt entsprechendes aufgrund privatrechtlicher Vereinbarung gemäß Ziffer 2.1.2 Abs. (2) Nr. 2 des Regelwerkes Neuer Markt. **505**

§ 12 Insiderpapiere

(1) Insiderpapiere sind Wertpapiere, die

1. an einer inländischen Börse zum Handel zugelassen oder in den Freiverkehr einbezogen sind, oder
2. in einem anderen Mitgliedstaat der Europäischen Union oder einem anderen Vertragsstaat des Abkommens über den Europäischen Wirtschaftsraum zum Handel an einem organisierten Markt zugelassen sind.

Der Zulassung zum Handel an einem organisierten Markt oder der Einbeziehung in den Freiverkehr steht gleich, wenn der Antrag auf Zulassung oder Einbeziehung gestellt oder öffentlich angekündigt ist.

(2) Als Insiderpapiere gelten auch

1. Rechte auf Zeichnung, Erwerb oder Veräußerung von Wertpapieren,
2. Rechte auf Zahlung eines Differenzbetrages, der sich an der Wertentwicklung von Wertpapieren bemißt,
3. Terminkontrakte auf einen Aktien- oder Rentenindex oder Zinsterminkontrakte (Finanzterminkontrakte) sowie Rechte auf Zeichnung, Erwerb oder Veräußerung von Finanzterminkontrakten, sofern die Finanzterminkontrakte Wertpapiere zum Gegenstand haben oder sich auf einen Index beziehen, in den Wertpapiere einbezogen sind,
4. sonstige Terminkontrakte, die zum Erwerb oder zur Veräußerung von Wertpapieren verpflichten,

wenn die Rechte oder Terminkontrakte in einem Mitgliedstaat der Europäischen Union oder einem anderen Vertragsstaat des Abkommens über den Europäischen Wirtschaftsraum zum Handel an einem organisierten Markt zugelassen oder in den Freiverkehr einbezogen sind und die in den Nummern 1 bis 4 genannten Wertpapiere in einem Mitgliedstaat des Abkommens über den Europäischen Wirtschaftsraum zum Handel an einem organisierten Markt zugelassen oder in den Freiverkehr einbezogen sind. Der Zulassung der Rechte oder Terminkontrakte zum Handel an einem organisierten Markt oder ihrer Einbeziehung in den Freiverkehr steht gleich, wenn der Antrag auf Zulassung oder Einbeziehung gestellt oder öffentlich angekündigt ist.

§ 13 Insider

(1) Insider ist, wer

1. als Mitglied des Geschäftsführungs- oder Aufsichtsorgans oder als persönlich haftender Gesellschafter des Emittenten oder eines mit dem Emittenten verbundenen Unternehmens,
2. aufgrund seiner Beteiligung am Kapital des Emittenten oder eines mit dem Emittenten verbundenen Unternehmens oder
3. aufgrund seines Berufs oder seiner Tätigkeit oder seiner Aufgabe bestimmungsgemäß

Kenntnis von einer nicht öffentlich bekannten Tatsache hat, die sich auf einen oder mehrere Emittenten von Insiderpapieren oder auf Insiderpapiere bezieht und die geeignet ist, im Falle ihres öffentlichen Bekanntwerdens den Kurs der Insiderpapiere erheblich zu beeinflussen (Insidertatsache).

(2) Eine Bewertung, die ausschließlich aufgrund öffentlich bekannter Tatsachen erstellt wird, ist keine Insidertatsache, selbst wenn sie den Kurs von Insiderpapieren erheblich beeinflussen kann.

§ 14 Verbot von Insidergeschäften

(1) Einem Insider ist es verboten,

1. unter Ausnutzung seiner Kenntnis von einer Insidertatsache Insiderpapiere für eigene oder fremde Rechnung oder für einen anderen zu erwerben oder zu veräußern,
2. einem anderen eine Insidertatsache unbefugt mitzuteilen oder zugänglich zu machen,
3. einem anderen auf der Grundlage seiner Kenntnis von einer Insidertatsache den Erwerb oder die Veräußerung von Insiderpapieren zu empfehlen.

(2) Einem Dritten, der Kenntnis von einer Insidertatsache hat, ist es verboten, unter Ausnutzung dieser Kenntnis Insiderpapiere für eigene oder fremde Rechnung oder für einen anderen zu erwerben oder zu veräußern.

§ 38 Strafvorschriften

(1) Mit Freiheitsstrafe bis zu fünf Jahren oder mit Geldstrafe wird bestraft, wer

1. entgegen einem Verbot nach § 14 Abs. 1 Nr. 1 oder Abs. 2 ein Insiderpapier erwirbt oder veräußert,
2. entgegen einem Verbot nach § 14 Abs. 1 Nr. 2 eine Insidertatsache mitteilt oder zugänglich macht oder
3. entgegen einem Verbot nach § 14 Abs. 1 Nr. 3 den Erwerb oder die Veräußerung eines Insiderpapiers empfiehlt.

(2) Einem Verbot im Sinne des Absatzes 1 steht ein entsprechendes ausländisches Verbot gleich.

§ 16 Laufende Überwachung

(1) Das Bundesaufsichtsamt überwacht das börsliche und außerbörsliche Geschäft in Insiderpapieren, um Verstößen gegen die Verbote nach § 14 entgegenzuwirken.

(2) Hat das Bundesaufsichtsamt Anhaltspunkte für einen Verstoß gegen ein Verbot nach § 14, kann es von den Wertpapierdienstleistungsunternehmen sowie von Unternehmen mit Sitz im Inland, die an einer inländischen Börse zur Teilnahme am Handel zugelassen sind, Auskünfte über Geschäfte in Insiderpapieren verlangen, die sie für eigene oder fremde Rechnung abgeschlossen oder vermittelt haben. Satz 1 gilt entsprechend für Auskunftsverlangen gegenüber Unternehmen mit Sitz

im Ausland, die an einer inländischen Börse zur Teilnahme am Handel zugelassen sind, hinsichtlich ihrer an einer inländischen Börse oder im Freiverkehr abgeschlossenen Geschäfte. Das Bundesaufsichtsamt kann vom Auskunftspflichtigen die Angabe der Identität der Auftraggeber, der berechtigten oder verpflichteten Personen sowie der Bestandsveränderungen in Insiderpapieren verlangen, soweit es sich um Insiderpapiere handelt, für welche die Anhaltspunkte für einen Verstoß vorliegen oder deren Kursentwicklung von solchen Insiderpapieren abhängt. Liegen aufgrund der Angaben nach Satz 3 weitere Anhaltspunkte für einen Verstoß gegen ein Verbot nach § 14 vor, kann das Bundesaufsichtsamt vom Auskunftspflichtigen Auskunft über Bestandsveränderungen in Insiderpapieren der Auftraggeber verlangen, soweit die Bestandsveränderungen innerhalb der letzten sechs Monate vor Abschluß des Geschäfts, für das Anhaltspunkte für einen Verstoß nach § 14 vorliegen, erfolgt sind. Die in Satz 1 genannten Unternehmen haben vor Durchführung von Aufträgen, die Insiderpapiere im Sinne des § 12 zum Gegenstand haben, bei natürlichen Personen den Namen, das Geburtsdatum und die Anschrift, bei Unternehmen die Firma und die Anschrift der Auftraggeber und der berechtigten oder verpflichteten Personen oder Unternehmen festzustellen und diese Angaben aufzuzeichnen.

(3) Im Rahmen der Auskunftspflicht nach Absatz 2 kann das Bundesaufsichtsamt vom Auskunftspflichtigen die Vorlage von Unterlagen verlangen. Während der üblichen Arbeitszeit ist seinen Bediensteten und den von ihm beauftragten Personen, soweit dies zur Wahrnehmung seiner Aufgaben erforderlich ist, das Betreten der Grundstücke und Geschäftsräume der in Absatz 2 Satz 1 genannten Unternehmen zu gestatten. Das Betreten außerhalb dieser Zeit, oder wenn die Geschäftsräume sich in einer Wohnung befinden, ist ohne Einverständnis nur zur Verhütung von dringenden Gefahren für die öffentliche Sicherheit und Ordnung zulässig und insoweit zu dulden. Das Grundrecht der Unverletzlichkeit der Wohnung (Artikel 13 des Grundgesetzes) wird insoweit eingeschränkt.

(4) Hat das Bundesaufsichtsamt Anhaltspunkte für einen Verstoß gegen ein Verbot nach § 14, so kann es von den Emittenten von Insiderpapieren und den mit ihnen verbundenen Unternehmen, die ihren Sitz im Inland haben oder deren Wertpapiere an einer inländischen Börse zum Handel zugelassen sind, sowie von den Personen, die Kenntnis von einer Insidertatsache haben, Auskünfte sowie die Vorlage von Unterlagen über Insidertatsachen und über andere Personen verlangen, die von solchen Tatsachen Kenntnis haben.

(5) Das Bundesaufsichtsamt kann von Personen, deren Identität nach Absatz 2 Satz 3 mitgeteilt worden ist, Auskünfte über diese Geschäfte verlangen.

(6) Der zur Erteilung einer Auskunft Verpflichtete kann die Auskunft auf solche Fragen verweigern, deren Beantwortung ihn selbst oder einen der in § 383 Abs. 1 Nr. 1 bis 3 der Zivilprozeßordnung bezeichneten Angehörigen der Gefahr strafrechtlicher Verfolgung oder eines Verfahrens nach dem Gesetz über Ordnungswidrigkeiten aussetzen würde. Der Verpflichtete ist über sein Recht zur Verweigerung der Auskunft zu belehren.

(7) Widerspruch und Anfechtungsklage gegen Maßnahmen nach den Absätzen 2 bis 5 haben keine aufschiebende Wirkung.

(8) Die in Absatz 2 Satz 1 genannten Unternehmen dürfen die Auftraggeber oder die berechtigten oder verpflichteten Personen oder Unternehmen nicht von einem Auskunftsverlangen des Bundesaufsichtsamtes nach Absatz 2 Satz 1 oder einem daraufhin eingeleiteten Ermittlungsverfahren in Kenntnis setzen.

(9) Die Aufzeichnungen nach Absatz 2 Satz 4 sind mindestens sechs Jahre aufzubewahren. Für die Aufbewahrung gilt § 257 Abs. 3 und 5 des Handelsgesetzbuches entsprechend.

§ 16a Überwachung der Geschäfte der beim Bundesaufsichtsamt Beschäftigten

(1) Das Bundesaufsichtsamt muß über angemessene interne Kontrollverfahren verfügen, die geeignet sind, Verstößen der beim Bundesaufsichtsamt Beschäftigten gegen die Verbote nach § 14 entgegenzuwirken.

(2) Der Dienstvorgesetzte oder die von ihm beauftragte Person kann von den beim Bundesaufsichtsamt Beschäftigten die Erteilung von Auskünften und die Vorlage von Unterlagen über Geschäfte in Insiderpapieren verlangen, die sie für eigene oder fremde Rechnung abgeschlossen haben. § 16 Abs. 6 ist anzuwenden. Beschäftigte, die bei ihren Dienstgeschäften bestimmungsgemäß Kenntnis von Insidertatsachen haben, sind verpflichtet, Geschäfte in Insiderpapieren, die sie für eigene oder fremde Rechnung abgeschlossen haben, unverzüglich dem Dienstvorgesetzten oder der von ihm beauftragten Person schriftlich anzuzeigen. Der Dienstvorgesetzte oder die von ihm beauftragte Person bestimmt die in Satz 3 genannten Beschäftigten.

§ 17 Verarbeitung und Nutzung personenbezogener Daten

(1) Das Bundesaufsichtsamt darf ihm nach § 16 Abs. 2 Satz 3 oder § 16 a Abs. 2 Satz 1 oder 3 mitgeteilte personenbezogene Daten nur für Zwecke der Prüfung, ob ein Verstoß gegen ein Verbot nach § 14 vorliegt, und die internationale Zusammenarbeit nach Maßgabe des § 19 speichern, verändern und nutzen.

(2) Personenbezogene Daten, die für Prüfungen oder zur Erfüllung eines Auskunftsersuchens einer zuständigen Stelle eines anderen Staates nach Absatz 1 nicht mehr erforderlich sind, sind unverzüglich zu löschen.

§ 18 Strafverfahren bei Insidervergehen

Das Bundesaufsichtsamt hat Tatsachen, die den Verdacht einer Straftat nach § 38 begründen, der zuständigen Staatsanwaltschaft anzuzeigen. Es kann die personenbezogenen Daten der Betroffenen, gegen die sich der Verdacht richtet oder die als Zeugen in Betracht kommen, der Staatsanwaltschaft übermitteln.

§ 19 Internationale Zusammenarbeit

(1) Das Bundesaufsichtsamt übermittelt den zuständigen Stellen anderer Mitgliedstaaten der Europäischen Union oder anderer Vertragsstaaten des Abkommens über den Europäischen Wirtschaftsraum die für die Überwachung der Verbote von Insidergeschäften erforderlichen Informationen. Es macht von seinen Befugnissen nach § 16 Abs. 2 bis 5 Gebrauch, soweit dies zur Erfüllung des Auskunftsersuchens der in Satz 1 genannten zuständigen Stellen erforderlich ist.

(2) Bei der Übermittlung von Informationen sind die zuständigen Stellen im Sinne des Absatzes 1 Satz 1 darauf hinzuweisen, daß sie unbeschadet ihrer Verpflichtungen in strafrechtlichen Angelegenheiten, die Verstöße gegen Verbote von Insidergeschäften zum Gegenstand haben, die ihnen übermittelten Informationen ausschließlich zur Überwachung des Verbotes von Insidergeschäften oder im Rahmen damit zusammenhängender Verwaltungs- oder Gerichtsverfahren verwenden dürfen.

(3) Das Bundesaufsichtsamt kann die Übermittlung von Informationen verweigern, wenn

1. die Weitergabe der Informationen die Souveränität, die Sicherheit oder die öffentliche Ordnung der Bundesrepublik Deutschland beeinträchtigen könnte oder

2. aufgrund desselben Sachverhalts gegen die betreffenden Personen bereits ein gerichtliches Verfahren eingeleitet worden ist oder eine unanfechtbare Entscheidung ergangen ist.

(4) Das Bundesaufsichtsamt darf die ihm von den zuständigen Stellen im Sinne des Absatz 1 Satz 1 übermittelten Informationen unbeschadet seiner Verpflichtungen in strafrechtlichen Angelegenheiten, die Verstöße gegen Verbote von Insidergeschäften zum Gegenstand haben, ausschließlich für die Überwachung der Verbote von Insidergeschäften oder im Rahmen damit zusammenhängender Verwaltungs- oder Gerichtsverfahren verwenden. Eine Verwendung dieser Informationen für andere Zwecke der Überwachung nach § 7 Abs. 2 Satz 1 oder in strafrechtlichen Angelegenheiten in diesen Bereichen oder ihre Weitergabe an zuständige Stellen anderer Staaten für Zwecke nach Satz 1 bedarf der Zustimmung der übermittelnden Stellen.

(5) Das Bundesaufsichtsamt kann für die Überwachung der Verbote von Insidergeschäften im Sinne des § 14 und entsprechender ausländischer Verbote mit den zuständigen Stellen anderer als der in Absatz 1 Satz 1 genannten Staaten zusammenarbeiten und diesen Stellen Informationen nach Maßgabe des § 7 Abs. 2 übermitteln. Absatz 1 Satz 2 ist entsprechend anzuwenden.

§ 7 Zusammenarbeit mit zuständigen Stellen im Ausland

(1) Dem Bundesaufsichtsamt obliegt die Zusammenarbeit mit den für die Überwachung von Börsen oder anderen Wertpapier- oder Derivatemärkten und den Handel in Wertpapieren, Geldmarktinstrumenten, Derivaten oder Devisen zuständigen Stellen anderer Staaten. Die Vorschriften des Börsengesetzes und des Verkaufsprospektgesetzes über die Zusammenarbeit der Zulassungsstelle der Börse mit entsprechenden Stellen anderer Staaten bleiben hiervon unberührt.

(2) Das Bundesaufsichtsamt darf im Rahmen der Zusammenarbeit mit den in Absatz 1 Satz 1 genannten Stellen Tatsachen übermitteln, die für die Überwachung von Börsen oder anderen Wertpapier- oder Derivatemärkten, des Wertpapier-, Geldmarktinstrumente-, Derivate- oder Devisenhandels, von Kreditinstituten, Finanzdienstleistungsinstituten, Investmentgesellschaften, Finanzunternehmen oder Versicherungsunternehmen oder damit zusammenhängender Verwaltungs- oder Gerichtsverfahren erforderlich sind.

§ 9 Meldepflichten

(1) Kreditinstitute, Finanzdienstleistungsinstitute mit der Erlaubnis zum Betreiben des Eigenhandels, nach § 53 Abs. 1 Satz 1 des Gesetzes über das Kreditwesen tätige Unternehmen mit Sitz in einem Staat, der nicht Mitglied der Europäischen Union und auch nicht Vertragsstaat des Abkommens über den Europäischen Wirtschaftsraum ist, sowie Unternehmen, die ihren Sitz im Inland haben und an einer inländischen Börse zur Teilnahme am Handel zugelassen sind, sind verpflichtet, dem Bundesaufsichtsamt jedes Geschäft in Wertpapieren oder Derivaten, die zum Handel an einem organisierten Markt in einem Mitgliedstaat der Europäischen Union oder in einem anderen Vertragsstaat des Abkommens über den Europäischen Wirtschaftsraum zugelassen oder in den Freiverkehr einer inländischen Börse einbezogen sind, spätestens an dem auf den Tag des Geschäftsabschlusses folgenden Werktag, der kein Samstag ist, mitzuteilen, wenn sie das Geschäft im Zusammenhang mit einer Wertpapierdienstleistung oder als Eigengeschäft abschließen. Die Verpflichtung nach Satz 1 gilt auch für den Erwerb und die Veräußerung von Rechten auf Zeichnung von Wertpapieren, sofern diese Wertpapiere an einem organisierten Markt gehandelt werden sollen, sowie für Geschäfte in Aktien und Optionsscheinen, bei denen ein Antrag auf Zulassung zum Handel an einem organisierten Markt oder auf Einbeziehung in den Freiverkehr gestellt oder öffentlich angekündigt ist. Die Verpflichtung nach Satz 1 und 2 gilt auch für inländische Stellen, die ein System zur Sicherung der Erfüllung von Geschäften an einem organisierten Markt betreiben, hinsichtlich der von ihnen abgeschlossenen Geschäfte. Die Verpflichtung nach den Sätzen 1 und 2 gilt auch für Unternehmen, die ihren Sitz im Ausland haben und an einer inländischen Börse zur Teilnahme am Handel zugelassen sind, hinsichtlich der von ihnen an einer inländischen Börse oder im Freiverkehr im Zusammenhang mit einer Wertpapierdienstleistung oder als Eigengeschäft geschlossenen Geschäfte.

(1a) Von der Verpflichtung nach Absatz 1 ausgenommen sind Bausparkassen im Sinne des § 1 Abs. 1 des Gesetzes über Bausparkassen und Unternehmen im Sinne des § 2 Abs. 1, 4 und 5 des Gesetzes über das Kreditwesen, sofern sie nicht an einer inländischen Börse zur Teilnahme am Handel zugelassen sind, sowie Wohnungsgenossenschaften mit Spareinrichtung. Die Verpflichtung nach Absatz 1 findet auch keine Anwendung auf Geschäfte in Anteilscheinen einer Kapitalanlagegesellschaft oder einer ausländischen Investmentgesellschaft, bei denen eine Rücknahmeverpflichtung der Gesellschaft besteht, sowie auf Geschäfte in Derivaten im Sinne des § 2 Abs. 2 Nr. 1 Buchstabe b und d.

(2) Die Mitteilung hat auf Datenträger oder im Wege der elektronischen Datenfernübertragung zu erfolgen. Sie muß für jedes Geschäft die folgenden Angaben enthalten:

1. Bezeichnung des Wertpapiers oder Derivats und Wertpapierkennummer,
2. Datum und Uhrzeit des Abschlusses oder der maßgeblichen Kursfeststellung,
3. Kurs, Stückzahl, Nennbetrag der Wertpapiere oder Derivate,
4. die an dem Geschäft beteiligten Institute und Unternehmen im Sinne des Absatzes 1,

5. die Börse oder das elektronische Handelssystem der Börse, sofern es sich um ein Börsengeschäft handelt,

6. Kennzeichen zur Identifikation des Geschäfts.

Geschäfte für eigene Rechnung sind gesondert zu kennzeichnen.

(3) Das Bundesministerium der Finanzen kann durch Rechtsverordnung, die nicht der Zustimmung des Bundesrates bedarf,

1. nähere Bestimmungen über Inhalt, Art, Umfang und Form der Mitteilung und über die zulässigen Datenträger und Übertragungswege erlassen,

2. zusätzliche Angaben vorschreiben, soweit diese zur Erfüllung der Aufsichtsaufgaben des Bundesaufsichtsamtes erforderlich sind,

3. zulassen, daß die Mitteilungen der Verpflichteten auf deren Kosten durch die Börse oder einen geeigneten Dritten erfolgen, und die Einzelheiten hierzu festlegen,

4. für Geschäfte, die Schuldverschreibungen oder bestimmte Arten von Derivaten zum Gegenstand haben, zulassen, daß Angaben nach Absatz 2 nicht oder in einer zusammengefaßten Form mitgeteilt werden,

5. die in Absatz 1 genannten Institute und Unternehmen von der Mitteilungspflicht nach Absatz 1 für Geschäfte befreien, die an einem organisierten Markt in einem anderen Mitgliedstaat der Europäischen Union oder einem anderen Vertragsstaat des Abkommens über den Europäischen Wirtschaftsraum abgeschlossen werden, wenn in diesem Staat eine Mitteilungspflicht mit gleichwertigen Anforderungen besteht,

6. bei Sparkassen und Kreditgenossenschaften, die sich zur Ausführung des Geschäfts einer Girozentrale oder einer genossenschaftlichen Zentralbank oder des Zentralkreditinstituts bedienen, zulassen, daß die in Absatz 1 vorgeschriebenen Mitteilungen durch die Girozentrale oder die genossenschaftliche Zentralbank oder das Zentralkreditinstitut erfolgen, wenn und soweit der mit den Mitteilungspflichten verfolgte Zweck dadurch nicht beeinträchtigt wird.

(4) Das Bundesministerium der Finanzen kann die Ermächtigung nach Absatz 3 durch Rechtsverordnung auf das Bundesaufsichtsamt übertragen.

Vereinbarung zwischen dem Bundesaufsichtsamt für den Wertpapierhandel und der United States Securities and Exchange Commission über die Konsultation und Zusammenarbeit bei der Anwendung und Durchsetzung von Wertpapiergesetzen

Washington, D.C. 17. Oktober 1997

Das Bundesaufsichtsamt für den Wertpapierhandel und die United States Securities and Exchange Commission haben im Hinblick auf die zunehmenden internationalen Aktivitäten auf den Wertpapiermärkten und die damit zusammenhängende Notwendigkeit einer gegenseitigen Unterstützung als Mittel zur Verbesserung der Effektivität bei der Handhabung und Durchsetzung der Wertpapiergesetze ihrer Länder folgende Vereinbarung getroffen:

Artikel I: Definitionen

Im Sinne dieser Vereinbarung bedeutet

a) „Behörde"

(i) das Bundesaufsichtsamt für den Wertpapierhandel in Deutschland. Das Bundesaufsichtsamt für den Wertpapierhandel ist unter anderem zuständig für die Zusammenarbeit mit ausländischen Behörden in Angelegenheiten, die die Überwachung von Wertpapierbörsen betreffen und die im allgemeinen unter die Zuständigkeit der jeweiligen Bundesländer fallen, in denen die Börsen ansässig sind.

(ii) die Securities and Exchange Commission der Vereinigten Staaten.

b) (i) „ersuchte Behörde" eine Behörde, an die auf Grundlage dieser Vereinbarung ein Ersuchen gerichtet wird.

(ii) „ersuchende Behörde" eine Behörde, die auf Grundlage dieser Vereinbarung ein Ersuchen stellt.

c) „Staat" bedeutet:

(i) die Bundesrepublik Deutschland

(ii) die Vereinigten Staaten von Amerika,

außer es wird anders definiert.

d) „Person" eine natürliche Person, eine Vereinigung ohne eigene Rechtspersönlichkeit, eine Personengesellschaft oder juristische Person des privaten oder öffentlichen Rechts oder eine Regierung oder eine Gebietskörperschaft, Organisation, eine von der Regierung beherrschte Institution oder eine entsprechende Behörde.

e) „Emittent" eine Person, die Wertpapiere ausgibt oder auszugeben beabsichtigt.

f) „Wertpapiergeschäft" jede Art von Geschäften, die ganz oder teilweise folgende Tätigkeiten beinhalten: das Ausführen von Wertpapiergeschäften für fremde Rechnung, den Kauf oder Verkauf von Wertpapieren für eigene Rechnung, die Beratung Dritter gegen Bezahlung, entweder direkt oder durch Veröffentlichungen oder Aufstellungen, in bezug auf den Wert von Wertpapieren oder die Attraktivität von Investitionen in, Kauf oder Verkauf von Wertpapieren, die Tätigkeit für einen Emittenten im Zusammenhang mit der Emission, der Registrierung, dem Tausch oder der Übertragung solcher Wertpapiere; die Verwaltung, Förderung, das Angebot oder den Verkauf einer Investmentgesellschaft oder eines gemeinsamen Investmentprogramms, oder ähnliche von Personen oder juristischen Personen ausgeübte Tätigkeiten.

g) „Stelle zur Abwicklung von Wertpapiergeschäften" eine Clearingstelle oder eine Stelle zur Übertragung von Wertpapieren.

h) „Wertpapiermarkt" eine Börse oder einen anderen Markt, einschließlich außerhalb der Börse gehandelten Aktien, Schuldverschreibungen, Optionen oder andere Wertpapiere, die von den Behörden anerkannt, reguliert und beaufsichtigt werden.

i) „Gesetze oder Vorschriften" die gesetzlichen Bestimmungen Deutschlands und / oder der Vereinigten Staaten oder die zu diesen erlassenen Vorschriften in bezug auf

(i) den Insiderhandel;

(ii) falsche Darstellungen oder die Anwendung betrügerischer, irreführender oder manipulierender Praktiken in Verbindung mit dem Angebot, Kauf oder Verkauf eines Wertpapiers oder der Durchführung von Wertpapiergeschäften,

(iii) die Verpflichtung einer Person, Berichtspflichten oder Vorschriften hinsichtlich der Änderung der Beherrschungsstruktur eines Unternehmens zu erfüllen;

(iv) den Erwerb und die Anzeige von Wertpapierbeteiligungen (einschließlich der Befugnis zur Kontrolle von mit Wertpapieren verbundenen Stimmrechten und der Befugnis, Wertpapiere zu veräußern) sowie Vereinigungen und Vereinbarungen in bezug auf Wertpapiere und die Beherrschung juristischer Personen;

(v) falsche oder irreführende Aussagen oder schwerwiegende Auslassungen in einem an die Behörden gerichteten Antrag oder Bericht;

(vi) die Pflichten einer Person, eines Emittenten oder einer Investmentgesellschaft, die für die Anleger wichtigen Informationen vollständig und korrekt offenzulegen;

(vii) die Pflichten der Wertpapiermärkte, Investmentgesellschaften und Stellen zur Abwicklung von Wertpapiergeschäften bezüglich ihrer finanziellen, betrieblichen oder sonstigen Anforderungen sowie ihre Pflicht zur Fairneß beim Angebot und Verkauf von Wertpapieren, der Durchführung ihrer Geschäfte und der Führung ihrer Unternehmen, sowie

(viii) die finanziellen und anderweitigen Qualifikationen derer, die bei Emittenten, auf Wertpapiermärkten oder an Stellen zur Abwicklung von Wertpapiergeschäften tätig sind oder diese leiten.

Die in den Unterabsätzen i bis viii genannten Gesetze oder Vorschriften sind Beispiele für Fälle, in denen Amtshilfe gemäß dieser Vereinbarung gewährt wird und sollen die Vereinbarung in ihrer möglichen Anwendung auf andere Gesetze, Vorschriften und Aufsichtsgrundsätze der Staaten der Wertpapierbehörden nicht einschränken.

Artikel II: Festlegung der Rahmenbedingungen für Konsultationen in Fragen gegenseitigen Interesses

Die Behörden beabsichtigen, sich in regelmäßigen Abständen in Fragen gegenseitigen Interesses zu konsultieren, um die Zusammenarbeit zu stärken und die Anleger zu schützen, indem sie die Stabilität, Effizienz und Integrität der Wertpapiermärkte in Deutschland und in den Vereinigten Staaten, die Koordinierung der Marktüberwachung sowie die Anwendung der deutschen und der U.S.-amerikanischen Wertpapiergesetze oder -vorschriften sicherstellen.

Artikel III: Gegenseitige Unterstützung beim Austausch von Informationen

§ 1: Umfang der Unterstützung

1. Die Behörden gewähren sich im Rahmen dieser Vereinbarung weitestmögliche gegenseitige Unterstützung in dem Umfang, wie es die Gesetze Deutschlands und der Vereinigten Staaten gestatten. Die Unterstützung wird gewährt zur Erleichterung der Durchsetzung der auf die Wertpapiermärkte und ihre Teilnehmer anwendbaren Gesetze oder Vorschriften, der Marktaufsicht und Marktüberwachung, der Gewährung von Zulassungen, Genehmigungen, Befreiungen oder Ausnahmen für die Führung von Investmentunternehmen, der Prüfung von Investmentunternehmen sowie der Durchführung von Untersuchungen, Prozessen oder der Strafverfolgung in Fällen, in denen Informationen, die unter die Zuständigkeit der ersuchten Behörde fallen, erforderlich sind, um festzustellen, ob oder zu beweisen, daß Gesetze oder Vorschriften des Staates der ersuchenden Behörde verletzt worden sind. Diese Unterstützung wird gewährt ungeachtet dessen, ob die Art des in dem Auskunftsersuchen beschriebenen Verhaltens möglicherweise einen Verstoß gegen die Gesetze oder Vorschriften des Staates der ersuchten Behörde darstellen würde.
2. Die gemäß dieser Vereinbarung gewährte Unterstützung beinhaltet, aber ist nicht beschränkt auf:
   a) die Gewährung des Zugangs zu in den Akten der ersuchten Behörde enthaltenen Informationen;
   b) die Einholung von Auskünften von Personen;
   c) die Einholung von Informationen und Beschaffung von Unterlagen von Personen; sowie
   d) die Durchführung von Compliance-Prüfungen bei Investmentunternehmen, Stellen zur Abwicklung von Wertpapiergeschäften und Wertpapiermärkten.
3. Wird ein Auskunftsersuchen gemäß dieser Vereinbarung gestellt und ist eine Behörde nicht befugt, die ersuchte Unterstützung zu gewähren, bemüht sie sich in angemessener Weise, Hilfe von anderen Regierungsstellen zu erhalten, um die ersuchte Unterstützung zu gewähren.

§ 2: Allgemeine Grundsätze zur Gewährung von Unterstützung

1. Diese Vereinbarung stellt eine Absichtserklärung der Behörden zur Festlegung der Rahmenbedingungen für die gegenseitige Unterstützung und Erleichterung des Austauschs von Informationen zwischen den Behörden dar, um die Einhaltung von Gesetzen oder Vorschriften, die in ihren jeweiligen Zuständigkeitsbereich fallen, nach Maßgabe dieser Vereinbarung durchzusetzen oder sicherzustellen. Diese Vereinbarung erlegt den Behörden keinerlei rechtlich bindende Verpflichtung auf und setzt nicht nationale Gesetze außer Kraft.

2. Diese Vereinbarung berührt kein sich aus den Gesetzen des jeweiligen Staates oder anderen Vereinbarungen ergebendes Recht der Behörden, andere als die in dieser Vereinbarung festgelegten Maßnahmen zu ergreifen, um die für die Sicherstellung der Einhaltung oder für die Durchsetzung der Gesetze und Vorschriften ihrer Staaten benötigten Informationen zu erhalten.

3. Keine der Bestimmungen dieser Vereinbarung kann dahingehend ausgelegt werden, daß anderen als den hier genannten Personen oder Behörden das Recht übertragen wird, direkt oder indirekt Informationen einzuholen, vorzuenthalten oder auszuschließen oder der Ausführung eines Auskunftsersuchens nach Maßgabe dieser Vereinbarung zu widersprechen.

4. Die Behörden erkennen an, daß es notwendig und wünschenswert ist, sich gegenseitig Unterstützung zu gewähren und Informationen auszutauschen, um sich gegenseitig dabei Hilfe zu leisten, die Einhaltung der Gesetze und Vorschriften ihres jeweiligen Staates sicherzustellen. Ein Auskunftsersuchen kann jedoch von der ersuchten Behörde abgelehnt werden, wenn

   a) das Ersuchen von der ersuchten Behörde verlangen würde, in einer Weise zu handeln, die die Gesetze des Staates der ersuchten Behörde verletzen würde;

   b) das Ersuchen nicht im Einklang mit den Bestimmungen dieser Vereinbarung steht;

   c) die Freigabe der Informationen die Souveränität, Sicherheit oder öffentliche Ordnung des Staates der ersuchten Behörde beeinträchtigen könnte;

   in Fällen von Insiderhandel, wenn in dem Staat der ersuchten Behörde bereits ein Strafverfahren auf der Grundlage derselben Fakten und gegen dieselben Personen eingeleitet wurde, oder dieselben Personen wegen denselben Vorwürfen bereits durch die zuständigen Stellen des Staates der ersuchten Behörde rechtskräftig bestraft wurden. In den Fällen, in denen die ersuchende Behörde darlegen kann, daß der mit einem solchen Verfahren beabsichtigte Rechtsschutz oder die damit beabsichtigten Sanktionen die in dem Staat der ersuchten Behörde erlangten Rechtsschutz oder dort ausgesprochenen Sanktionen nicht duplizieren würde, werden sich die Behörden wegen der Zusammenarbeit konsultieren.

Wenn ein Unterstützungsersuchen abgelehnt oder Einspruch dagegen erhoben wird oder aufgrund der Gesetze des Staates der ersuchten Behörde keine Unterstützung gewährt werden kann, nennt die ersuchte Behörde die Gründe, warum keine Unterstützung gewährt wird und führt Konsultationen gemäß § 7 durch.

§ 3: Unterstützungsersuchen

1. Unterstützungsersuchen werden schriftlich an die in Anhang A genannte Kontaktperson der ersuchten Behörde gerichtet.
2. Ein Ersuchen enthält:
   a) eine allgemeine Beschreibung sowohl des Gegenstandes des Ersuchens als auch des Zweckes, zu dem um Unterstützung oder Informationen ersucht wird;
   b) eine allgemeine Beschreibung der von der ersuchenden Behörde erbetenen Unterstützung, Unterlagen, Informationen oder Auskünfte von Personen;
   c) alle Informationen, über die die ersuchende Behörde verfügt und die der ersuchten Behörde bei der Identifizierung von Personen oder Organisationen, von denen die ersuchende Behörde annimmt, daß sie im Besitz der gewünschten Information sind, oder Stellen, von denen solche Informationen erlangt werden können, von Nutzen sein könnten;
   d) die gesetzlichen Vorschriften bezüglich der Angelegenheit, die Anlaß des Ersuchens ist, sowie
   e) den Zeitraum, innerhalb dessen eine Antwort gewünscht wird.
3. In dringenden Fällen kann ein Unterstützungsersuchen und dessen Beantwortung in einem verkürzten Verfahren oder mittels anderer Kommunikationsmittel als dem Briefwechsel durchgeführt werden, vorausgesetzt, daß alle Mitteilungen in der in diesem Paragraphen vorgeschriebenen Weise schriftlich bestätigt werden.

§ 4: Ausführung der Ersuchen

1. Zugang zu Informationen, die bei der ersuchten Behörde aufbewahrt werden, wird gemäß § 3 dieses Artikels auf Ersuchen der ersuchenden Behörde gewährt.
2. Auf Ersuchen der ersuchenden Behörde nimmt die ersuchte Behörde Auskünfte von Personen auf, die direkt oder indirekt an den Handlungen beteiligt sind, die dem Ersuchen zugrunde liegen, oder über Informationen verfügen, die zur Ausführung des Ersuchens beitragen könnten. Die ersuchende Behörde kann nach eigenem Ermessen um eine Niederschrift der Auskünfte ersuchen. Ebenso kann die ersuchte Behörde die Vorlage anderer Beweismittel von anderen von der ersuchenden Behörde benannten Stellen verlangen.
3. Die Einholung von Auskünften, das Zusammentragen von Unterlagen und die Beantwortung eines Ersuchens im Rahmen dieser Vereinbarung werden gemäß der Verfahrensweise der ersuchten Behörde und durch von ihr benannte Personen durchgeführt, sofern zwischen den Behörden nicht anderweitig vereinbart.
4. Unbeschadet anderer Bestimmungen dieser Vereinbarung werden jeder Person, die aufgrund eines Ersuchens nach Maßgabe dieser Vereinbarung Auskünfte gibt oder Informationen oder Dokumente zur Verfügung stellt, alle geltenden Rechte und Sonderrechte gemäß den Gesetzen des Staates der ersuchten Behörde gewährt. Das Geltendmachen von Rechten und Sonderrechten, die sich ausschließlich aus den

Gesetzen des Staates der ersuchenden Behörde ergeben, unterliegt der Prüfung durch die Gerichte des Staates der ersuchenden Behörde.

5. Auf Ersuchen der ersuchenden Behörde wird eine Prüfung der Bücher und Aufzeichnungen eines Investmentunternehmens oder seiner Hinterlegungsstelle oder seines Vertreters, eines Wertpapiermarktes oder einer Stelle zur Abwicklung von Wertpapiergeschäften durchgeführt.

§ 5: Zulässige Verwendung von Informationen

1. Die ersuchende Behörde darf nicht-öffentliche Informationen, die sie aufgrund eines Unterstützungsersuchens nach Maßgabe dieser Vereinbarung erhalten hat, nur verwenden für

   a) die in dem Ersuchen genannten Zwecke, um die Einhaltung oder Durchsetzung der Gesetze oder Vorschriften der ersuchenden Behörde sicherzustellen, einschließlich der in dem Ersuchen aufgeführten Rechtsvorschriften und der damit in Zusammenhang stehenden Bestimmungen, und

   b) die Zwecke innerhalb der im allgemeinen Rahmen des Ersuchens angegebenen Verwendung, einschließlich der Durchführung eines Zivil- oder Verwaltungsverfahrens, der Unterstützung bei Überwachungs- oder Durchsetzungsmaßnahmen einer selbstregulierenden Organisation, der Unterstützung bei der Strafverfolgung und der Durchführung von damit im Zusammenhang stehenden Untersuchungen aufgrund eines allgemeinen Strafvorwurfs im Zusammenhang mit der Verletzung der in dem Ersuchen genannten Vorschriften.

2. Um die zur Verfügung gestellten Informationen zu einem anderen Zweck als den in Absatz 1 des vorliegenden Paragraphen genannten Zwecken benutzen zu können, hat die ersuchende Behörde zunächst die ersuchte Behörde von ihrer Absicht zu unterrichten und dieser die Möglichkeit zu geben, diesem Verwendungszweck zu widersprechen. Falls die ersuchte Behörde der Verwendung der Informationen widerspricht, kommen die Behörden überein, sich gemäß § 7 über die Gründe der Ablehnung und Umstände, unter welchen die beabsichtigte Verwendung andernfalls gestattet werden könnte, zu konsultieren.

§ 6: Vertraulichkeit von Ersuchen und Informationen

1. Mit Ausnahme von Offenlegungen gemäß § 5 dieses Artikels behandelt jede Behörde gemäß dieser Vereinbarung an sie gerichtete Ersuchen, deren Inhalt und alle anderen Angelegenheiten, die sich aus dieser Vereinbarung ergeben, soweit gesetzlich gestattet, vertraulich.

2. In jedem Fall garantiert die ersuchende Behörde, die in Anwendung der vorliegenden Vereinbarung erhaltenen Informationen mit einer in dem Staat der ersuchten Behörde üblichen Vertraulichkeitsstufe zu behandeln, mit Ausnahme des Falles, in dem eine Weitergabe der übermittelten Informationen gemäß § 5 dieses Artikels erforderlich ist.

3. Soweit möglich, setzt die ersuchende Behörde die ersuchte Behörde von jedem rechtlich durchsetzbaren Verlangen nach nicht-öffentlichen Informationen, die ge-

mäß dieser Vereinbarung zur Verfügung gestellt wurden, in Kenntnis, bevor sie einem solchen Verlangen nachkommt und macht alle ihr möglicherweise zur Verfügung stehenden einschlägigen rechtlichen Ausnahmen oder Sonderrechte hinsichtlich dieser Informationen geltend.

4. Die Behörden können jedoch im gegenseitigen Einvernehmen in dem ihnen durch das Gesetz ihres jeweiligen Staates genehmigten Maße Ausnahmen zu den in den Absätzen 1 bis 3 des vorliegenden Paragraphen niedergelegten Grundsätzen machen.

§ 7: Konsultationen zur gegenseitigen Unterstützung nach Maßgabe dieser Vereinbarung

1. Im Falle einer Meinungsverschiedenheit über die Bedeutung eines in dieser Vereinbarung verwendeten Begriffes definieren die Behörden diesen Begriff gemäß den einschlägigen Gesetzen des Staates der ersuchenden Behörde.
2. Die Behörden konsultieren sich gegenseitig bezüglich dieser Vereinbarung zur Verbesserung ihrer Anwendung und Klärung aller möglicherweise auftretenden Fragen. Die Behörden konsultieren sich insbesondere auf Verlangen, wenn
   a) eine Behörde ein von der anderen Behörde nach Maßgabe dieser Vereinbarung an sie gerichtetes Ersuchen oder einen von ihr unterbreiteten Vorschlag ablehnt oder Einwände dagegen vorbringt, oder
   b) eine Veränderung der Markt- oder Geschäftsgegebenheiten oder Gesetzgebung hinsichtlich der in Artikel 1, Buchstabe i genannten Angelegenheiten oder sonstige Umstände eine Änderung oder Erweiterung dieser Vereinbarung erforderlich oder angemessen erscheinen lassen, damit sie ihrem Zweck gerecht wird.
3. Die Behörden können diejenigen praktischen Maßnahmen vereinbaren, die zur Erleichterung der Durchführung dieser Vereinbarung erforderlich sind.
4. Sämtliche Bestimmungen dieser Vereinbarung können in gegenseitigem Einvernehmen geändert oder gelockert werden, oder es kann auf sie verzichtet werden.

§ 8: Unterstützung ohne vorheriges Ersuchen

Soweit im Rahmen der Gesetze oder Vorschriften des jeweiligen Staates möglich, bemüht sich jede Behörde in angemessener Weise, der anderen Behörde alle Informationen zur Verfügung zu stellen, die ihr zur Kenntnis gelangen und Anlaß zu dem Verdacht auf einen Verstoß oder erwarteten Verstoß gegen die Gesetze oder Vorschriften des Staates der anderen Behörde geben.

Artikel IV: Schlußbestimmungen

§ 1: Zeitpunkt des Inkrafttretens

Die Zusammenarbeit gemäß dieser Vereinbarung beginnt mit dem Datum der Unterzeichnung durch die Behörden.

§ 2: Beendigung der Vereinbarung

Die Zusammenarbeit gemäß dieser Vereinbarung wird bis zum Ablauf einer Frist von 30 Tagen, nachdem eine der beiden Behörden die andere schriftlich von ihrer Absicht in Kenntnis gesetzt hat, die Zusammenarbeit zu beenden, fortgesetzt. Macht eine der beiden Behörden eine solche Mitteilung, so bleibt die Zusammenarbeit nach Maßgabe dieser Vereinbarung für alle vor dem Zeitpunkt des Inkrafttretens der Mitteilung gestellten Unterstützungsersuchen bis zum Abschluß der Angelegenheit, in der Unterstützung angefordert wurde, durch die ersuchende Behörde in Kraft. Auch im Falle der Beendigung dieser Vereinbarung werden Informationen, die unter dieser Vereinbarung übermittelt wurden, weiterhin in der unter Artikel 3 § 6 beschriebenen Weise vertraulich behandelt.

UNTERZEICHNET in Washington, D.C., am 17. Oktober 1997.

Für das Bundesaufsichtsamt für den Wertpapierhandel	Für die United States Securities and Exchange Commission

Stichwortverzeichnis

(Die Zahlenangaben verweisen auf die Randzahlen)

Optionsprogramme 272
Organisationspflichten 292